# 변화와 성장을 위한
# 코칭이야기

고사랑·고현순·김수민·김정민·김정은
문현심·박보원·박소현·유임균·윤순진
이명진·정우석·정혜영

남상은 감수

박영story

# 추천사

최근 들어 코칭에 대한 관심이 증가하고 있다. 코칭은 최근에 새롭게 출현했다기 보다는 코칭이 우리 자신과 삶에 긍정적인 영향력이 다양한 채널을 통해 전파되고 있다고 생각한다. 돌이켜보면 예수, 공자, 맹자, 소크라테스 등 인류 역사상 위대한 인물들이 훌륭한 코치들이기도 하다. 이들은 사람들에게 단순히 지식을 전달하는게 아니라 질문, 경청, 공감 등을 통해 스스로 깨닫고 깨우칠 수 있게 하여 생각과 행동의 변화를 가져오게 하는 참 가르침을 실천하는 사람들이었다고 볼 수 있다. 이들이 코치의 원조가 아닐까 싶다.

이 책은 코칭을 통해 다양한 분야에서 개인이나 집단에게 도움을 주는 실제 사례와 과정을 담고 있는 귀중한 내용을 담고 있다. 코칭을 통해 어떻게 자기를 이해하고 성장할 수 있었는지, 어떻게 경력 및 학습 분야에서 목표를 달성하고 성과를 향상시킬 수 있었는지, 어떻게 감정을 조절하고 멘탈을 강화시킬 수 있었는지, 어떻게 조직 팀원들의 리더십과 성과를 향상시킬 수 있었는지, 어떻게 의사 소통 및 대인관계를 개선할 수 있었는지 등에 관한 생생한 코칭 현장으로 독자들을 초대하고 있다.

다양한 코칭 현장을 다루고 있는 이 책은 코칭의 이론과 원리에 근거하여 실제 경험과 사례를 다루고 있기 때문에 코칭에 대한 막연하고 추상적인 생각을 가지고 있는 독자들의 궁금증을 해소시킬 수 있을 것으로 기대한다. 또한 이미 코칭에 익숙한 독자들에게도 다양한 코칭 현장 사례에서 다루고 있는 문제 상황에 대한 이해를 제공함으로써 유사한 상황에서 어떻게 코칭을 적용할 수 있을지에 대한 아이디어를 얻을 수 있을 것이다. 무엇보다도 이 책에서 소개되고 있는 코칭 현장 사례들은 독자들에게 흥미로운 이야기로서 읽는 재미를 제공하고 있다. 이를 통해 우리 삶을 되돌아 볼 수 있게 하여 유사한 상황에서의 의사결정 능력과 문제해결능력 향상에도 도움을 줄 수 있을 것이다.

유기웅(숭실대학교 평생교육학과 교수,
교육대학원 커리어·학습코칭 전공 주임교수)

# 서문

대학원에서 '코칭 현장의 이해'라는 과목을 강의하면서 학생들에게 이런 말을 했다.

"기말 과제로 여러분의 코칭 현장 사례보고서를 제출하도록 할 건데요, 저의 바람은 좋은 사례들이 모여 여러분의 코칭 이야기로 책이 한 권 만들어질 수 있으면 좋겠습니다."

처음 이 말을 했을 땐 그저 과제에 대한 동기부여가 되지 않을까 싶은 마음이 전부였다. 이렇게 책으로 엮을 수 있게 되리라곤 한 2%쯤 상상했던 것 같다. 한 학기 수업을 통해 다양한 코칭 사례들을 학습하고 각자의 코칭 현장에서의 이야기를 서로 피드백하고 토론하며 '어떻게 하면 더 좋은 코칭을 할 수 있을까?'를 고민하던 모습들이 뇌리에 선명하게 남아있다.

이미 각 분야에서 전문가로 활동하고 있는 사람들이 '코칭'이라는 학문으로 다시 모여 새롭게 학습하며 자신을 다듬어가는 일은 생각보다 쉬운 일은 아니다. 여전히 배울 것이 있다는 겸손함과 더욱 성장할 수 있다는 발전가능성을 모두 겸비해야 하기 때문이다. 매번 강의를 할 때마다 느끼는 것은 '참 좋은 학습자를 만났다'는 것이다. 좋은 학습자들, 그리고 그들이 가진 좋은 코칭 이야기들. 자신의 영역에서 자기만의 코칭을 피워내고 있는 사람들의 이야기는 코치들에게, 그리고 코칭을 배우고자 하는 사람들에게 귀감이 될 것이다. 또한 가족 구성원으로서, 학교의 구성원으로서, 사회의 구성원으로서, 조직의 구성원으로서, 누군가에게 어떤 존재로서, 나에게 어떤 존재로서의 삶을 좀 더 의미 있게 만들어 줄 것이라 생각한다.

웨스트민스터홀 548호 강의실에서의 뜨거움이 이 책에 고스란히 담겼다. 이제 이 뜨거움이 독자들에게 넉넉하게 전달되기를.

남상은(숭실대학교 교육대학원
커리어학습코칭전공 겸임교수 / 봄, 길 대표)

# 차례

## 창업 및 리더십 코칭



## 라이프코칭

커리어코칭

# 01

- 6년차 간호사의 자기 탐색과 경력 전환 목표를 향한 코칭 여정기
- 육아휴직 중인 어느 30대 가장의 강점 기반, 커리어코칭 사례
- "국가의 일꾼에서 사회의 일꾼으로 내딛는 첫걸음" '나를 찾아 떠나는 여행'

# 6년차 간호사의 자기 탐색과 경력 전환 목표를 향한 코칭 여정기

김수민

> 코칭 대상자: 이O정 (현직 간호사)
>
> 코칭 일시: 2022.11.1~11.30 주 1회 대면 코칭 진행
>
> 코칭 회기: 총 5회기
>
> 코칭 이슈: 경력 전환(직무 이동)

입시와 안정적인 취업에만 집중하던 '사회초년생'에서 이제는 자신의 적성과 맞는 분야로의 '경력 전환을 꿈꾸는 직장인'으로 바뀌는 시기가 누구에게나 온다. 분명 첫 사회 초년생이 되었을 때에는 자신이 속한 조직과 업무에 대한 설렘과 즐거움을 갖지만, 시간이 지날수록 예전처럼 설레는 마음만 드는 것은 아닌 것 같다. 오히려 업무 경험을 통해 나의 적성과 성격에 맞는 일인지 적극적으로 고민하게 되고, 잘 맞지 않는다면 앞으로 어떤 직무 또는 어떤 경력으로 전환해야 할지 고민을 시작하게 된다.

이번에 소개할 사례 속의 주인공도 같은 이슈로 코칭에 참여했다. 직무 적합성을 알아보고 커리어 로드맵을 통해 어떤 직무로 이동할 것

인지를 결정하고자 했다. 코치이는 30대 초반 여성으로 간호사를 꿈꾸지는 않았지만 입시 점수에 맞추어 간호 관련 학과에 입학하게 되었다. 이후 실습과정을 통해 성격적으로 간호사 업무가 잘 맞는다고 생각해 대학병원 응급실에서 4년간 근무했고, 현재는 타 대학 병원의 수술실 간호사로 이직을 하게 되었으나 새로운 업무와 근무 환경에 적응하지 못해 퇴사를 준비하고 있으며 앞으로의 경력 방향성을 어떻게 잡아야 할지 갈피를 잡지 못하고 있다.

## 1. 대화의 시작: 코칭은 이런 거야.

코치이의 경우, 코칭에 대해 잘 알지 못하여 '단순한 상담'이나 '조언' 정도의 의미로 받아들이고 있었다. 코치와 코치이는 친구 관계이다 보니 기본적인 라포 형성이나 신뢰감 형성은 잘 되어있는 상태였다. 따라서 이 관계에서는 친구보다 코치로서 코칭이 어떤 것인지, 앞으로 어떻게 대화를 진행할 것인지를 설명해주는 것이 중요했다. 먼저 첫 세션에서 코칭이 무엇이라고 생각하는지 질문했다.

> "코칭은 그냥 상담 아닌가? 아니면 '운동할 때 어떻게 자세를 잡으세요'라고 하는 것처럼 단순한 코칭, 조언? 이런 건가? 사실 잘 모르겠지만 너가 코칭을 배우고 있으니까 항상 하는 대화랑은 조금 차이가 있지 않을까 싶은 마음에 내 이슈에 대해 코칭해 달라고 하게 된 거였어."

오랜 시간 보아온 결과, 코치이는 늘 간호사 업무에 대한 열정이 있었고 실제로 누군가를 도울 수 있는 착한 심성과 무던한 성격을 가지고 있다. 이러한 열정과 성격을 활용하여 위기 상황에 있는 사람을 돕는 일을 한다는 점에서 간호사로서 큰 강점을 가지고 있다는 것을 스스로 알고 있는 상태였다. 하지만 이직에 대한 욕구가 매우 강한 상태였다. 현재는 다른 대학병원으로 이직을 하면서 '응급실'이라는 업무강도가 높은 현장에서 '수술실'이라는 전문적이면서 업무강도가 낮은 현장에서 근무하고 있는 상황이었다. 하지만 동료로 인한 스트레스와 새로운 업무 수행에 대한 스트레스가 혼재되어 아예 새로운 직무로 경력을 다시 쌓아야 할지 고민하는 상황에 있었다. 코치이는 스트레스가 심한데다 직무 이동에 대한 마음도 조급한 상태였기 때문에 코칭을 요청했다고 했다.

"내가 배워본 결과, 코칭이라는 건 답을 주는 게 아니라 너와의 대화 속에서 내가 발견한 것들을 너 스스로 알아차리도록 도와주는 거더라. 꽤 세세하게 너의 이야기에 대해 질문할 수도 있고, 깊이 생각해볼 수 있도록 돕는 도구를 활용하면서 대화를 하게 될 수도 있어. 명확한 답을 '내가' 내려줄 순 없을 거야. 왜냐하면 나는 네 안에 답이 있다고 믿거든. 이렇게 코칭에 대해 이해했으면 코칭 대화를 해봐도 괜찮을까?"

그렇게 코치이와 주 1회씩 특정시간을 정해 그 시간 동안은 평소와 다르게 코칭 대화를 해보기로 함께 정했고, 코칭 대화를 하는 시간만큼은 친구 사이를 떠나 코치와 코치이로서 관계에 집중하기로 합의했다.

## 2. 커리어 로드맵 작성하기: 목표와 실현 방법을 고민해보자.

### 커리어 로드맵 작성

**목차 소개**

| 목차 | 주요 내용 |
|---|---|
| 나의 10년 후 미래 | 도달하고 싶은 목표 세우기 |
| 나의 강점 & 약점 | 남들과 다른 나 자신 발견하기 |
| 내가 닮고 싶은 역할 모델 | 역할 모델 찾기 |
| 버킷 리스트 5가지 | 자신이 바라는 미래상 그려보기 |
| 나의 비전 | 비전에 가치를 더하기 |
| 나의 파트너 | 인생의 조력자와 함께 하라 |
| 변화를 이끌어내는 Action Plan | 자신과 비슷한 환경에 있는 행동자를 찾아라 |

**나의 10년 후 미래: 도달하고 싶은 목표를 세워라**

| 구분 | 현재 나이(31세) | 10년 후 나이(41세) |
|---|---|---|
| 분야 | 간호 | CRA |
| 직업 | 간호사 | 간호 분야 매니징 |
| 직위 | 6년차 간호사 | CRA 과장 급 |
| 영역 | 의료 | 연구 |

**나의 강점 & 약점 분석 – 남들과 다른 나 자신을 발견하라**

| 구분 | 강점 | 약점 |
|---|---|---|
| 지식 | 간호 지식 | 연구 지식 |
| 기술 | 임상 경험 | 컴퓨터활용능력, 영어회화 |
| 경험 | 대학 병원 6년 경력 | 연구 분야 경험 전무 |
| 성격 | 끈기 있고, 꼼꼼한 성격 | 융통성 없음(보수적으로 일함) |

**내가 닮고 싶은 역할 모델 – 역할모델을 찾기**

| 대상자 | 프로필 | 닮고 싶은 계기 | 나의 계획 |
|---|---|---|---|
| CRA로서 대우 받는 업계 선배 | 외국계 기업 CRA | 쉽지 않은 분야에 도전한 용기와 꾸준한 끈기를 닮고 싶음 | 초심을 잃지 않고 새로운 직무에 적응하고 적극 배우고 싶다. |

**버킷리스트 5가지 – 나의 미래상을 그려본다**

| 구분 | 버킷리스트 |
|---|---|
| 1 | 2년 안에 결혼해서 아이도 낳고 가정을 꾸리기 |
| 2 | CRA로 입사하기 |
| 3 | CRA로서 승진하고 경력을 빨리 쌓아 그만큼의 대우 받기 |
| 4 | 내 집 마련 |
| 5 | 딱히 없음 |

**나의 비전: 콜럼버스처럼 비전을 그려라**

| 구분 | 나의 비전 | 설정 이유 |
|---|---|---|
| 습관 | 하루 30분씩 활용해서 영어 회화하기 | 습관화를 통해 꾸준함을 기르고, 직무에 필요한 역량을 향상시키기 |

**나의 파트너: 인생의 조력자와 함께 하라**

| 이름 | 업무 / 직책 | 관계 | 선정 이유 | 후원받을 내용 |
|---|---|---|---|---|
| 이O미 | CTA / 과장 | 친언니 | 원하는 회사에 유사한 타 직무로 입사한 선배임 | 입사 관련 노하우, 회사 생활에 대한 경험 코칭 |

**변화를 끌어내는 Action Plan: 자신과 비슷한 환경에 있는 행동자를 찾아라**

| 구분 | 1 | 2 | 3 |
|---|---|---|---|
| 지식 | CRA 지식 공부 | 입사 지원하기 | 현 직장 퇴사 진행 및 이직하려는 회사에 대해 공부하기 |
| 태도 | 수용적인 태도 | 적극적인 자세<br>공부내용 메모하기 | 관련 분야에 대한 공부 지속하기 |
| 기술 | 연구 분야 기술 익히기 | 컴퓨터 활용 관련 자격증 | 커뮤니케이션 기술 익히기 |

*CRA: Clinical Research Associate
*CTA: Clinical Trial Assistant

### 마음 속 생각 들여다보기

커리어로드맵을 함께 작성하는 시간을 통해 코치이가 생각보다 CRA라는 특정한 직무를 목표로 직무 변경 준비를 하고자 하는 의지가 강함을 알 수 있었다. 단지 현재 직장에서 사람에 대한 스트레스가 커서 다른 직무로 이동하는 것을 선택하는 것은 아닌가 하는 생각이 들어, 코치이의 마음을 들여다보고 스스로 직무 이동에 대한 동기를 알아차릴 수 있도록 도우려 노력했다.

"커리어로드맵 작성을 해보면서 새롭게 드는 생각이 있다면 뭐였는지 말해줄 수 있어?"

"별 것 아닌 활동이라 생각했는데, 같이 이야기하면서 맵을 작성하다보니 직무 이동에 대한 마음이 내가 생각했던 것보다 더 컸더라. 그리고 막연히 옮기고 싶다고만 생각했지 내가 뭘 어떻게 준비해야 할지 고민했었는데, 나는 어떻게 준비해야 할지, 그리고 누구에게 도움을 요청해야 할지 다 알고 있었어."

"직무 이동을 하고 싶은 이유 중 가장 큰 이유는 어떤 거라고 생각해?"

"CRA라는 직무 전문가로 앞으로 평생 직업을 가지고 싶어. 간호사 업무도 적성에 잘 맞기는 하지만 평생 내가 지금처럼 친절하게 사람들을 대하면서 일할 수 있을까… 몸도 마음도 힘든 직업인 건 확실한데 내가 정말 평생 직업으로 간호사라는 직업을 가질 수 있을까… 라는 생각이 많이 들거든. CRA는 내가 쌓아온 간호사 경력을 활용할 수 있으면서도 평생 직업으로 삼을 수 있는 직무라고 생각해."

커리어로드맵 작성 활동은 나에게도 인상 깊은 시간이었다. 코치이의 꿈과 이루고 싶은 것들, 직무 이동을 위해 해야 하는 것들 등에 대해 깊이 이야기를 나누다 보니, 코치이가 정말로 직무를 이동하고 싶은 이유가 어떤 것인지 자연스럽게 알 수 있었다. 원래 아는 사이기도 하고 사적인 이야기도 자주 하는 관계였지만, 특정한 도구를 활용해 코칭 대화법으로 이야기를 하니 이전보다 훨씬 코치이의 깊은 내면을 들여다볼 수 있었던 시간이었다.

커리어로드맵 작성이 끝나고 코치이는 현재 사람에 대한 스트레스도 분명 가지고 있지만, 그 때문만으로 직무 이동을 하고 싶은 것이 아니라는 점과 앞으로 평생 직업으로 삼고자 하는 직무를 선택하고 싶은 마음이 가장 큰 직무 이동의 이유라는 점을 확실히 알게 되었다고 말했다.

### 경력방향성 결정하기

지난 세션이 끝난 후 코치이는 앞으로의 경력 방향에 대해 많은 생각을 했다는 이야기를 해주었다. 경력 전환 분야로 고려한 CRA 분야는 전공지식인 간호학 지식이 필수 역량이라는 점, 6년간 쌓은 간호 경력을 활용할 수 있다는 점, 간호 업무 자체가 적성에는 맞는다는 점 등에서 코치이의 경력 전환 가능성과 연결되었다. CRA 분야로의 이직을 경력 방향성으로 정하고 현 직장 퇴사 후 이직 성공까지의 세부 계획들을 계획했다. 코치이가 코칭을 통해 정리한 세부 계획은 다음과 같다.

- 현재 하고 있는 간호학 공부와 CRA 분야 공부를 지속하고, 6개월 내에 컴퓨터 활용 자격증을 취득한다.
- 현 직장 퇴사 후 CRA 직무를 수행하고 싶은 기업을 조사한다.
- 조사한 기업마다 구체적으로 입사하고 싶은 이유를 정리한다(보수, 대우, 전망, 적성, 만족도, 성장 가능성 등).
- CRA 분야 경력이 필요하다면 경력을 쌓을 수 있는 기업에 지원하여 필수 경력 조건만큼 경력 기간을 쌓는다.
- 이와 관련하여 다음 코칭 때까지 워크넷에서 직업적성검사를 실시하여 출력해온다.

### 직업적성검사 해보기

워크넷(www.work.go.kr)에서는 직업 적성을 알아볼 수 있는 검사 도구를 제공하고 있다. 이 검사도구는 누구나 무료로 활용할 수 있다. 코치인 나도 수업시간을 통해 해보며 나에 대해 잘 알 수 있는 시간이 었고, 이 검사를 코치이에게 추천하였다. 검사 결과를 그대로 맹신하지 않도록 검사 결과에 대한 생각이 어떠한지 먼저 물어보았고, 함께 글을 써보며 직접 정리해보는 시간을 가졌다.

"검사 결과에서 정말 나의 이야기 같다고 생각된 부분이 있다면 뭐였어?"

"검사 결과를 보면서 나의 이야기가 아니라고 생각된 부분이 있다면 어떤 거였어?"

"검사 결과 중에서 새롭게 알게 된 부분이 있다면 뭐였어?"

검사 결과에 대한 생각을 물어보고 대화해본 결과, 코치이는 관계능력이 높다는 결과에는 동의하지만, 언어능력이 있다는 것에 대해 의구심이 든다고 했다. 왜냐하면 항상 자신의 생각을 표현하는 것이 어렵고, 직장 동료나 다른 사람에게 의사표시를 잘 하지 않는다고 생각했기 때문이었다. 이러한 검사 결과에 대해 스스로 다시 생각해보고 새롭게 알아차리는 부분이 있는지 고민해보도록 대화를 이끌었다.

코치이: "너랑 코칭 대화를 하면서 내가 왜 경력 전환을 하고 싶은지, 어떤 쪽으로 경력을 쌓고 싶은지 알게 되었잖아. 이 사실을 알고 나서 직업적성검사를 하니까 재미있었고 검사 결과를 보면서 내가 몰랐던 나의 좋은 점들도 발견하게 된 것 같아."

코치: "언어능력이 있다는 검사 결과가 의구심이 든다고

했는데, 너한테 언어능력이 있다고 생각하면 어떤 느낌이 들어?"

코치이: "CRA 분야를 하기 위해서는 내가 임상 연구 대상자들이나 연구를 진행하는 동료들하고 소통하는 일이 많아서 누군가와 의견을 나눌 일이 많아. 그런데 내가 항상 말했던 것처럼 나는 언어능력이 좋은 편은 아닌 것 같다고 생각했기 때문에 그 부분이 걱정이 되었었어. 그랬는데 이번에 검사 결과를 보니 내가 언어 능력에 강점이 있다는 걸 알게 되었고, 자연스럽게 경력 전환에 대한 자신감도 더 생긴 것 같아. 그래서 좋아."

코치: "너가 그렇게 새롭게 느꼈다니 나도 좋아. 새롭게 알게 된 것에 대해 정말 축하해!"

### 실행방안 찾기

직무 이동 목표를 실천하기 위해 스스로 실행할 수 있는 방안에 어떤 것들이 있는지 명확히 하기 위한 코칭 대화를 시작했다. 수업에서 배운 대로 함께 구체적인 실행 계획을 세우다 보면 코치이 자신이 직접 해볼 수 있는 것들, 해야 할 것들, 시간을 활용할 수 있는 방법들을 스스로 생각해낼 수 있다는 사실을 잘 활용하고자 했다.

코치: “현재 직무 이동이라는 목표를 달성하기 위한 너의 상태는 어떤 상태이니?”

코치이: “‘이직하고 싶다’라는 생각만 하고 있는 상태? 행동은 하고 있지 않은 것 같아.”

코치: “목표 달성한 상태를 10점 만점이라고 본다면, 현재 너의 상태는 몇 점에 있을까?”

코치이: “3점 정도일 듯 해”

코치: “왜 그렇게 생각해?”

코치이: “생각만 하고 있기는 하지만, 새로운 직무로 가더라도 내가 이제까지 쌓아온 간호 지식을 활용할 수 있기 때문에 지식에 대한 자원은 어느 정도 있다고 생각해”

코치: “그럼 몇 점까지 올려보고 싶어?”

코치이: “일단 8점 정도까지 올려보고 싶어.”

코치: “그 점수까지 너의 상태를 올리려면, 가장 먼저 어떤 걸 해볼 수 있을까?”

코치이: "음… 내가 이직하고자 하는 직무에 어떤 자격이 필요한지 빨리 알아봐야 할 것 같고, 그걸 빠른 시일 내에 취득해야 한다고 생각해"

코치: "언제부터 해볼 수 있을까?"

코치이: "오늘 퇴근하고 한번 찾아보도록 할게. 자격 사항 일정을 확인해보고 가장 빠른 일정을 찾아서 자격을 취득해봐야 할 것 같아."

이러한 코칭 대화를 통해 실행방안을 하나씩 함께 찾아보는 시간을 가졌다. 함께 종이에 직접 써내려가며 추상적인 방안은 좀 더 구체적으로 작성할 수 있도록 도왔다. 코치이는 생각만 했던 것을 이제는 실행해볼 수 있을 만큼 생각이 구체화되었다며 뿌듯하다고 말했다.

### 계획 세우기

함께 찾은 실행방안들에 대해 표로 작성해보고 해야 할 일을 언제까지 완료할지 시기에 대해서도 명시해보는 시간을 가졌다.

### 쉬어가는 시간 만들기

실행 계획을 구체적으로 세웠어도 스스로 쉬어가는 시간을 가지지 않으면 금방 지치게 되고 에너지가 소진되어 세운 목표를 만족스럽게 달성하기는 힘들다. 따라서 코치이가 계획을 실천하는 과정에서 어떤 방법을 통해 쉬어가거나 에너지를 충전할 수 있는지 질문하였다.

코치이: “이제까지는 에너지가 소진되면 그때서야 잠을 자거나 쉬는 시간을 가졌던 것 같아. 너도 알다시피 내가 약속이 많고 사람들하고 시간을 많이 보내잖아. 여러 사람들과 관계하는 시간을 가지는 것이 쉬는 거라고 생각했었는데, 지금 그 질문을 들으니까 오히려 쉬었던 게 아니라 에너지가 소진될 때까지 그냥 계속 무언가를 했던 거라는 생각이 들어.”

코치: “그럼 무얼 했을 때 가장 즐겁거나 마냥 좋았어?”

코치이: “손으로 뭘 만들거나 그리는 걸 할 때가 제일 좋았던 것 같아. 워낙 그런 걸 좋아하기도 하고 손으로 뭘 만들거나 그리면 아무 생각이 없어져서 되게 좋아.”

코치: “눈을 한 번 감아보고 지금 말한 것들을 한번 상상해보자. 어떤 장면에서 너가 가장 즐겁거나 좋았는지 생각해봐.”

눈을 감고 생각을 떠올리던 코치이는 좋아하는 노래를 틀어놓고 집이나 동물 모형을 만들 때, 도화지에 유화로 그림을 그릴 때 가장 행복하고 좋은 느낌이 든다고 했다. 코치이에게 쉬는 시간을 가지는 간격은 어느 정도인지, 한번 쉬면 에너지가 소진될 때까지 걸리는 시간이 어느 정도인지 질문했다.

코치이: "1주일에 한 번 정도는 쉬는 시간을 가져야 마음이 좋을 것 같아."

코치: "그래. 그럼 1주일에 한 번씩 너가 좋아하는 활동을 하는 시간을 가져보자. 해보면서 너가 가장 에너지를 채울 수 있는 시간 간격을 찾아가면 돼."

## 4. 새로운 경력 전환을 위한 출발, 새롭게 알게 된 나와 함께

대학원 수업과 코칭 실습을 할 때마다 교수님들이 강조했던 부분은 코칭의 마무리에 코치이가 코칭을 통해 어떤 변화와 성장을 경험했는지, 새롭게 알아차린 것은 무엇인지 묻고 스스로 동기부여 할 수 있도록 응원해주는 것이 중요하다는 것이었다. 그래서 내 친구이자 코치이에게 코칭 과정이 어떠하였는지 물었다.

코치이: "너랑 코칭이라는 걸 제대로 처음 해보면서 무엇보다 내 생각을 잘 정리해볼 수 있었었고, 나라는 사람에 대해서도 새롭게 알게 되었어. 일단 나는 항상 생각만 하지 너처럼 구체적으로 생각하지도 않고 심지어 행동으로 실천하지도 못한다고 생각했는데, 커리어로드맵을 해보니까 나라는 사람도 다 계획이 있고 구체적으로 생각도 다 해놓는 사람이라는 걸 알게 되었던 것 같아. 그리고 나는 너희들한테 항상

말했듯이 언어능력이 좋다고 생각하지는 않는다고 했었잖아. 그런데 검사 결과에 언어능력이 좋다고 나오는 걸 보는 것만으로도 자신감이 생겼어. 코칭이라는 걸 이제까지 단순한 상담? 사람의 말을 들어주고 조언해주는 거라고 생각했었는데, 스스로 목표를 깨닫게 해주고 어떻게 실천해볼 수 있을지 생각하게 도와주는 거라는 걸 좀 알게 된 것 같아."

코치: "너에 대해 명확하게 알게 된 부분이 있다면 어떤 점이 있을까?"

코치이: "나는 충분히 직무 이동을 해볼 수 있고, 해낼 수 있는 사람이라고 느꼈어. 왜냐하면 계속 말한 것처럼 내가 이렇게 계획을 가지고 있었고, 어떻게 직무 이동을 해내야 하는지 알고 있다는 사실을 몰랐었거든. 그런데 친언니가 일단 내가 가고자 하는 회사에서 근무하고 있으니 여러 정보를 얻을 수 있고, 내가 어떤 것들을 차근차근 준비해야 하는지 생각을 하고 있었던 거니까 난 조만간 직무 이동에 성공할 수 있을 거 같아!"

코치: "코치로서 내가 보는 너는 정말 너 말대로 계획을 이미 다 가지고 있고, 직무 이동을 하고 싶은 이유도 명확하게 알고 있는 사람이야. 그리고 이렇게 몇

회기 안 되는 코칭을 통해서 새롭게 알아차리는 것도 많은 사람이라서 새로운 직무 준비 과정도 금방 배울 거라고 생각하고, 너 말대로 조만간 직무 이동이라는 목표를 꼭 성취해낼 거야. 그리고 친구로서 내가 보는 너는 끈기가 있는 사람이고, 사람들과의 관계 능력도 정말 좋은 사람이야. 주변에 너를 도와줄 많은 사람들이 분명 또 있을 테니까 너무 걱정하지 말고 차근차근 직무 이동 준비를 해보자."

자신의 목표에 대한 동기가 불분명하고 자신의 능력에 대해 의심하던 코치이가 스스로를 다시 돌아보고 명확한 동기와 자신감을 갖는 과정을 해당 사례에 담았다. 직무 이동을 원하는 30대 초반의 직장인들은 커리어 코칭을 통해 명확한 목표와 동기를 찾아가고 직무 이동을 이뤄낼 수 있는 자신감을 찾아갈 수 있다. 이는 경력 방향성을 명확히 설정하고 더 나아가 자기 효능감, 자아 정체감을 세워가는 데에도 긍정적인 작용을 한다. 코치는 '꿈꾸는 직장인'의 경력 개발 여정의 동반자가 될 수 있다.

# 육아휴직 중인 어느 30대 가장의 강점 기반, 커리어코칭 사례

정우석

## 1. 링크드인(Linkedin)으로 시작된 인연

"안녕하세요? 며칠 전 이사님께서 저출산 관련 글을 올리셨을 때 댓글로 인사드렸던 김○○(이하 J)이라 합니다. 현재 저는 육아휴직 중에 이직을 시도하고 있습니다. 그러나 새로운 곳으로 가기가 어려워 고민하던 중, 이사님 링크드인 프로필을 보고 도움을 구하고자 메시지를 드려요. 제가 최근 육아휴직을 하게 된 것은 번아웃을 강하게 경험했고, 마침 아이를 돌봐줄 사람이 없어 (아내는 복직하고) 아이가 어린이집 가기 전까지 제가 케어하기 위함이었습니다. 그리고 저도 예수님을 믿고 따르며 그동안 열심히 살았지만, 돌아보면 영적으로 참으로 게을렀고 교만했으며 저의 능력과 힘만으로 살다보니 이렇게 된 것 같습니다. 그래서 지금의 시기를 제 삶과 커리어의 전환점으로 삼고 싶지만, 저 혼자서는 역부족인 것 같아 기도하던 중, 이사님께 여쭤봐야겠다 싶어 메시지 드립니다.

제가 조심스레 커리어코칭과 헤드헌팅을 같이 부탁드리고 싶은데, 혹시 괜찮으실까요? 편하실 때 연락 한 번 부탁드려도 될까요?

감사합니다."

J 고객과의 인연은 이렇게 링크드인(Linkedin)으로 시작되었다. J는 86년생 남성으로, 명품거래 플랫폼에서 근무하는 경력 10년차 직장인이다. 2살이 채 안 된 어린 아들이 있고, 아내는 국내 굴지의 대기업에 다니는 연구원이다. J는 나와 많은 부분에서 공통점을 갖고 있었다. 육아 휴직과 번아웃이라는 경험, 그리고 같은 종교적 배경을 갖고 있다는 점에서 나와 비슷했다. 또 스스로 영적으로 게으르고 교만하다고 생각할 정도로 신앙적인 부분으로 고민하는 점도 비슷했다. 그런 점이 J로 하여금 나를 찾게 했을 것이다. 다만, 내가 J를 영적인 부분까지 잘 코칭할 수 있을까 생각했을 때는 솔직히 부담이 되었다. 그럼에도 링크드인을 통해서는 처음으로 만나는 커리어코칭 고객에 대한 설렘이 있기에, J와의 커리어코칭 여정을 함께 해보기로 했다.

내가 코칭, 그중에서도 커리어코칭을 전문분야로 삼게 된 것은 순전히 나의 개인적인 경험 덕분이다. 16년 가까이 쉴 새 없이 달리던 직장을 '직장암' 진단을 받아 1년 6개월간 쉬게 되었을 때, 내 인생 전반을 다시 돌아보는 시간을 갖게 되었다. 돌이켜보면, 패션회사 L에서 맡았던 패션영업, 상품기획, 전략기획 등의 업무는 학창 시절부터 꼭 이걸 해야겠다고 꿈꾸고 치열하게 노력해서 갖게 된 것이 아니었다. 대학을 졸업한 후 군 복무를 마치자, 취업을 해야 한다는 단순한 생각으로 갖게 된 일이었다. 그 당시 내 안에는 직업적인 열정과 소명이 없었다. 조직의 일원으로 회사의 목표에 따라 일하고 그에 따른 성과에 일희일비 하며 사는 삶, 그것은 보통의 직장인이 그렇듯 주기적으로 냉탕과 온탕의 감정을 반복하는 삶이었다. 그래서 내 나이 마흔 초반, 일종의 번아웃이 오고 암 진단도 받게 되자, 열정과 소명 따라 살아가는 두 번째 삶을 살아야겠다고 마음먹게 되었다. 그 무렵 숭실사이버대학에서 '코칭'을 접한 것은 운명과도 같은 일이었고, 커리어 코칭을 통해서 타인의 커리어에 대한 이슈도 도와주고 싶은 마음이 자연스레 생겼다. 나이 43살에 처음으로 가슴 설레는 꿈을 갖게 되었다.

## 2. 첫 시간, J 고객의 인생여정 탐색

첫 번째 코칭세션에서, J와 나는 그의 커리어와 인생의 히스토리를 함께 탐색하며 코칭의 전체적인 주제를 잡아가기로 했다. J의 이야기는 무엇보다도 솔직하고 진정성이 있었다. 스타트업의 사업 기획자로 10년간의 경력을 쌓은 J는, 가족과 신앙이라는 두 개의 가치를 매우 소중하게 생각하고 있었다. 그의 삶은 이러한 가치와 그를 둘러싼 다양한 경험을 반영하고 있었다.

대학 시절 기독교를 처음 접한 J는, 부모님의 반대에도 불구하고 신앙의 길을 걸었고, 교회 청년부 회장까지 맡을 정도로 믿음에 열심이었다. 대학을 졸업하고 대학원에 진학하여 '경영정보시스템(MIS)'을 전공했지만, 대학원 석사논문 작성 과정에서 지도교수와의 갈등으로 인해 '졸업'이 아닌 '수료'로 끝나고 말았다. J는 예상치 못한 상황에 몸과 마음이 모두 상한 채로 남보다 늦게 구직 활동을 해야 했다. 늦은 나이라는 생각에 '취업'보다 '창업'과 스타트업 '엑셀러레이터' 등을 시도했지만 모두 실패하고, 마지막엔 제빵 기술이나 배워야겠다 마음먹을 정도로 불안한 시간을 보냈다. J는 이 시기를 "10년이 날아가는 기분"으로 표현할 정도로, 극도의 불안과 공허감을 느꼈다고 한다.

J가 '모든 인간적인 시도를 내려놓는' 순간, 교회 목사님과 지인의 도움으로 'A'라는 대기업 계열사로 들어갈 수 있었다. 그곳에서 맡은 일은 고속도로 휴게소의 작은 테마파크를 개발하는 TFT 조직에서 온라인 마케팅과 영업을 담당하는 것이었다. 어렵게 얻은 일자리인 만큼, J는 최선을 다하고 싶었다. 빠듯한 일정 내에 테마파크 개발을 완료해야 했기 때문에 1년간 매일 새벽 1~2시에 퇴근하는 일이 반복되어도 J는 지치는 줄 모르고 열심히 일했다고 한다.

테마파크 개발이 끝나자, J는 함께 협업을 하던 협력업체가 'B'라는 숙박 플랫폼 스타트업에 인수합병 되면서, 'B'회사의 이직 제안을 받아 '플랫폼 운영자(Business Operation)'로 옮기게 되었다. 이곳에서 4년간 일하면서 B회사는 성장을 거듭해서 '유니콘 기업'(기업가치 1조원)에 등극하게 되었고, J의 커리어도 크게 성장할 수 있었다.

그 후 함께 일하던 직속 상사가 'C'라는 명품거래 플랫폼의 C레벨 임원으로 옮기면서, J 역시 '파트너관리 팀장'으로 합류하게 되었다. 하지만, 몇 달 되지 않아 직속상사는 경영진과의 갈등 끝에 회사를 그만두게 됐고, 때마침 회사에는 '판매자 부당행위'로 대형 악재가 터졌다. J는 이때 각종 사건, 사고를 수습하느라 몇 날 며칠 밤을 지새우면서 '번아웃' 증상을 겪게 된다. 갑자기 서 있다가 털썩 주저앉거나 심장이 빨리 뛰고 컴퓨터 앞에만 앉으면 머리가 안 돌아가고 무기력해지는 느낌. 병원에선 불안 지수가 높게 나오니 일을 떠나 잠시라도 쉬는 게 좋겠다는 진단이 나왔다.

그 와중에 J에게는 첫 아들이 생겨서 힘든 직장생활 가운데도 아내와 번갈아 육아를 해야 했다. 아직 낮과 밤을 구별하지 못해서 밤새 우는 아이를 재우느라 정작 자신은 제대로 된 수면을 취하지 못한 채로 1년간을 보냈다고 한다. 아이와 아내를 사랑하는 마음으로 육아와 직장 일을 번갈아 하며 '가장'의 역할을 다하기 위해 분투했을 J의 모습을 상상하니, 안타까움과 존경스런 마음이 동시에 들었다.

대학원 시절부터 10년 동안 정신없이 달려온 J에게 1년간의 육아휴직은 반강제적으로 주어진 것이지만, 어찌보면 신이 내려준 선물과도 같은 것이었다. 지친 몸과 마음을 추스르며, 지난 삶을 돌아보는 성찰의 시간을 통해, J는 자신의 신앙과 가치를 명확히 하고 커리어와 삶의 목표를 새롭게 세워보고 싶었을 것이다.

우리는 내 힘과 내 뜻대로 할 수 있는 것이 하나도 없다는 생각이 들 때, 모든 것을 내려놓고 원점에서부터 시작할 수 있다. 종교가 있는 사람은 이때 비로소 신 앞에 온전히 홀로 서게 된다. J의 인생 스토리는 마치 8년전 내 모습을 돌아보는 듯 했기에 더 공감이 갔다.

## 3. 강점 탐색을 통한 '나다움' 찾기

두 번째 만남을 갖기 전까지 4회기의 코칭 세션 진행과 관련하여 다음과 같이 대략적인 회기별 계획을 세워서 J에게 보냈다. 그리고, 워크넷에서 직업선호도 검사(L형)와 태니지먼트 강점 검사를 해보도록 과제를 제시했다.

1회차: 라포, 인생곡선 탐색, 코칭의 주제 정하기
2회차: 자기탐색(강점, 흥미)
3회차: 전용성 소질의 파악을 통한 진로 방향성 정하기
4회차: 코칭의 마무리

두 번째 세션을 시작하면서, J에게 지난 한 주 동안 어떻게 보냈는지 질문하자, 그는 '육아로 인한 수면 부족'을 호소했다. 기운없어 보이는 목소리엔 육아휴직을 의미있게 사용하려고 틈틈이 수영을 하거나 책을 읽으려고 했지만, 잠이 부족해서 원하는 것을 이루지 못한 아쉬움이 묻어났다. 한편으론, 커리어가 단절되는 듯한 불안감과 재정적인 부분을 직장에서 일하는 아내에게 미뤄놓은 데 대한 미안함 때문에 제대로 쉬지도 못하는 모습이 눈에 들어왔다. J는 이런 상황을 "존재가 사라지는 느낌"으로 표현했다. 그렇게 육아휴직 기간에 '가장'으로서 책임감, 미래에 대한 '불안함' 때문에, 온전한 쉼을 누리지 못하는 데 대한 안쓰러움이 밀려왔다. 나도 비슷한 경험을 했기에 J에게 위로와 지지를 보내주고 싶었다.

코치: "만약 고객님이 지금 여기에 충실할 수 있다면, 지금 여기, 고객님께 최고의 순간은 무엇일까요?"
J: "아이랑 잘 지내고 잘 자고 몸과 마음이 회복되는 것이요. 얼마 전에도 아내와 얘기했는데 제가 이런 회복의 시간을 가진 적이 없지 않냐고, 위로해 주더라고요."

J는 그렇게 아내의 지지를 떠올리며 한결 마음이 편안해진 듯했다. 고객의 에너지를 높여 보고자, 지난 한 주간 감사했던 순간을 말해 달라고 요청했다. 그러자, J는 주말 동안 교회 셀 모임에서 몇몇 가정을 집으로 초대하여 함께 식사하며 교제하던 시간을 감사함으로 떠올렸다.

"어제 테니지먼트 리포트 보내주신 것 보면서 생각나더라고요. 이번 한 주만 놓고 봤을 때, 제가 '외교'의 강점, 사람을 연결시킴으로써 누군가를 '동기부여'하는 그런 성격이 강점이라는 게 감사한 생각이 들었습니다. 지인들이 저에게 많이 의지하고 저도 지인들을 격려하는 것을 좋아하는데, 그런 것을 통해서 전도도 할 수 있고, 그런 성격을 주심에 감사함을 느꼈습니다."

J의 말을 통해서, 사람과의 '교제와 관계'를 정말로 소중히 여기는 탁월함을 발견했다. 또 바쁜 일과 중에도 자신에 대한 강점 리포트를 하나하나 꼼꼼히 읽어보고 코칭 세션에 참여하는 모습에서 J의 진지함, 성실함도 찾을 수 있었다. 자연스럽게 코칭 세션은 J에게 태니지먼트 강점검사 리포트를 디브리핑 해주며, 함께 탁월성을 찾아가는 시간으로 이어졌다.

'태니지먼트'는 Talent + Management의 합성어로, 개인의 '강점'을 발견하고 개발하여 탁월한 삶을 살기를 바라는 의도에서 만들어졌다. 이러한 '강점'은 단순히 무엇을 할 수 있는지를 나타내는 '능력'이나 '스킬'과는 다르다. 강점은 자신이 자연스럽게 하고 싶어하거나, 이전에 배우지 않았음에도 불구하고 쉽게 학습하고 따라 할 수 있는 '욕구(Drive)'에 적절한 '스킬과 태도'가 함께 발휘될 때 완성된다. '욕구' 중에서도 만족감, 지속성, 학습 속도가 강하게 나타나는 차별적인 힘인 '재능(Talent)'을 발견하는 것이 중요하다. 이러한 재능은 지식과 경험을 쌓는 훈련을 통해, 팀이나 조직의 성과에 공헌할 수 있는 '강점(Strength)'으로 개발될 수 있기 때문이다.

태니지먼트에서는 누구나 보편적으로 훈련해야 하는 '태도(Attitude)'를 개인의 '재능'과 구분하고 있는데, '재능'과 '강점'은 '태도(Attitude)'에 따라 강화되거나 무력화될 수 있기 때문이다. 이처럼 개인의 재능과 강점, 태도의 개발은 자신의 고유한 탁월성을 키우도록 도와주고, 스스로를 더 깊게 이해하고 더 잘 사용함으로써 자존감을 회복하는 데 도움이 된다.

J는 유연, 중재, 전략, 문제발견, 양성, 표현이라는 재능을 가진 것으로 나타났다. 내가 이 중에서 어떤 재능이 자신에게 가장 끌림이 있었는지, 그리고 어떤 사례나 경험이 기억나는지 질문하자 그는 '유연'을 첫 번째로 꼽았다. '유연'은 돌발적인 상황에서도 침착하게 대응하고, 빠르게 해결책을 찾는 능력을 의미한다. J는 태국 신혼여행에서 태풍이 다가오는 상황에서도 유연하게 대처한 경험을 언급했다. 당시 태국 방콕에서 'K'라는 섬으로 비행기를 타고 들어가야 했는데, 아침에 일기예보에서 68년 만에 찾아온 강력한 태풍 소식을 듣자, 당황하지 않고 침착하게 예약해 놨던 숙소와 비행기를 모두 취소하고 현지에서의 모든 일정을 새롭게 잡았다고 한다.

J가 두 번째로 선택한 재능은 '중재'였다. '중재'는 팀 내 갈등을 해소하고 협력적인 분위기를 조성하며 영향력을 발휘하는 역할이라고 정의된다. J는 조직이 바뀌고 도전적인 업무에 직면하여 어린 팀원들

을 설득하고 적응시켜야 하는 상황에서 '중재'의 역할을 훌륭히 수행했던 자신의 경험을 예로 들었다.

"(위에서) 그냥, 쿵 하고 어떤 상황이 떨어지면 스트레스 받고 힘들어하는 팀원들이 많은데, 그때마다 저는 중간에서 어르고 달래며 '왜 이렇게 해야 하는지', '이런 배경이 있으니, 이러이러하게 한번 해보면 어떻겠니'라는 식으로 설득하고 소통을 했습니다."

평소 J의 '유연'과 '중재'의 재능이 어떻게 상황 속에서 발현되는지 충분히 알 수 있는 사례이다. 태니지먼트에서는 (팀이나 조직의 성과에 공헌할 수 있는) '강점'을 '추진', '완성', '조정', '평가', '탐구', '창조', '동기부여', '외교' 등 8가지 유형으로 나누고 있다.

J의 Tanagement Wheel

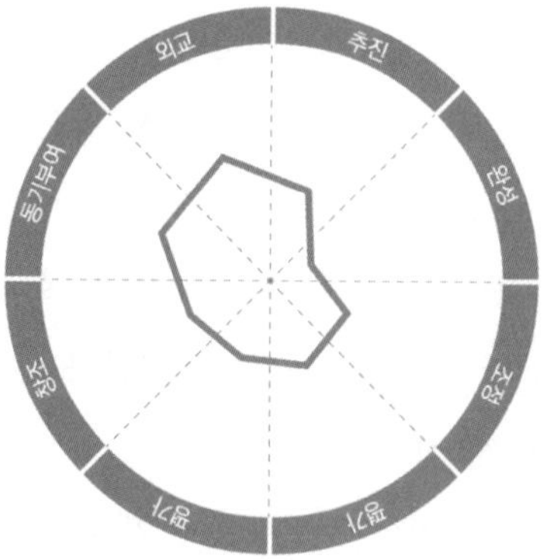

J는 이 중에서 '외교'와 '동기부여'의 강점을 두드러지게 갖고 있는 것으로 나타났다. '외교(Connect)'는 다양한 사람을 만나고 네트워크를 형성하며 사람을 통해 문제를 해결하는 강점으로, 주로 새로운 사람을 만나야 하는 일이나 협상을 많이 하는 사람들에게 자주 나타난다. '동기부여(Motivate)'는 다른 사람의 감정을 쉽게 이해하거나 다른 사람을 격려하고 성장시키는 강점으로, 주로 팀워크를 구축하거나 사람을 성장시키는 사람들에게 자주 나타난다. 앞서, J가 갖고 있던 '유연', '중재', '전략', '문제발견', '양성', '표현' 등의 6가지 재능이 팀과 조직 내에선 '외교(중재)', '동기부여(양성)'라는 2가지 강점으로 나타나는 것이다.

J에게 '외교'와 '동기부여'의 강점을 활용했던 경험을 이야기해 달라고 하자, 그는 숙박 플랫폼 'B'사의 '팀장' 역할을 하던 때를 떠올리며, 신나게 이야기했다. 그 당시 J는 직접 실무를 하지 않고 경영진의 미션을 팀원들에게 전달하면서 일이 잘 되게끔 '동기부여'하고 설득시키는 것이 주된 역할이었다고 한다. 바로 '외교'와 '동기부여'의 강점이 가장 잘 발휘할 수 있었던 지점이다. 그럴 때 항상 J는 자신의 내면 깊은 곳에서 에너지가 올라오고 존재하는 이유도 쉽게 찾았다고 했다. 반면, 상대적으로 약한 영역인 사업의 '기획'이나 '완성'에서는 자신감도 없고 부자연스러움을 느꼈다고 한다.

이처럼, 우리가 자신의 강점을 잘 발휘할 수 있는 곳에서 일할 때, 에너지와 존재감을 찾을 수 있고 그것이 바로 '나다움'을 찾을 때이다.

## 4. 전용성 소질을 통한 진로방향 탐색

J와의 세 번째 만남은 진로의 방향성을 결정하는 시간이었다. 2주 만에 다시 만난 J는 여전히 육아와 가사 일을 하면서, 시간을 쪼개어 개인 운동을 하는 등 바쁘게 지낸다고 했다. 그러면서 틈나는 대로 채용 공고를 찾아보았지만, 지원할만한 기회가 없어 낙심하는 모습을 보였다.

> "솔직히 아이가 6시간 동안 어린이집에 가 있긴 하는데, 시간이 너무 빨리 가요. 뭔가 시간을 의미 있게 보내려고 해도 조금만 정신을 놓으면, 후다닥 시간이 지나가곤 하네요. 그래도 가만히 놀고 있을 순 없어서 틈나는 대로 구인구직 사이트의 채용공고를 찾아보곤 하는데요, 딱히 지원할 데가 없더라고요. '그냥 이래도 되나?', '이러면 안 되는데' 하는 고민이 좀 됩니다."

휴직하고도 마음 편히 쉬지 못하고, 커리어가 이대로 단절되는 것은 아닐까? 영원히 제대로 된 직장을 구할 수 없는 것은 아닐까? 하는 걱정. 아내의 지지과 위로에 감사함을 느끼면서도, 내면에서 들려오는 걱정과 불안의 부정적인 목소리에 어떻게 해야 할지 막막함을 느끼는 듯했다. J의 이런 감정은 남녀를 불문하고 육아휴직을 하는 30~40대 직장인이면 누구나 갖는 일반적인 고민이지만, '가장'으로서 생계를 책임져야 한다는 사회적 기대나 시선 같은 것들이 J의 마음을 더 무겁게 짓누르는 것 같았다. 그런 J에게 억눌린 감정에서 벗어나, 자유롭게 사고의 확장을 가져다주는 질문을 해주었다.

코치: "이제 육아휴직이 6개월 정도 남았는데, 만약 아무런 경제적인 문제가 없고, 지금의 이 시간이 다시 오지 않을 것이라면, 지금 무엇을 가장 해보고 싶은가요?"

J: "여행을 갈 것 같아요. 유럽이나 미국. 여기저기 돌아다니지 않고 일정기간 머물면서 즐기고 싶어요. 세상이 대한민국에만 있기엔 좁다고 생각하고 있어서, 다른 나라 사람은 어떻게 살아가는지 보고 싶어요. 한국에서의 제 모습과 외국에서 있을 때의 제 모습이 약간 달라져 보이더라고요. 뭐랄까, 다른 자아가 생기는 느낌? 한국에선 주위에 눈치 볼 것이 많은데, 외국 나가면 그런 게 없다보니 자연스럽게 저만의 모습이 많이 나오는 것 같아요. 또 현지의 문화나 환경을 받아들이다 보면 새롭게 발견하는 것이 있어서, 해외로 여행을 가보고 싶어요."

J는 결혼하고 아이 낳기 전에, 아내와 단둘이 다녀온 이탈리아 피렌체와 밀라노 여행을 가장 좋았던 기억으로 떠올렸다. 아름다운 토스카나 지방의 와이너리에서 지냈던 아내와의 2박 3일 황홀한 시간을 떠올리며, 다시 한 번 해외에 머물며 타인의 시선에서 벗어나 지역 사람들의 삶을 온전히 경험하며 살아보고 싶다고 했다.

여행에 관한 이야기를 꺼내자, J의 에너지가 좀 올라오는 듯 하여,

본격적으로 J의 진로 방향성을 찾아보는 시간을 가졌다. 진로 방향성을 찾기 위해, 최근에 읽었던 리차드 볼 Richard Bolles의 〈당신의 파라슈트는 어떤 색깔입니까?(What color is your Parachute)〉를 참고하여, PPT 장표를 재구성했다.

리차드 볼은 이 책에서 구직에 성공하기 위한 3가지 창조적 접근 방법을 제시하고 있다. 첫째, '무엇을(What)'이다. 당신이 이 세상에 내놓을 게 무엇인가? 즉, 당신의 전용성 소질(Transferable skill)은 무엇인가? 둘째, '어디에(Where)'이다. 당신의 전용성 소질을 '어디에' 발휘하고 싶은지 결정한다. 셋째, '어떻게(How)'이다. 당신이 가장 일하고 싶은 특정한 조직에 어떻게 하면 취업을 할 수 있을지 찾아본다.

### 먼저, '무엇을(What)'의 단계

나는 J에게 자신의 과거 경력을 살펴보고, 다른 직무나 분야(산업군)에 가더라도 호환되고 활용할 수 있는 전용성 소질을 찾아볼 것을 요청했다. 이 과정은 '의사소통, 연구/기획, 조직/관리/리더십, 직무수행 차별성, 인간관계, 창의적 사고' 등의 6가지 영역에서 자신의 전용성 소질에 해당하는 재능들을 찾는 작업이다. 책에서는 전용성 소질을 찾기 위해, ① 자신의 직업 타이틀을 버리기, ② 가장 자신있으며 즐겨 할 수 있는 종류의 일 생각하기, ③ 자신이 무엇을 잘하는지 스스로 물어보기, ④ 무엇이 자신을 신나게 했는지 생각해보기, ⑤ 과거에 자신이 정말 좋아했던 일이 무엇이었는지 떠올려보기, ⑥ 평소 무엇과 관계된 소질을 즐겨 사용하고 있는가, ⑦ 자신만의 타고난 감각적 재능은 무엇인가, ⑧ 전용성 소질을 찾아주는 '단어 목록'에서 '내 것이다' 라고 느껴지는 것들 찾아보기 등의 활동을 추천한다.

J는 지난 두 번째 세션에서 태니지먼트 강점 탐색 작업을 해봤기에, 수월하게 '협력하기'를 자신의 첫 번째 전용성 소질로 꼽았다. 여기서 J에게 [자료(Data), 아이디어(Idea), 사람(People), 물건(Thing)] 중, 관심 대상이 주로 어느 곳에 있는지를 물어보자, '사람'을 첫 번째로 떠올렸다. 위 2가지를 연결시켜 문장 만들기를 요청하자, "나는 사람을 중재하고 연결하여 협력하는 데 뛰어나다."라는 문장으로 자신의 전용성 소질을 정리하였다.

### "어디에(Where)"의 단계

J의 관심분야와 소질을 활용할 수 있는 분야를 찾았다. J는 상담/해부학 배우기, 피드백/멘토링 배우기, 영어 배우기, 요리하기, 필라테스와 수영 배우기, 몸과 근육의 원리 배우기 등을 좋아하는 관심 분야로 꼽았다. 그 중에서도 우선순위로 상담 / 필라테스 / 코칭을 골랐는데, 3가지 공통된 분야를 뽑아보면 "몸 감각을 활용한 상담/코칭 분야"가 될 수 있다.

다음은 관심 분야에서 자신의 소질을 활용한 선호 직업을 찾는 것이다. 이를테면, "몸 감각을 활용한 상담/코칭 분야"에서, "사람을 중재하고 연결하여 협력하는 데 뛰어난" 전용성 소질을 활용할 수 있는 직업을 찾아보는 식이다. 제일 좋은 방법은 친한 친구나 가족에게 물어보거나 전문가 인터뷰를 통하여, 자신의 관심 분야와 전용성 소질을 먼저 이야기하고, 적절한 직업의 추천을 요구하는 것이다.

**좋아하는 주제나 관심분야 찾기**

## 2. Where(당신의 능력을 발휘할 수 있는 곳은 어디인가?)

1단계: 좋아하는 주제나 관심거리는 무엇인가?

| | |
|---|---|
| 학교에서 배우다 | 상담, 해부학(운동), 스포츠멘탈코칭<br>예) 외국어, 컴퓨터 |
| 업무에서 배우다 | 피드백, 멘토링<br>예) 기계조작, 컴퓨터 그래픽 |
| 회의, 워크샵에서 배우다 | 영어<br>예) 프리젠테이션 기법 |
| 집에서 배우다(책, TV, 온라인 강의) | 요리<br>예) 요리, 목공 |
| 여가 중에 배우다 | 몸/근육의 원리, 필라테스, 수영<br>예) 우표수집, 여행 스케줄러 |

출처: 당신은 파라슈트는 어떤 색깔입니까?(What color is your parachute?) by Richard N Bolles)

이렇게 소질과 관심 분야를 연결하면 이 분야의 직업이 앞으로 어떤 '경력'을 만들어 줄 것인지 예측해볼 수 있다. 여기서, '직업'보다 상위의 개념인 '경력'이 있다. 경력은 '직업(직무)'과 '분야(산업)'의 2가지로 구성이 된다. 새롭게 직업을 '구한다' '바꾼다' '경력을 전환한다' 하는 것은 아래의 4가지 유형 중 하나가 될 것이다. 예를 들면, J의 기존 직업은 '사업기획', 기존의 분야는 'IT 플랫폼'이라고 할 수 있다.

A = 기존의 직업 + 기존의 분야 → 경력유지, 이직

B = 새로운 직업 + 기존의 분야 → 경력전환

C = 기존의 직업 + 새로운 분야 → 경력전환

D = 새로운 직업 + 새로운 분야 → 경력전환

**경력전환의 4가지 유형**

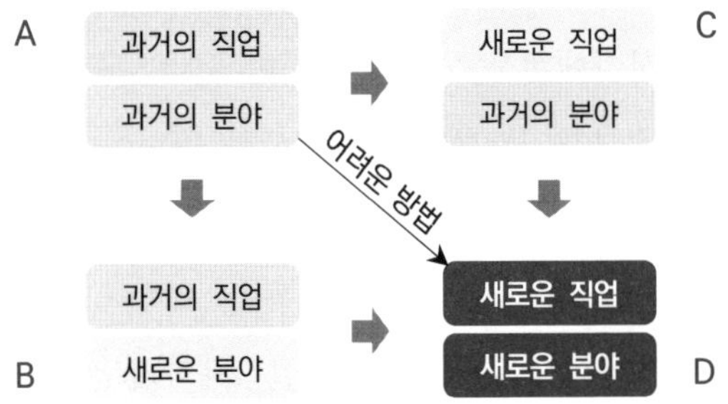


출처: 당신의 파라슈트는 어떤 색깔입니까?(What color is your Parachute? by Richard N Bolles)

사실 J가 떠올린 '몸 감각을 활용한 상담/코칭' 분야에서 찾게 될 직업은, 위에서 'D'에 해당하는 완전히 새로운 분야에서 새로운 직업을 갖는 것이다. 이것은 사실상 가장 어려운 방법으로 경력 전환하는 것에 해당한다. 나는 J에게 'B'의 방법, 즉 기존의 'IT 플랫폼' 분야에서 "사람을 중재하고 연결하여 협력하는데 뛰어난" 전용성 소질을 활용할 수 있는 직업을 찾아볼 것을 추천했다.

### "어떻게(How)"의 단계

가장 일하고 싶은 특정 조직에 어떻게 취업할 수 있는지 방법을 찾는 단계이다.

① 자신을 가장 잘 아는 친구, 전)직장 동료, 이웃 등 주변 사람들에게 조언을 구하고 물어보는 방법이 있다. 이때 나의 친구나 동료는 내가 일하고 싶은 조직에 대한 정보가 없을 확률이 높은데, 그렇더라도 실망하지 말고 주위에 그런 정보를 갖고 있는 사람을 소개해달라고 요청해야 한다. 일자리는 나를 잘

아는 사람보다는, 지인의 지인을 통해서 연결될 가능성이 더 크다.

② 현직 종사자에게 물어보는 방법이 있다. 물론 처음 만나는 사람에게 정보를 구하는 것은 어색한 방법이나, 링크드인, 원티드, 리멤버 등 최근 등장한 채용 플랫폼은 직무별 커뮤니티나 1:1 커피챗, 웨비나, 전문강좌 등을 소개하고 있기 때문에 이런 네트워킹 모임에 참석하여 현직자와의 접촉면을 넓히는 것은 생각보다 효과가 좋은 방법이다. 또한, '링크드인(Linkedin)'은 현직자와의 1촌맺기를 통해, 직무와 관련된 궁금한 것을 직접 문의할 수도 있으므로 잘 활용하면 좋다. 그에 앞서 링크드인 프로필에 자신의 소질(역량)과 전문영역, 과거의 업무성과, 앞으로 갖고자 하는 직무를 중심으로 상세히 작성해놓을 필요도 있다.

③ 마지막으로 워크넷이나, 구직포털, 서치펌의 채용공고 등 온라인 검색도 시도할 만한 방법이나, 그에 앞서 내가 일하고자 하는 회사에 대한 나름의 기준을 세워 놓아야, 수많은 채용 공고 중에서 내가 원하는 공고를 찾을 수 있다.

J와 전용성 소질을 중심으로 구직 활동을 하는 방법에 대해 이야기를 나누고, 한 주간 무엇부터 실행해 볼 것인지를 물어보았다. J는 무엇보다 집에 있기보다 밖에서 관련 인맥과의 만남을 부지런히 가져야겠다는 의지를 보였다. 늘 집에서 육아와 개인 운동만 하던 J가 외부활동을 하겠다고 결단하는 모습을 보면서 응원의 메시지가 절로 나왔다.

## 5. 긴급 S.O.S 코칭

J는 마지막 코칭세션을 하루 앞두고 아이가 아파서 한 주간 코칭을 연기해달라고 요청하면서, 전화를 통한 긴급한 상담요청을 했다. 지인을 통해 '창고' 공간을 필요로 하는 수요자와 공급자를 연결하는 플랫폼을 개발하는 작은 스타트업에서 '사업기획 및 운영' 담당자로 제안을 받았는데, 1주일 만에 면접을 보았고 그 자리에서 합격 통보와 함께 구체적인 연봉까지 제시를 받았다고 한다. J는 경력단절에 대한 두려움 때문에 갑자기 찾아온 기회를 놓치고 싶지 않지만, 그렇다고 휴직 이전의 삶과 딱히 달라질 것 없는 직무에 대한 고민이 있다고 했다. 충분한 역량을 갖고 있음에도 자신감이 많이 떨어진 J의 모습 속에서 지난 5년간의 나의 모습이 오버랩되었다. 자신의 강점을 분명히 알고, 자신의 역량에 대해 정확히 아는 것은 중요한 일이지만, 실제 말처럼 쉬운 일은 아니다. 지나친 자신감도 금물이지만, 실제 가진 능력에 비해 자신을 과소평가 하는 것 역시 피해야 한다. 그렇기에 많은 사람을 만나 대화하면서 자신의 역량을 객관적으로 바라보는 시간이 필요하다. 가진 능력에 비해 불안해하는 J를 보면서 여태 코칭 여정을 통해 얼마나 자신을 객관적으로 분석했는지, 그에 따라 어떤 대안들을 탐색했는지 다시 돌아보며 자신감을 갖도록 지지해주고 싶었다. 최대한 코치로서 중심을 잡고 중립을 지키며 질문했다.

"지금 제안받은 회사에 가서 일한다면, 고객님이 여태 고민했던 즐거움과 만족의 차원에서 볼 때 어떨 것 같은가요?"

사실은 '지난 시간에 찾은 자신의 강점과 소질을 기반으로 어떤 분야, 어떤 직무에서 일할지를 먼저 고민해놓고, 그 이후에 직장을 찾으면 어떨까요? 그것을 이력서에 담아보고, 링크드인 프로필에도 업데이트 해보는 겁니다. 분명 고객님이 하고 싶은 분야의 일자리를 제시하며 고객님을 찾는 회사가 있을 거예요'라고 말하고 싶은 것을 꾹 참았다. 고객이 자신의 생각과 마음으로 가장 최선의 선택을 할 수 있을 거라 믿었기 때문이었다.

## 6. 새로운 관계맺기의 시작

2주 만에 다시 만난 J는 한결 마음이 가벼워보였다. 2주 전에 제안받은 회사는 고민 끝에 정중히 입사포기 의견을 전했다고 한다. 그리고, 링크드인 프로필에 자신의 경력과 직무상 강점, 성취 업적 등을 업데이트 했고, 향후 취업하고자 하는 직무도 하나의 키워드로 적어놓았다. 또한, 그간 지인들을 통해 다양한 IT 업계 사람들을 만나서, "사람을 중재하고 연결하여 협력하는 데 뛰어나다"는 전용성 소질을 바탕으로 기존의 IT 산업이라는 '분야'를 유지할 수 있는 직무가 무엇인지를 물어보고 의견을 들어 보았다고 한다. 그 과정에서, 고객사에 무형의 IT 서비스를 제안하는 'B2B 세일즈 어카운트'나, 자사 제품에 대한 고객사의 불만사항을 취합하여 개발자에게 전달하고 제품을 업그레이드하는 'CX 어카운트' 라는 직무를 추천받게 되었고, J도 자신에게 잘 맞을 것 같다는 생각이 들었다고 한다.

지난 한 주 동안은 링크드인 인메일(Inmail)과 지인을 통해, 두세

군데 스타트업 기업으로부터 면접보러 올 것을 제안받아서 기분이 다소 들뜬 상태였다. J는 최종 이력서를 보완 중인데, 헤드헌터인 나에게 이력서가 적절히 작성되었는지 검토를 요청하였다.

코치: "말씀하시는 것을 들어보니, 이제는 원하시는 방향으로 잘 가고 있는 것 같은데, 어떻게 생각하세요?"

J: "지금 기분은 굉장히, 좀 편안합니다. 2주 전에 받았던 잡오퍼를 거절하는 과정이 구직에 임하는 저의 마음과 방향에 대해서 잘 조정을 하게 된 계기가 된 것 같습니다. (잠시 쉬었다가) 일종의 갈림길을 먼저 겪고, 제 커리어 방향성에 대해 확신을 좀 더 갖게 되었습니다. 최근에 제 신앙과 믿음에 대한 챌린지를 계속 받았는데, 지금은 단단하게 하루하루 잘 살아가는 것 같아요."

J는 자신이 믿는 신을 의지하는 과정에서, 그리고 다양한 인맥을 통해 자신을 객관적으로 바라봄으로써, 2주 전보다 훨씬 더 구직활동에 대한 자신감을 얻게 된 것 같았다.

"'구직'을 일종의 직업이라고 생각하라."

출처: 〈당신의 파라슈트는 어떤 색깔입니까?〉

J에게 아직 새로운 직장이 정해진 것은 없지만, 구체적인 앞으로의 직무와 산업의 분야를 고민하고, 관련 인맥을 찾아가며 취업 기회

를 모색하는 행위 자체가, 지금의 휴직 상황에서는 일종의 '직업' 활동이라 할 수 있다. J와의 마지막 코칭 세션에서 구직의 자신감을 찾게 된 것을 확인하면서 마치게 되어 뿌듯함을 느꼈다. 코칭 관계에서 훌륭한 고객을 만나는 것도 코치의 '복'이라고 하는데, 커리어 성장과 변화를 원하는 내적 에너지가 충분히 잠재되어 있는 J 같은 고객을 만나서 행복했다.

코칭 대화를 나누면서 스스로 알아차리거나 얻게 된 것에 대해 이야기해달라는 코치의 요청에 J는 "'내가 좋은 방향으로 잘 가고 있구나!' 하는 자신감을 얻은 것"을 꼽으며, "앞으로 새로운 상황이나 기회가 될 때, 계속 코치님의 도움을 받을 수 있으면 좋겠고, 저 또한 무엇이든 도움을 드릴 수 있다면 참 좋겠습니다."라고 소감을 전했다.

지금까지 나를 코치로서 배움의 길로 이끌고 계신 멘토 코치님은 코칭을 "새로운 관계맺기의 경험을 서비스하는 것"으로 정의하셨는데, 이번 J와의 커리어코칭이 그런 경험을 서비스한 것 같아 뿌듯함을 느낀다. 앞으로도 더 많은 커리어코칭 경험을 축적하는 가운데, '새로운 관계맺기의 경험'을 주고받을 수 있는 고객들이 많아지기를 바란다.

# "국가의 일꾼에서 사회의 일꾼으로 내딛는 첫걸음" '나를 찾아 떠나는 여행'

정혜영

## 1. INTRO

커리어 코칭 대상은 국군 장병이다. 국가의 일꾼이 아닌 사회의 일꾼으로 내딛는 첫발, 어떻게 내디뎌야 할까? 어디에서부터 출발해야 할까? 준비되지 않은 걱정으로 인해 막막한 순간의 장병을 만나 그들이 한 걸음씩 발걸음을 내디딜 수 있도록 하기 위해 코칭을 시작하였다. 장교들의 대부분은 전역 후의 취업을 고민했지만, 아무것도 갖추어진 경험이 없었고, 그 경험을 자기소개서에 어떻게 녹여내는지가 가장 큰 어려움이었다.

만나는 용사들은 대다수가 진로 문제, 학교를 복학해야 하는지 아니면 재수나 편입을 준비해야 하는지, 이것저것 다 그만두고 다른 방향을 가야 하는지에 대해 고민하고 있었다. 이들을 코칭하기 위해 나의 입장이 아닌 상대방의 관점에서 많은 고민을 하게 되었다. 특히, 장교로 복무를 마치고 국가의 일꾼이 아닌 사회의 일꾼으로 내딛는 첫 발걸음을 위해 무엇을 준비를 해야 할지, 갖추어진 부분은 무엇이 있을지에 대한 고민이 가장 컸다. 고객을 코칭하기 위해 코치로서도 많은 고민과 준비의 시간이 필요했다. 이러한 준비를 바탕으로 곧 전역을 앞두고 미래를 위해 고민이 많은 장교와의 코칭을 시작하였다.

## 2 여행의 출발점에 서 있는 이들을 만나다

고객은 ROTC로 대학 졸업 후 바로 장교, 소위로 임관하여 중위로 곧 전역을 앞두고 있다. 군 장교로서 복무를 하며 국가를 위해 헌신하다 보니 어느덧 전역일이 다가왔는데 미래를 위해 아무런 준비가 되어있지 않아, 어느 길로 나아가야 할지, 흥미로운 분야가 무엇인지, 준비된 부분이 무엇인지 막막해하고 있었다. 고객과의 신뢰감 형성을 위해, 나는 고객의 입장에서 그가 처한 상황을 공감해 주었다. 고객은 군 장교로 임관하게 된 계기를 이야기하며 장기복무까지도 생각했다고 했다. 그러나 한편으론 전역을 선택하게 된 이유, 그리고 앞으로의 미래, 하고 싶은 것, 궁금한 것에 대해 마음속의 이야기를 꺼내서 하나씩 풀어냈다.

군의 특성을 어느 정도 인지하고 있었기에 고객의 이야기에 귀 기울이고, 더욱 공감을 해 줄 수 있었다. 사회인으로서 막막한 그를 위해 우선은 그의 경험, 그리고 장교로서의 경력, 복무를 하면서의 경력들이 앞으로의 나아감에 도움이 될 수 있을지 찾아보기로 하였다.

### 출발점에서 우리는, 두근두근

어디서부터 출발해야 할까, 어느 방향으로 나아가야 할까, 목적지에 도달할 수 있을까, 원하는 방향으로 어떻게 잘 갈 수 있을까 등 많은 질문을 던지며 두근두근한 마음으로 출발점에 서 있었다. 코치의 입장에서는 '고객이 원하는 목적지까지 어떻게 잘 도달할 수 있을까'라는 가장 큰 물음표가 있었다. 고객 역시, 지금과는 다른 환경적인 변화, 준비되지 않은 자신에 대한 많은 걱정, 그리고 새로움이라는 설렘을 느끼고 있었다. 그래서 마인드웨더 카드를 통해 시작점인 지금 느끼는 감정과 목적지에 도착했을 때의 마음을 알아보았다. 수많은 카드를 보면서 들었다 내려놓았다 여러 번 반복하는 고객의 모습을 보며, 그가 미래에 대해 많은 걱정을 하고 있다는 것을 느낄 수 있었다. 고객은 출발점에 선 지금의 마음으로 "토닥토닥"을, 목적지에 도착했을 때 갖고 싶은 마음으로 "싹"을 선택했다.

"토닥토닥"과 "싹"이라는 카드를 뽑은 이유에 대해 그는 이렇게 말했다.

"현재, 아무런 준비도 되어있지 않은 저는 여행의 출발점에서 토닥토닥, 저를 다독여주며 나아가야 할 것 같아서 고르게 되었습니다. 많은 고민을 가지고 있는데 목적지에 도착했을 때는 지금의 걱정들이 싹 사라졌으면 하는 바람으로 선택했습니다."

이렇게 우리는 힘차게 출발했다.

### 여정의 시작

#### 라포 형성 및 고객 분석

어떤 고객을 만나든지 그들이 가진 이슈에 대해 '내가 만약 그의 입장이라면 어떤 마음일까'를 궁금해하며 진심으로 그들에게 공감하려고 한다. 그리고 지금까지의 그들의 삶에 대해 호기심을 가지고 질문한다. 코치가 자신의 삶에 호기심과 관심을 갖는 것만으로도 충분히 라포가 형성되는 것을 여러 번 경험하게 된다.

코치 Q: 장교로 복무를 하면서 가장 보람되었던 순간은 언제였을까요?
또한 가장 힘든 순간은 언제였을까요?
장교의 업무가 앞으로의 업무에 어떠한 역량을 발휘할 수 있을까요?
입대 전의 경험과 경력을 무엇이 있을까요?
혹시 취득하신 자격 사항이 있다면 무엇인가요?

질문을 통해 고객이 스스로를 돌이켜 보고, 자신의 마음속의 이야기를 꺼내어 스스로의 환경에 대해 다시 한번 생각해보게 하였다. 코칭의 출발점에서 가장 중요한 부분은 코치가 많은 이야기를 하며 주도권을 잡는 것이 아닌 고객의 이야기를 통해 현재 상황을 파악하는 것이다. 질문에 대한 대답을 들으면서 고객의 지금의 마음을 느낄 수 있었다. 그 순간을 추억하며 이야기하는 모습을 보니 지난 시간의 소중함을 많이 느끼는 것 같았다. 더불어 장교로서 책임감을 바탕으로 국가를 위해 헌신했고, 누구보다 나은 소대장의 역할을 감당하기 위해 열심히 노력한 이야기, 반짝반짝한 눈빛으로 그 순간을 추억하며 자긍심이 담긴 이야기를 하는 고객에게 코치가 할 수 있는 것은 공감과 지지였다. 이러한 자긍심이 낮아지지 않도록 지금의 경력을 충분히 활용할 수 있는 일들이 무엇이 있을까 함께 탐색해보기로 했다.

### 탐색하기

고객의 경험 속에서 현재 고객이 가지고 있는 역량을 알아볼 수 있었다. 그 경험과 경력들이 현실과 이어질 수 있도록 질문했다.

코치 Q: 장교 복무하면서 보람이 되었던 순간은 언제였나요?
그 순간을 가장 보람된 순간이라고 이야기하는 이유는 무엇인가요?
보람을 느끼는 순간에 당신은 구체적으로 어떤 행동을 하셨나요?
그때의 강점을 발휘하여 앞으로 다른 일을 해볼 수 있다면 어떤 일을 하고 싶나요?
어떤 일을 할 때 보람을 느낄까요?

고객의 보람의 순간, 사회인으로의 자신의 일을 선택하는 기준은 무엇인지에 대해 이야기를 나누었다. 흔히 이야기하는 직업가치에 대한 이야기이다. '가치'라는 질문을 들은 고객은 고개를 갸우뚱거리며 한참을 생각했다. 과거의 삶이 자신이 추구하는 가치가 실현된 삶인지에 대해 고민된다고 했다. 더불어 업무를 수행함에 있어서 가장 중요하게 생각하는 부분이 무엇인지에 대해서도 생각했다고 했다. 한참을 고민한 그는 '성장도 좋지만 어느 정도의 워라밸이 보장되는 것이 중요한 것 같다'는 대답을 했다.

그의 이야기를 들으니 그의 흥미와 가치를 만족하는 일에 대해 조금 더 깊이 있게 탐색할 필요가 있겠다는 생각을 했다. 그에게 홀랜드 직업 흥미검사를 추천했다. 심리학자 홀랜드(J. L. Holland)는 개인의 행동이 그 사람의 인성과 환경 간의 상호작용에 의한 것으로 보고, 성격유형이 진로 선택과 진로 성숙에 많은 영향을 준다고 강조하면서 인간의 성격과 환경 유형에 대해 현실형(Realitic), 탐구형(Investigative), 예술형(Artistic), 사회형(Social), 진취형(Enterprising), 관습형(Conventional) 등 6가지 성격으로 구분하여 정의했다. 고객의 직업 흥미검사 결과는 ES형으로 그림과 같다.

**고객의 직업흥미검사 결과**

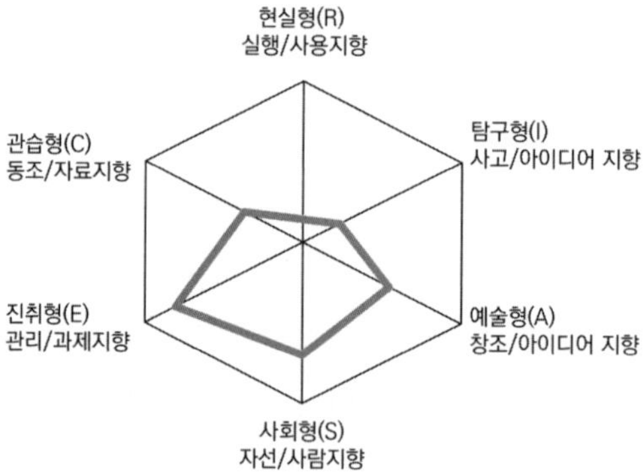

ES코드는 진취형과 사회형이 1, 2코드로 나온 결과로, 진취형은 대체적으로 부를 획득하는 것이 중요한 사람으로 여겨진다. 판매하고 설득하는 등 언어능력을 즐겨 사용하는 경향이 있고 다른 사람과 함께 하는 것을 좋아하지만 도움을 주기보다는 주장하고 경영하는 것을 더 좋아한다. 모험과 야망, 지배적, 열정적, 추진하는, 낙천적인, 인기 있는, 확신하는, 사교적인 등의 단어가 진취형을 잘 설명한다고 할 수 있다. 사회형은 협조적인, 다정한, 관대한, 도움을 주는, 친절한, 사교적인, 이야기를 좋아하는 등의 형용사로 설명되며 흔히 다른 사람을 가르치거나 돕는 일을 통해 문제해결하기를 좋아하는 경향이 있다.

검사 결과에 관해서 이야기를 나누면서 고객은 자신의 마음과 상태를 잘 표현한 것 같다며 신기해했다. 검사 결과가 설명해주는 특징과 자신의 특징을 연결지어 이야기하며, 결과를 통해 추천된 직업 중 관심 있는 직업군에 대해 이야기를 나누었다, 판매인, 영업관리직, 코치를 보면서 상담에도 관심이 생긴다고 했다. 직업군을 하나씩 들여다보며 지금까지의 고객이 보유한 경력이 어느 직업군에서 가장 빛을 발휘할 수 있을까에 대해 함께 고민했다. 자신의 특성이나 흥미에 적합한 더욱 다양한 직업에 대해 탐색하기 위해 그가 가진 강점에 대해 알아보기로 했다.

### 나의 강점 찾아보기

지금까지의 나를 되돌아보며, 남들과 차별화되는 점, 혹은 장교로서의 복무기간 동안 쌓을 수 있었던 역량들을 지식, 기술, 태도로 구분하여 적어보게 했다. 커리어 개발을 위한 약점도 세 가지로 구분하여 기록해보게 했다.

| 구분 | 자신의 강점 | 자신의 약점 |
|---|---|---|
| 지식 | 조직의 이해 | 자격증 |
| 기술 | 다양한 연령대의 사람들과 소통 | 전문적인 부분 |
| 경험 | 소대장, 리더 | 다양한 분야의<br>인턴이나 아르바이트 |

코치: 강점과 약점을 기록해보니 어떤가요? 제가 보기에는 장교 복무 기간 동안 경험한 것이 생각보다 많아 보입니다. 어떤가요?

K: 네, 정말 그러네요. 지난 시간이 취업을 준비해야 하는 지금의 시점에서 너무도 아까운 시간이라는 생각을 많이 했었는데, 코치님의 말처럼 지난 시간 속에 많은 배움이 있었네요. 아무런 준비가 안 되어 있었다고 생각했는데, 장교로 복무하는 동안 생각보다 많은 경험을 쌓았고, 그 경험들이 사회인으로 내딛는 발걸음에 힘이 되어줄 것이라는 게 느껴집니다. 다만 준비해야 할 자격증이 무엇이 있는지 알아볼 필요가 있는 것 같습니다.

이처럼 자신을 객관적으로 분석하는 것을 통해 자신의 강점과 약점을 고루 발견할 수 있고, 이는 자신의 기회를 만드는 데 도움이 된다. 자신의 손에 쥔 것이 아무것도 없다고 생각하지 말고, 차가운 이성으로 현재의 자신이 가진 강점과 약점을 찾을 수 있어야 한다. 이를 통해 약점을 보완하는 데 많은 에너지를 쓰기 보다는 강점을 더 큰 강점으로 활용하고 기회를 만드는 데 더 많은 에너지를 사용할 필요가 있다. 세계적인 경영학자 피터 드러커는 “약점을 과감하게 버리고 강점을 개발하라"고 충고하기도 했다. 약점을 보완하는 것은 앞으로 나아가는 발전적 과정이 아니라 손해를 줄이기 위한 소극적 방법이다. 강점을 강화하는 것이야말로 자신을 발전시키는 가장 적극적인 방법이다. 충분하게 적극적인 방법을 탐색한 이후에 소극적인 방법을 탐색해도 늦지 않는다. 이 고객처럼 말이다.

### 나의 가치 그리고 직업 가치관 탐색

인생을 살면서 가장 중요하게 생각하는 부분과 직업을 선택함에 있어서의 중요한 기준인 '가치'에 관해 이야기를 나누어보았다. 고객은 ROTC 장교로 복무했기에 다양한 경험을 하지 못한 부분에 대해 가장 큰 아쉬움을 가지고 있었다. 그가 생각하는 인생의 중요한 가치는 즐거움, 성취, 지식이었기 때문에 군이 아닌 더 다양한 환경에서 많은 경험을 하고 싶었다. 직업 가치관 역시 공통적인 요소로 발견되었다.

전역 후의 인생을 어떻게 그려야 할까, 하얀색 도화지를 무엇으로 새롭게 채워가야 하나 너무도 막막했던 자신의 심정을 이야기하며 살짝 눈물이 글썽한 모습을 보니 코치로서도 마음 찡한 울림을 느꼈다. 새로운 인생의 출발점에서 스스로를 돌이켜보며 탐색하는 시간이 그에게는 자기 이해 및 앞으로 나아갈 수 있는 원동력이 되었다고 했다. '나는 뭐가 문제지, 준비된 게 없으니 할 수 있는 게 없어'라는 부정적인 마음이 아닌 스스로를 인정하고, 지금의 상황을 받아들이고, 지금의 경험과 경력의 소중함을 바탕으로 자신을 객관화시켜 강점과 약점을 탐색하는 것을 통해 새로운 출발점에서 달릴 준비를 잘하고 있다는 자신감을 얻었다는 그에게 응원과 지지의 마음을 전했다.

"자신을 객관화하는 부분이 가장 어려운 부분인데, 지금 너무도 잘하고 계세요. 여태까지의 삶을 이렇게 잘 살아온 당신이라면 또 다른 출발도 힘차게 잘 할 수 있을 거예요."

코치의 응원이 그에게 힘이 되었던 걸까? 그는 자신감에 찬 음성으로 "저 잘하고 있죠?"라며 한 번 더 스스로를 확인했다. 우린 함께 커리어 목표를 향해 출발해 보기로 했다.

### '나의 직업, 직무 찾기'

홀랜드 강점 찾기 결과를 바탕으로 원하는 직무를 찾아보았다.

| | |
|---|---|
| 홀랜드 유형 | ES(진취형, 사회형) |
| 나의 강점은 | 리더쉽, 끈기, 열정 |
| 관심 직무는 | 유통, 물류 |
| 원하는 기업은 | OO통운 |

원하는 직무를 찾고, 가고 싶은 회사, 현재의 갖추어진 조건에 관해 이야기를 나누어보았다. OO기업의 채용공고, 직무기술서를 바탕으로 취업 조건을 분석해보았다. 지금 고객은 일반전형보다는 장교전형으로 지원해보는 것이 경쟁력 있을 것으로 보여 장교전형을 추천해 주었다. OO기업 이외에도 동일한 직무에 장교전형 기업을 추천해 주기도 했다.

### 목표하는 기업의 직무 분석해보기

OO기업 외에도 고객이 원하는 유통, 물류 직무에서 원하는 기업의 1순위~3순위를 정하고 이야기를 나누어보았다. 취업을 준비하는 사람들의 대부분이 그렇듯이 이 고객 또한 대기업이 마음속 깊은 곳에 자리를 잡고 있었다. 그는 오랜 시간 고민했다. 그리고는 아주 작은 목소리로 자신이 원하는 기업에 대해 이야기했다. 그 작은 목소리를 들으니 그 기업을 원한다는 작은 목소리 이면에는 '과연 내가 그 회사에 갈 자격을 갖추었을까'라는 두려움이 있겠구나 싶었다. 그가 목표에 조금 더 가까워질 수 있도록 하기 위해 가고자 하는 기업의 취업 조건을 분석해보기로 하였다.

| 목표 직무 | 유통 물류 |
|---|---|
| 직무 소개 | 물류현장관리, 유통영업 |
| 직무 선택 동기 | 전공 그리고 관심 |
| 직무역량, 기술, 자격증 | 물류관리사. 유통관리사 보유 |
| 직무 태도 자질 | 책임감, 소통, 리더십 |
| 직무 수행 필요지식 | 물류 현장의 이해 |
| 이 직무의 좋은 점, 어려운 점 | 다양한 사람을 만나는 것, 사람과의 소통, 리더십 |
| 직무 전문성 강화방안 | 현장이해 |

이렇게 정리를 하고 보니, 어떤 것을 준비해야 하는지가 더 명확하게 보이면서 두려움보다는 설렘과 기대가 더 커졌다고 했다. 작았던 목소리가 조금 더 커진 것은 당연했고.

### '목표설정, 도전 준비'

목적지가 명확해지고 목적지에 대한 분석이 구체화된 후, 우리는 조금 더 자신감이 생겼다. 이제는 이 목적지에 도달할 수 있는 구체적인 방법과 실행계획을 검토할 차례다.

코치: 이제부터는 취업이라는 목표를 위해 구체적인 계획을 한 번 세워보려고 합니다. 지금의 시점에서 시작할 수 있는 것부터, 그리고 지금의 경력을 활용해서 시작할 수 있는 것부터 정리해볼까요? 한 걸음 한 걸음 내딛다 보면 원하는 목적지에 도착하실 수 있을 거예요.

우리는 지금까지의 탐색을 바탕으로 구체적인 목표 그리고 계획을 세웠다. 이 과정을 통과하면서 고객의 눈빛은 두려움과 낙담 대신 "할 수 있다"는 자신감으로 채워졌다.

코칭을 마치며 그는 막막하기만 했던 미래에 빛이 보였다고 했고, 원하는 진로의 방향을 설정하고 준비하는 시간이 되었다고 했다. 이후 최종 면접까지 통과하여 전역과 동시에 사회인으로의 첫발을 내딛는데 성공한 그는 이 모든 것이 코칭 덕분이라고 말했지만, 나는 안다. 그 안에 잠재되어 있던 능력이 코칭을 통해 발견된 것일 뿐이라는 것을.

군 복무를 마치고 다시 사회인으로의 시작점에 있는 이들을 보며, 그 시점에 아무것도 준비가 되지 않아 막막해하는 것을 자주 보게 된다. 때로는 전역 이후에야 이 여정을 고민하고 준비하는 청년들을 마주하기도 한다. 미래를 준비하는 청년들이, 특히 군복무 기간을 지나 사회로 다시 진입하는 청년들이 코칭을 통해 조금 더 빨리 '사회'라는 목적지에 안착할 수 있기를 기대한다.

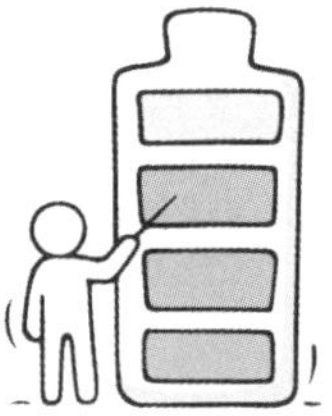

# 교수-학습코칭

# 02

- 교육직 공무원 준비를 위한 학습코칭
- 언제나 다시, 또다시 나답게 날아보자! GRIT 학습코칭
- 초등학교 학급 경영에서 코칭 활용하기

# 교육직 공무원 준비를 위한 학습코칭

김정민

## 1. 도입

요즘은 가히 중장년층 '신입 공무원' 전성시대다. 40대 이상 신입 공무원이 2,000명을 넘어서며 중장년층의 새로운 직업군으로 자리 잡는 모습이다. 잦은 야근과 불안한 미래 등이 그 이유로 손꼽힌다. 최근에는 '맘시생(주부 고시생을 뜻하는 신조어)'도 늘어나는 추세이다. 특히 출산과 육아로 인해 불가피하게 직장을 그만두거나 구직활동을 중단했던 여성들이 주를 이룬다. 이번에 만난 코치이는 육아와 일을 병행하며 자아실현을 위해 수험서를 펼쳤다. 하지만 마음만 앞섰고 막상 무엇을 어떻게 시작할지 모르는 막막한 상황이었다. 교육 직종에 20년간 종사하면서 생긴 학습 방법 노하우가 코치이에게 조금이나마 도움이 될 수 있지 않을까 하여 5회기에 걸친 코칭을 시작하게 되었다.

## 2. 첫 만남 - Rapport

코치는 코치이에게 감각적이고 민감하게 반응하고 코치이의 대답에 유연하게 행동하고 말해야 한다. 코치이는 코치의 말과 행동을 모델링 하기 때문이다. 단 무의식적인 신뢰가 형성되었을 때 코치이의 관점, 가치관, 신념이 확대되고 달라진다. 이때 코치는 코치이의 선호 표상 체계를 빨리 파악하는 것이 코칭 성과에 중요한 요소이다. 코치이의 표정이 밝아지고 감정 표현이 쉬워진다는 것은 긍정적 신호로 작동한다. 그리고 긴장이 풀리면서 코칭에 대한 호기심이 자극된다. 반면 부정적인 신호는 얼굴이 어두워지고 말수가 줄어들어 표현이 어려워지며 긴장이 느껴지고 코칭에 대한 부담감을 느낀다는 것이다. 한편 코치는 코치이의 긍정적 신호에 따라 어떠한 생각에도 유연하게 대처하며 저항감이 없고 코칭 후에도 에너지가 생긴다. 반면 부정적인 신호에는 상대방의 표현에 거북함이 생기고 코칭 대화에 부담을 느끼며 코칭 후 힘이 빠진다. 코칭에 대한 배움을 통해 알게 된 이러한 사실로 인해 코치이와의 첫 만남에서 라포 형성을 잘해야겠다는 생각이 머릿속에 가득 찼다.

첫 만남이라 그런지 코치이도 긴장한 모습이 역력했다. 자녀들 이야기에 미소 짓는 모습에서는 아이들에 대한 사랑이 고스란히 느껴지기도 했다. 어린이집에서 보육교사로 일하고 있었으며 남편이 타지에서 근무하는 이유로 가사와 육아를 오롯이 혼자 맡고 있었다. 최근 이사로 인해 남편과 함께 할 수 있게 되어 너무 좋다고 했다. 아이들 또한 아빠와 함께 함께 할 수 있어서 너무 좋아한다며 환한 미소를 지었다. 누구에게는 당연한 상황들이 코치이에게는 기대되고 감사한 일이 되는 것을 보며 그녀의 마음을 느낄 수 있었다. 정신없고 힘든 상황임에도 불구하고 교육직 공무원을 꼭 하고 싶다는 말에서는 무언가 다른 의미 있는 내용이 숨겨져 있을 것 같아 만남이 기다려지고 기대되었다. 코치이는 교육직 공무원이라는 명확한 목표가 있었다. 따라서 그에 따른 문제를 해결하고 도움을 주는 구조화된 코칭 프로세스가 필요했다. 그래서 현재 상황을 평가하고 다양한 옵션과 전략을 탐색하며 목표를 달성하기 위한 행동 계획적인 강력한 프레임워크를 위해 R-GROW 모델 기법을 사용하기로 했다.

**R-GROW모델**

| | |
|---|---|
| **Rapport** | (미소, 칭찬, 인사) 오늘 기분은 어떠신가요? |
| **Goal** | 요즘 해결하고 싶거나 이루고 싶은 것이 있다면 어떤 것이 있을까요? |
| **Reality** | 현재 상황은 어떠한가요? |
| **Options** | 해결을 위해 생각해 볼 수 있는 방법은 무엇일까요? |
| **Will(Way Forward)** | 실행하고자 하는 구체적인 행동은 무엇인가요? 그것을 언제 할 수 있을까요? |

## 3. 목표 정하기 – Goal : 코칭 주제 정하기

목표 설정은 코칭에서 가장 중요한 부분이다. 코치이는 장기 목표, 단기 목표, 회기별 목표, 코칭 안건별 목표 등을 설정한다. 예를 들어 코치가 "당신은 이 코칭 세션을 통해 무엇을 얻고 싶습니까?"라는 질문을 할 수도 있다. 목표는 적절하고 도전적이어야 한다. 코치는 코치이로 하여금 목표에 대한 주인의식을 갖도록 해야 한다(탁진국 외,

2010).

목표를 설정할 때 코치이의 긍정적 신호는 집중되고 호기심이 생긴다. 동기부여가 되고 목표 또한 뚜렷해진다. 부정적 신호는 집중이 되지 않고 관심이 없으며 열정이 없어서 목표가 보이지 않게 된다. 코치 또한 진짜 원하는 것을 알게 되고 꾸준한 목표를 위해 리드를 하는 긍정적 신호가 있는 반면 원하는 것이 모호해지며 코치이와 함께 원하는 것을 찾지 못하는 부정적 신호도 있다. 목표를 설정할 때 코치는 코치이의 가능성을 굳게 믿고 코칭 주제에 대해 코치가 아닌 코치이가 스스로 정할 수 있도록 도와줄 수 있어야 한다. 또한 코치이 스스로 문제를 찾을 수 있고, 스스로 해결할 수 있게 한다. 질문을 통해 '미리 되어 보기'를 경험하게 하는 것은 목표 너머의 궁극적인 목표를 확인할 수 있도록 돕는다.

나는 맘시생의 새로운 인생 2막 준비를 위해 코치로서 최선의 도움을 주고 싶었다. 그 때문인지 나 또한 코칭에 더욱 적극적으로 임하게 되었다. 공무원 준비를 위한 교재부터 내가 도울 수 있는 모든 자료를 수집해서 구체적인 목표 설정을 위한 대화를 시작했다. 그리고 목표를 위해 우리가 다루어야 할 것이 무엇인지를 물었다.

"첫 번째로 한국사를 공부하는 방법을 동영상을 통해 배우고, 두 번째 그것을 하기 위해 시간 관리를 해야 할 것 같아요. 그리고 마지막으로 공무원이 단시간에 이루어지는 것이 아니니까 체력관리도 신경 써야 할 것 같아요."

질문이 끝남과 동시에 전혀 방향을 잡지 못했던 사람이라고 믿기 어려울 정도로 본인이 해결해야 할 목표들을 스스로 쏟아내기 시작했다. 내가 코치이를 위해 준비했던 것들이 무색할 정도였다. 대화시간이 길어질수록 무엇을 해야 하는지 스스로 계획을 나열했다. 느낌이 좋았다. 이미 본인이 무엇을 해야 할지를 알고 있었던 것이 아니었을까 생각된다. 그리고 누군가의 도움이 아니라 시작을 위한 총성만이 필요했던 것이 아닌가 생각되었다. 코치이는 교육직 공무원이 되기 위해서 먼저 한국사 공부를 시작하고 싶다고 했다. 한국사 공부는 학업을 시작할 수 있는 발판이 되어 자신감을 북돋아 줄 것 같다고 했다.

코칭을 마무리할 즈음 이번 코칭을 통해 어떤 결과가 있기를 기대하냐고 질문했다. 코치이는 먼저 한국사 자격시험에 합격하고 싶다고 했다. 그리고 합격은 생각만 해도 기분이 너무 좋다며 크게 미소 지었다. 그리고 너무 감사할 것 같다고 했다. 순간 코치이의 감사가 누구를 향한 감사인지 궁금했고 그래서 의미를 되물어 보았다. 노력에 대한 감사, 가족에 대한 감사, 하나님에 대한 감사 등 여러 가지 복합적인 면이 숨겨져 있었다. 순간 코치로서 고객의 숨겨진 마음을 알아차렸다는 기쁨을 조금이나마 느낄 수 있었다. 우리는 한국사 자격에 합격하는 것을 목표로 정한 후 다음 대화를 이어가기로 했다. 코로나가 심해서 대면보다는 화상으로 하는 게 편하다고 해서 그렇게 하기로 했다.

## 4. 현재상황 파악하기 – Reality: 차이를 확인하기

코치이가 현재 어떤 상황에 있으며 어떤 일이 일어나고 있는가를 탐색한다. 현재의 이슈는 무엇이며, 그것이 목표로부터 얼마나 멀어져 있는가를 점검한다. 목표는 현실적이고 객관적이어야 한다. 그래야 코치이가 너무 비현실적인 목표를 설정했다가 초기에 실패를 경험하고 괴로워하지 않는다. 코치는 코치이로부터 무엇이 효과적이었고 무엇이 그렇지 않았는지에 대해 피드백을 받아야 한다(탁진국 외, 2010).

현재 상황을 파악할 때 코치이의 긍정적 신호는 문제를 보는 새 관점이 생기고 진짜 문제점을 찾아낸다. 또한 정리되고 명료해진다. 부정적 신호로는 기존의 관점을 고수하고 핑계 외 변명을 하게 된다. 그리고 문제의 원인을 외부로 돌린다. 코치 또한 공감을 통한 이면의 문제를 발견하고 코치이의 내면으로 들어가는 긍정적 신호가 있으며 반면에 표면적 문제에 머물고 코치이의 저항에 당황하여 근본적인 원인 접근을 하지 못하는 부정적인 신호가 있다. 현재 상황 파악 시 주의할 점은 코치이가 어떤 상황에 있는지 다각도로 살펴보고 코치가 코치이를 다그치는 듯한 느낌이 들지 않도록 조심해야 한다. 코치이는 자신이 현재 처해있는 상황에 직면하게 된다. 이때 질문은 가치중립적이어야 한다. 코치이가 스스로 가진 자원과 한계가 무엇인지를 여러 방면으로 입체적으로 생각해보게 해야 하며 주제의 진정성과 함께 현재 상태에 대해 정확히 확인하는 것이 중요하다.

코치이는 앞서 교육직 공무원이 되기 위해서 먼저 한국사 공부를 시작하고 싶다고 했었다. 이에 현재 상황을 파악하기 위해 질문했다. 한국사 공부하는 방법에 원하는 만큼 도달해있는 모습이 10점 만점이라고 가정하고 현재는 몇 점인지를 물어보았다. 현재는 2점이라고 해서 그 점수는 어떠한 상태인지 물어보았다. 책은 받은 것이 있어서 준비는 되었는데 아직 책장을 열어보지 않았기에 2점이라고 하며 머쓱해 했다. 코치이는 공무원 시험을 준비하기 위해 한국사 공부를 가장 우선에 두고 있었는데, 이는 시험 준비를 위한 접근이 행정법이나 행정학 개론, 국어나 영어 같은 다른 주요 과목보다는 쉽고 무엇보다 자신감이 있는 과목인 때문이었다. 하지만 책을 구입한 후, 한 장도 펼쳐보지 않은 상황에서 구체적이고 명확한 준비가 필요함은 의심할 여지가 없었다. 공부할 마음은 있었으나 현실적으로 두 아이를 돌보아야 하고 하는 일이 바빠서 공부에 매진할 수 없었던 상황이 있었다는 것이 확인되었다. 그럼에도 불구하고 코치이는 이번 코칭을 통해 생각하고 있던 일을 새롭게 시작할 수 있어서 미루었던 시험 준비에 대해 첫걸음을 내딛을 수 있는 것에 대해 감사하고 기뻐했다. 무엇보다 코치라는 듬직한 응원군이 생겨서 힘이 난다고 했다. 현재 상황이 녹록치 않아 걱정은 되었지만 코치이의 긍정적 힘은 분명히 해낼 수 있으리라는 믿음을 갖게 했다.

## 5. 대안 탐색하기 – Option

코치는 코치이로 하여금 목표를 달성하기 위한 구체적인 세부 방법의 목록을 만들고 이에 해당하는 실천 계획을 만들게 해야 한다. 여러 선택 목록을 만듦으로써 코치이가 선택할 수 있는 폭을 최대화할 수 있다. 코치이가 할 수 없으리라 부정적으로 가정하고 가능한 옵션을 제한하는 것을 방지하기 위해 목록 작성 시 어떠한 비판이나 평가도 하지 말아야 한다(탁진국 외, 2010).

대안을 탐색할 때 코치이의 긍정적 신호는 가능성과 기회의 자신감을 가진다. 그리고 다양한 새로운 생각을 하게 된다. 반면에 부정적 신호는 뻔한 방법과 할 수 없는 이유를 나열하며 생각하려조차 하지 않는다. 코치의 긍정적 신호는 다양한 접근법을 활용하여 코치이를 계속 독려하며 창의적인 생각 촉진으로 열린사고를 가지고 한다. 반면에 답답함으로 코치가 먼저 방법을 제시하기도 한다. 코치의 대안 밀기와 코치의 방법만을 고수하는 부정적 신호도 있다, 대안 탐색 시 질문은 때론 논리적이기보다 오히려 파격에 가까울 수도 있다. 어떤 이야기가 나와도 기꺼이 환영하는 자세로 들어야 하며 코치는 코치이가 다양한 각도에서 생각할 수 있도록 도와주어야 하며 다양하게 생각할 수 있는 질문들을 해야 한다.

목표를 위한 대안이 있다면 어떤 것들이 있는지 물어보았다. 대안으로는 공부할 수 있는 시간적 여유가 있다면 좋을 것 같다고 했다. 방법으로는 운전 중이나 잠들기 전 동영상 강의를 듣겠다고 했다. 그리고 체력이 뒷받침되었으면 좋겠다고 했다. 시간 관리 및 체력관리와 관련해 주변에서 잘 실천하고 있는 사람은 누구냐는 질문에 시간 관리는 친언니이고 체력관리는 남편이라고 답했다. 친언니는 가정을 꾸리면서 직장생활을 무리 없이 촘촘하게 하고 있으며 자기 관리도 철저하다고 했다. 미리 할 일들을 정리하고 우선순위에 맞춰서 시간 계획을 짜고 실행하는 것을 생각하며 계획했던 일들이 순조롭게 진행되어 성취감이 들 것 같다고 했다. 체력관리는 남편을 지목했다. 수시로 운동하고 몸 관리를 하며 하루에 일정 시간을 정해놓고 운동을 하거나, 일하는 중간에 틈틈이 몸을 움직여 주는 모습이 있다고 했다. 언니와 남편의 모습을 모델링하는 것은, 코치이에게 '스스로 하지 못한다'는 장애요인을 극복할 수 있다는 자신감을 주는 듯 했다. 시간 관리에 또 다른 도움을 줄 수 있는 것은 아이들이라고 했다. 그런데 방해가 되는 것 또한 아이들이라고 했다. 이유를 물어보니 아이들이 옆에 있어 주는 것만으로도 힘이 되지만, 가사 일로 지친 엄마에게 도움을 줄 수 있는 것은 아이들이 스스로 일찍 잠자리에 들어주는 것이기 때문이라고 했다.

시간 관리와 체력관리를 해결하는 것이 코치이에게는 어떤 의미가 있는지 물어보았다. 이에 코치이는 시간 관리가 잘 되면 공부할 양과 목표치에 도달할 수 있도록 도움이 될 것이며 또한 체력관리는 모든 것의 기본이라고 생각한다고 했다. 그래서 공부할 때 피곤함을 덜 느끼게 되고, 공부의 효율성도 높여 주리라 기대가 된다고 했다. 혹시 그 시간에 그것을 하지 못하게 되는 상황이 발생한다면 무엇 때문인지 물어보고 그때 그것을(장애 상황을) 어떻게 해결(처리, 극복)하겠는지 덧붙여 물어보았다.

> "가정에서 육아를 늦게까지 해야 한다는 게 장애상황인 것 같아요. 특히 이번 달에는 퇴근 후 연수가 있어서 아이들을 재운 후 밤에 공부해야 하거든요. 하지만 하루에 일정 시간을 정해놓고 일과 중에 운동을 할 수 있는 시간이 언제인지, 저에게 맞는 체력관리 방법은 무엇인지 점검해본다면 장애상황도 극복할 수 있을 것 같아요."

실제로 코치이는 시간관리와 체력관리를 위해 능동적인 모습을 꾸준히 보였다. 그리고 대화 속에서 보여 준 긍정적인 모습, 즉 언니와 남편, 아이들 모습을 생각하며 웃으며 그들과 같이 잘 해낼 수 있을 거라는 자신감이 그녀를 잘 이끌어 주지 않을까 기대되었다.

## 6. 실행의지 확인 – Will: 스스로 말하게 하기

회기가 끝나 갈 때 코치이에게 "이제 무엇을 할 것입니까?"라는 질문을 할 수 있다. 또 "언제까지 실천할 겁니까?", "궁극적인 목표를 달성하는 데 이 노력이 어떤 도움이 될 수 있습니까?", "그 걸림돌을 어떻게 제거하겠습니까?", "그 걸림돌을 제거하는 데 누구의 도움을 얻겠습니까?" 등의 질문도 할 수 있다(탁진국 외, 2010).

실행의지를 확인할 때 코치이의 긍정적 신호는 실행에 대한 의욕이 적극적이며 다음 진행에 대한 기대가 증가한다. 반면 실행에 대한 부담감으로 실패에 대한 불안감이 생긴다거나 실행을 미루고 모호한 계획을 세운다는 부정적 신호가 있다. 코치는 작은 실행으로 성공을 이끌며 실행의 실패는 코칭의 기회를 만들게 된다. 그리고 반드시 점검한다. 반면에 시행착오를 반복하며 실행에 기분이 나빠지며 점검을 잊어버리는 부정적 신호도 있다. 실행 의지 확인 시 주의점은 코치가 생각하는 방향으로 끌고 가서는 안 된다. 코치이가 스스로 실천하고 싶은 것을 직접 선택하게 한다. 그러면 책임감을 느끼고 실행력이 높아진다. 그리고 스스로 마무리 짓게 해야 한다. 코치가 마무리하게 되면 코치이의 실행력은 낮아지게 된다. 대안 탐구 단계에서 브레인스토

**SMART 기법 사용**

| | |
|---|---|
| **S**(Specific) | 그 계획은 구체적인가? |
| **M**(Measurable) | 그 계획은 측정 가능한가? |
| **A**(Actionable) | 그 계획은 행동으로 실행 가능한가? |
| **R**(Realistic) | 그 계획은 현실적인가? |
| **T**(Timely/Timeline) | 그 계획은 시의적절하고 시한이 정해져 있는가? |

밍한 것 중 무엇을 실천할 것인지 구체적으로 정해야 한다.

코칭을 통해 코치이는 다음과 같이 구체적인 실행계획을 정리했다.

"이번 주에는 유튜브에서 한국사 동영상 강의를 찾아서 들어볼게요. 강의를 듣기에 가장 어려움이 없는 시간은 아이들이 잠든 시간이고 약 한 시간이 확보될 수 있을 것 같아요. 그리고 제가 공부했는지 확인하기 위해서 휴대폰 스케줄러에 기록을 해 볼게요"

코치이는 그동안 우선순위를 정리하여 일을 처리하고, 남아서 그냥 버려지는 시간이 없기를 바랐다. 한국사 공부를 위한 시간 관리를 해야겠다는 생각을 막연하게 생각만 했었고 직장(먼 출퇴근)과 가사의 일(초등 두 자녀의 양육)로 방해의 상황이 자주 일어나서 시간을 어떻게 체계적으로 관리를 해야 할지 걱정했었는데 코칭을 통해 스스로 시간 관리의 방법을 찾아낸 것에 대하여 매우 뿌듯해했다. 시간 관리가 잘 되는지 안 되는지를 다시 한 번 생각하여 시간 절약을 할 수 있는 방법을 스스로 찾아낼 수 있었던 점에 대해 감사하다고 했다.

"제 마음가짐을 점검하고, 할 수 있다고 저 자신에게 이야기해주고, 집안에서 할 수 있는 운동법을 유튜브 등을 통해서 찾아보고 짧은 동영상을 따라 해 볼 거예요. 집 안에서 간단히 따라 할 수 있는 운동을 영상으로 보면서 따라 하는 거죠. 운동하는 데는 10분 정도의 시간이 소요될 것 같고, 검색도 조회수가 높은 것부터 차근히 따라 해 나간다면 그렇게 많은 시간과 에너지가 필요할 것 같지는 않습니다."

그리고 우리는 만약의 상황에도 대비했다. 몸이 아프거나 갑자기 해결해야 할 일이 생기는 등 계획한 것을 하지 못하게 되는 상황이 발생하는 경우 그녀는 집안일을 하면서 수시로 몸을 움직이며 조금씩이라도 운동해 보겠다고 다짐했다. 그동안은 육아와 가사일로 인해 시간이 없을 것이라는 생각이 압도적이었기에 운동하지 못했었는데, 코칭을 받으면서 체력이 중요하다는 점을 다시 한 번 생각할 수 있게 되었고 아주 작은 시간이지만 규칙적으로 운동할 수 있는 시간을 확보할 수도 있겠다는 생각을 하게 되었다고 했다. 일주일에 한 번이지만 이렇게 이야기를 나눌 수 있어서 마음이 정리되고 편안해져서 기분이 좋았다고 해서 뿌듯했다. 마음을 읽고 페이스를 맞추면서 고객이 스스로 알아차려가는 과정을 지켜만 봤을 뿐인데 스스로 성장해가는 그녀의 모습에 코치로서도 놀라움과 기쁨을 느낀다.

## 7. 마무리

완벽한 코칭이고 싶었던 마음 때문인지 커다란 부담으로 시작되었던 코칭은 어느덧 5회기가 마무리되었다. 코치이는 마지막으로 너무 감사하다며 마지막이라 아쉬워하는 나를 오히려 격려해 주었다. 그리고 마지막 다짐과 성찰한 내용을 들려주었다.

"운동을 하면서 몸이 덜 피곤해졌고, 시간 관리를 더욱 알뜰하게 하다 보니 공부할 수 있는 시간이 많아져서 더 열심히 도전해야겠다는 생각이 들었어요. 그리고 코치님께서 칭찬과 격려해 주시니 더욱 즐겁게 목표를 향해 뛰어볼 수 있었습니다. 나의 생애주기에서 전환점이라고 느끼는 이 시기에 '나를 되돌아보고 점검하며 적용함으로써 나도 새로운 것을 이뤄낼 수 있겠구나!라는 희망과 설렘을 발견하였습니다. 제가 지금 무엇을 해야 하는지, 잘하고 있는지, 나의 목표와 목적을 점검하면서 계속해서 도전받게 되었습니다. 나 자신의 발전을 위한, 나의 가치를 높이기 위한 끊임없는 목표와 도전을 세우고 실천해야 함을 느꼈어요. 새롭게 도전하는 공부를 위한 방법과 실행과정을 알게 되었고, 시간 관리와 체력관리를 통해서 뒷받침될 것들을 나 스스로 만들어나가야 함을 발견했습니다. 시간 관리를 위해서는 해야 할 일들을 적어서 우선순위를 정해서 하나씩 지워나가며 효율적으로 시간을 쓰기 위해 노력했습니다. 체력적으로 피곤하면 쉬는데 시간을 많이 쓰고, 해야 할 것들을 미뤄놓곤 했었는데, 목표를 스스로 정리하고 코치님과 이야기를 나누어 기억하는 과정을 통해 나 자신에게 주어진 시간을 더 소중히 쓰고 목표를 이뤄야겠다는 마음이 굳건해졌습니다. 그리고 이번에 한 공공기관에서 주최하는 공모전에서 개인 부문 최우수상으로 1등을 하게 되었습니다. 이 상을 받게 되어서 그동안 애써서 준비했었던 것을 인정받게 되니 너무 기쁘고 보람됩니다."

이번 코칭 과정을 통해서 코치이의 잠재력과 도전정신 그리고 강한 정신력을 발견했다. 그래서인지 이 맘시생의 꿈이 반드시 이루어질 것이라는 확신이 들었다. 공모전 준비를 하고 있으면서 육아와 가사 그리고 직장 일로 바쁜데도 아이들을 위해 새롭게 도전하며, 공모전 최우수상을 받는 모습에 다시 한 번 감동했다. 성실함과 노력에 커다란 보상이 주어진다는 것을 배울 수 있어서 나 또한 유익하고 행복한 시간이었다.

평소에 질문이라는 단어를 자주 쓴다. 심지어 일하는 곳에서 매일 학생들에게 '질문해봐'라고 말한다. 단지 '모르는 것을 알려 준다.'라는 의미로만 해석할 수 있지만 질문을 통해 학생이 진정으로 원하는 답뿐만 아니라 다른 의미를 알아차릴 때도 있다. 코칭은 어쩌면 질문을 통해 알아차림을 돕는 과정이라고 할 수도 있겠다. 코치의 질문들은 현재의 사고방식을 넘어 새로운 사고방식의 확장으로 커지며 새로운 것을 지속적으로 탐구할 수 있게 한다는 점에서 강력한 마법 같기도 하다. 코칭은 코치이의 생각의 흐름을 만들어내고, 의지를 다지기 위한 피드백을 하기도 하며, 작은 성공 경험들을 쌓아나감으로써 목표를 성취할 수 있도록 돕는 촉진제 역할을 할 수 있다고 생각한다. 또한 코치이에게 잘하고 있다는 다독임과 확신을 통해 꾸준히 노력을 이어가는 힘을 줄 수도 있고, 지식과 깨달음, 위로와 격려, 실천할 의지와 힘을 얻게 할 수도 있다. 코칭은 코치에게도 행복과 배움을 준다. 코치이의 성장과 변화를 보는 과정은 코치에게는 늘 기쁨이고 배움이다. 이번 코칭도 그랬다. 행복과 배움을 선물해준 코치이에게 감사의 말을 전하고 싶다.

# 언제나 다시, 또다시 나답게 날아보자! GRIT 학습코칭

문현심

## 1. 진로전담교사와 코칭의 만남

교사에게 학생은 어떤 존재인가? 배움이라는 과정에서 교사와 학생은 공존하고 끊임없이 상호작용한다. 진로전담교사인 나에게 진로상담으로 학생을 만나는 시간은 그 무엇과도 비교할 수가 없을 만큼 소중한 시간이다. 일반 교과 교사에서 진로전담교사로 전과하려고 했던 여러 가지 이유 중 하나는 진로상담을 통해서 학생과 일대일로 상호작용하며 학생의 진로에 대한 고민을 함께하고 싶었기 때문이다. 하지만 진로상담을 하면 할수록 수렁에 빠진 것처럼 허우적거렸고, 발버둥 칠수록 더 깊은 수렁에 빠지는 것 같았다. 학생과의 진로상담이 끝나면 퍼즐이 딱 맞춰진 작품이길 원했지만 어색한 미완성품을 보듯 마음이 괴롭기까지 했다. 수많은 고민을 하고 있을 때 2020년 교육청 연수에서 코칭을 만나게 되었다. 코칭을 만나고 진로전담교사로서 학생 자신이 가지고 있는 무한한 가능성과 잠재력을 발견하고, 스스로 자신이 원하는 해답을 찾아갈 수 있는 존재로 변화하고 성장할 수 있도록 학생들의 삶을 만나고 싶다는 열망이 커졌다.

학생 한명 한명의 진로, 학습, 삶에 대한 깊은 고민과 이야기를 들을 때 진로전담교사로 함께 있어 줄 수 있는 부분이 큰 의미가 있고 보람을 느끼게 된다. 진로상담을 받기 위해서 찾아온 학생들은 많은 고민을 가지고 찾아온다. 고등학교에 근무했을 때는 진로상담의 이슈로 고교학점제와 관련해서 진로와 관련된 과목 선택과 진학 및 입시 문제가 대다수였다. 정확한 정보 제공과 해답을 제시해야 한다는 중압감이 꽤 크기도 했다.

진로상담의 전문성을 향상시키기 위해서 다른 학교의 진로 전담으로 근무하고 있는 선배교사를 찾아가 진학 컨설팅 현장에 참관하며 '어떻게 하면 학생이 원하는 답을 찾아주는 진로상담을 해 줄 수 있을까'를 고민하고 고군분투했었다. 또한 진로상담 역량 강화를 위해 교육청 및 각종 진학 관련 연수를 듣기 위해 온라인뿐만 아니라 현장 강의를 찾아서 주말과 방학도 없이 많은 시간을 투자했다. 하지만 진로상담이 끝난 후 찾아오는 텅 빈 것 같은 마음을 어떻게 해야 할지 몰랐다. 정말 최선을 다한 거 같은데 허무함이 찾아오는 이유를 알 수가 없었다. 학생이 필요한 정보와 해답을 주기 위해 노력했고, 학생이 원하는 솔루션을 제안했는데 뭔가 씁쓸했다. 원인을 알 수 없었지만 부족했던 진로상담이었던 거 같았고, 잘못된 해답을 준 것 같아 불안했다.

'더 이상 노력해도 안 되는구나, 뭐가 잘못되었지?' 이런 깊은 고민이 있을 때 코칭을 만나게 되었다. 코칭을 배울수록 지금까지 진로상담에서 만났던 학생들을 무의식적으로 '해결해야 할 문제나 고민이 있는 문제 있는 학생'으로 인식하고 있었다는 게 발견됐다. 너무나 당황스러웠다. 진로전담교사는 '정답을 알려줘야 하는 교사, 문제를 해결해줘야 하는 교사'여야 한다고 나 자신을 정의해왔었던 것 같다. 코칭을 직접 받고, 코칭을 하면서 '진로전담교사로서의 정체성과 방향성'을 회복하게 되었고, 학생들의 이슈를 넘어 존재를 새롭게 바라보는 관점 전환의 계기가 되었다.

### 코칭과의 만남, 두근거림

2020년에 진로전담교사를 대상으로 실시했던 '학생 맞춤형 상담기법 연수'에서 코칭을 처음으로 접하고 '바로 이거야'라고 외치며 겁 없이 코칭을 배우고 코칭을 시도했다. 교육청 연수에서 맛보게 된 코칭의 매력을 어떻게 하면 학교진로상담에서 만나는 학생들에게 적용할 수 있을까를 생각했을 때 희망이 보였다. '이 좋은 걸 왜 이제 알게 된 거야'를 외쳤던 기억이 생생하다. 코칭을 배울수록 전문 교사코치가 되어서 진로코칭과 학습코칭으로 학생들과 함께 성장하고 싶은 마음이 더욱 간절해졌다. 코칭을 제대로 배우게 된다면 진로상담에서 학생들에게 도움이 될 것이라는 확신도 생겼기 때문에 배움을 멈출 수가 없었다.

MCC(Master Certified Coach) 전문코치로부터 코칭을 받았을 때 '큰 저수지의 수문이 열려 물이 거침없이 쏟아져 나가듯 내 안에 있는 찌꺼기들이 빠져나가는거 같아요'라고 고백한 적이 있다. 코치이로서 코칭을 받을 때마다 코칭은 나를 직면하게 했고, 자기 인식과 자기 탐색이 시작되었다. '나'에 대한 새로운 인식이 꿈틀꿈틀 움직였으며, '내 안의 나'를 다시 만나게 되는 계기가 되었다. 코칭을 받은 후 내면의 힘이 생기고, 나에 대한 관점의 전환이 이루어지게 되었고, 학생들을 바라보는 시선도 변화되었다. 기존에는 학생들을 '문제를 해결하고 싶은 학생, 정보를 제공받아야 하는 학생'으로 인식했는데, 코칭을 진로상담에 적용한 후로는 '성장할 수 있는 학생, 무한한 가능성을 가지고 있는 학생'으로 관점이 전환되었다. 진로상담 과정에서 청소년들이 내면에 자신만의 해답을 가지고 있고, 무한한 가능성이 있다는 것을 알게 되길 바란다. 진로상담에서 코칭을 적용하였을 때 학생들이 현재 자신과 미래의 자신을 연결하고, 자신뿐만 아니라 세상을 바라보는 태도와 관점이 변화되길 바랐다.

교사의 행복과 성장은 학생들의 성장과 변화로부터 시작되는데 학교 진로상담에서 학생들을 한 명 한 명 만나고 이야기를 나누는 것은 너무나 소중하고 값진 일이다. 코칭을 제대로 배워서 전문 교사코치가 된다면 학생들의 내면에 존재하는 무한한 잠재능력을 발견하고, 학생 스스로 자신의 진로를 설계해 나갈 수 있도록 지원하는 동행자로서 중요한 역할을 해 줄 수 있는 힘이 생길 것 같았다. 삶에서 중요하지 않은 순간은 없다. 청소년기는 진로발달 단계에 맞춰 자아정체감과 자기효능감이 형성되어야 하고, 학교생활에서도 학생 자신과 학습, 진로와 삶을 연결할 수 있어야 한다. 진로상담에서 코칭이 적용될 필요가 있다고 생각하는 이유이다. 나는 교사코치로서 청소년들에게 '모든 사람에게는 무한한 가능성이 있고 창의적이며, 자기 잠재력을 발휘하여 스스로 자신의 문제를 해결할 수 있다'는 코칭 철학을 제대로 적용해보고 싶었다.

### 코칭을 알리는 전도사, 교사코치로 성장하다

청소년들의 목표는 자신의 선택과 노력으로 설정되기보다는 부모님의 기대와 사회적 지위, 교육관에 의해서 결정되는 경우가 많기 때문에 학생 스스로 자신의 목표를 달성하기 위한 동기가 부족해 보일 때가 있다. 조금만 어렵거나 실패해도 금방 포기해버리거나 끝까지 도전할 수 있고, 꾸준하게 지속할 수 있는 힘이 나약한 것처럼 보이기도 한다. 학생들에게 필요한 것은 실패를 두려워하지 않고 실패하더라도 다시 시작할 수 있는 힘이며, 그 힘이 바로 그릿(GRIT)이다. 그릿은 개인의 성취를 결정하는 요인으로 포기하지 않고 도전하는 지속력, 장기적인 목표를 이루기 위한 인내와 열정을 의미한다. 끈기 있게 목표를 지속할 줄 아는 태도는 성공을 예측하는 무엇보다 강력한 요인이며, 이는 다수의 연구 결과로 검증되고 있다(GRIT, 앤젤라 더크워스).

진로전담교사로서, 교사코치로서 학생들에게 코칭을 통해서 자신 안에 있는 씨앗, 무한한 가능성인 그릿을 발견할 수 있도록 도와주고 싶었다. 코칭을 통해서 학생들이 자신뿐만 아니라 다른 사람들을 바라보는 태도와 관점의 변화에 영향력을 미칠 수 있고, 일정한 방향과 의미를 제공하는 나침반과 같은 역할을 할 수 있을 것 같았다. 코칭을 학교 진로상담에 적용할 때마다 느껴지는 에너지는 학생과 함께 춤추게 했다. 코칭이 주는 매력과 설렘이 나의 삶에 너무나 강력했기 때문에 주저하지 않고 마치 코칭 전도사처럼 주변의 진로전담교사들에게 코칭을 전했고, 만나는 동료 교사에게 '코칭, 코칭, 코칭'을 외치게 된 것이다.

### 중학생들에게 코칭을 도전하다

초등학교에서 갓 올라온 중학생들은 어디로 튈지 모르는 럭비공과 같다. 2022년 3월 초 교직 생활에서 처음 만난 중학생들은 잔뜩 긴장해 있었고 초등학생은 아니지만 아직은 초등학생 티를 벗지 못한 귀

여움이 묻어났다. 마치 알에서 막 깨어난 병아리들처럼 알아들을 수 없는 수많은 말들을 뱉어내곤 했다. 쉬는 시간마다 천방지축으로 뛰어다니고 아무런 고민이 없어 보이지만 막상 마주하게 되면 그 누구보다 고민이 많고 심각한 표정을 짓기도 했다. 이런 중학생들에게 '나다움 진로학습코칭'이란 것이 있다며 홍보하고, 참여해 보자고 독려하기 시작했다. 너무 많은 학생이 몰려오면 어떻게 순서를 정해야 하나 흐뭇한 고민까지 할 정도로 나의 꿈은 원대했으나 결과는 처참했다. 단 한 명도 신청하지 않은 것이다. '그래도 괜찮아. 난 할 일을 다 했어'라고 스스로를 위로했지만 솔직히 괜찮지 않았다. 하지만 반드시 코칭으로 학생을 만나고 싶다는 간절함은 시간이 지날수록 점점 커져갔다. 그 간절함이 통했던 것일까? 드디어 그릿 학습 코칭을 할 수 있는 기회가 찾아왔고, 코칭을 적용할 수 있는 학생들을 만나게 되었다. 학생들은 겉보기와는 달리 고민이 많았다. 중1 학생들을 대상으로 학업과 관련된 고민에 대해 설문조사를 실시했고, 결과는 아래와 같았다.

- 친구들보다 공부를 못하는 것 같아요.
- 공부를 왜 하는지 모르겠어요.
- 좋아하는 과목만 열심히 해요.
- 공부가 어려워요. 그래서 너무 힘들어요.
- 학원가기 싫은데 엄마가 자꾸 가라고 해요.
- 아무것도 하기 싫어요.
- 공부 자체를 너무 못해요.
- 공부하는 데 집중이 잘되지 않아요.
- 숙제를 미루는 경우가 많아요.

- 학원을 조금만 줄이고 싶어요.
- 학교 때려치우고 싶어요.
- 예체능 과목만 좋아해서 고민이에요.
- 미래가 너무 무서워요.
- 시험이 걱정돼요.
- 집중이 안 돼요. 지쳤어요.
- 자꾸 까먹어요.
- 공부가 너무 재미없고 하기 싫어요.
- 학원 숙제가 밀려서 힘들고 학원가기 귀찮아요.
- 외우기는 어떻게 잘 할 수 있나요? 암기 잘하는 팁을 주세요.
- 학원 끝나고 집에 오면 시간도 늦고 너무 힘들어서 취미 활동하기가 힘들어요.
- 앞으로 학원에 다녀야 할까요?

학교 현장은 학생 한명 한명의 마음속의 고민과 어려움을 들여다볼 시간이 많지 않다. 학생들은 자신의 고민을 어디에 어떻게 털어놔야 하는지도 모르는 경우가 많고, 문제가 발생했을 때 어떻게 해결해야 할지 몰라 어려워한다. 학교진로상담을 통해 만난 학생들 역시 겉으로는 멀쩡해 보이지만 마음속은 몸살을 앓고 있는 것 같았다. 다양한 생각과 경험을 가진 학생들을 만나보면 학교진로상담에서 코칭이 꼭 필요하다는 생각이 더욱더 강하게 들었다. 코칭철학을 제대로 적용해서 학생과 교사가 함께 밝고 행복한 학교생활로 만드는 밑거름이 될 수 있게 되기를 소망한다. 이것이 '나답게 날아보자'라는 캐치프레이즈로 그릿 학습코칭 프로그램을 기획하게 된 배경이다.

### 그릿 학습 코칭 진행 구성안

그릿학습코칭은 2시간씩 총 8회기로 구성되었고, 중학생들을 대상으로 진행했다. 코칭을 시작하기 전에 사전 설문조사의 체크리스트를 통해 학습에 대한 고민을 4가지 이상 선택하거나 기타 항목에 기록하게 했다. 중학생들은 자신이 가지고 있는 고민을 표현하는 것이 힘

**차수별 운영 계획안**

| 회기 | 주 제 | 학 습 내 용 |
|---|---|---|
| 1 | 자신의 그릿 찾기 | - 관계 Rapport 형성<br>그릿과 관련된 경험 나누기<br>- 학업 GRIT 관련 강점 찾기 |
| 2 | 자신의<br>학습 그릿 분석 | - 학습유형 검사<br>- 검사 결과 함께 들여다보기<br>- 유형에 따른 특징과 학습과 관련된 그릿 분석<br>- 분석된 그릿을 강화할 환경 만들기 |
| 3 | 학습 그릿과<br>마음가짐 | - 학습관련 그릿 강화와 마음가짐<br>- 학습동기 및 학습목표 설정 |
| 4 | 나만의 시간 관리 | - 시간 관리의 의미 설정<br>시간의 우선순위 작성과 점검 |
| 5 | SMART 목표 세우기 | - 시도, 도전하고 있는 경험 세분화하기<br>- 자신의 경험 속에서 그릿 찾고 강화하기<br>- SMART 영역과 목표 다지기 |
| 6 | 공부 습관 다지기 | - 자신의 공부 습관 분석하기<br>- 나만의 공부 비법은? |
| 7 | 그릿 맵 만들기 | - 자신의 그릿을 활용한 성공 습관 만들기<br>- 성공 이미지와 그릿을 구체화여 전략짜기 |
| 8 | 나도 할 수 있다!! | - 자신의 핵심가치<br>- 존재 선언문 작성 및 발표 |

출처: 차수별 운영계획안은 임희정코치님의 그릿 학습코칭 프로그램을 각색함.

들수도 있기 때문에 체크리스트는 '나도 이런 고민이 있었지'라고 알아차릴 수 있도록 생각의 문을 열어주는 역할을 한다. 또한 이것이 트리거가 되어 더 깊은 고민도 떠올려보고 작성할 수 있도록 해준다.

- 코칭에서 활용한 도구: 감정카드, 이미지프리즘, 동물인형카드, 라이크샤워, 강점 카드 등
- 코칭 진행 순서: 다양한 도구로 라포형성, 워크북 작성하기, 성찰하기

## 3. 코칭의 시작

### 어서와 코칭은 처음이지?

중학생들과의 첫 만남에서 코칭에 대한 이미지를 질문했을 때 '상담'의 의미로 인식하고 있었다. 그래서 학습코칭 세션을 진행하기 전에 오리엔테이션 과정을 가졌다. 오리엔테이션에서 코칭이 무엇인지, 코칭이 어떻게 진행될 것인지를 설명하고 안내하는 과정이 더욱 중요하다는 생각이 든다. 코칭에 대한 제대로 된 안내가 없을 경우 평소처럼 학생의 문제나 고민에 대해서 스스로 해결하려는 생각을 갖기보다는 선생님이 알려주고, 시키는 것을 무조건 따라 하려고 한다. 중학생 대부분은 아직 자기 생각이나 의지로 계획하거나 목표 세우는 것을 어려워했다. 학부모나 선생님이 시키거나 권하는 방법으로 행동하기가 더 쉬웠다. 학생들과 만나서 코칭을 하는 첫 시간, 첫 만남이 매우 중요했다. 학생들은 눈을 동그랗게 뜨고, 선생님이 무엇을 알려주실 것에 대

한 기대감이 가득한 눈빛이다. 그 눈빛에는 생소함과 낯섦도 포함되어 있다. 이 눈빛들이 점점 호기심, 신기함, 기쁨으로 연결될 것이라는 기대로 '나다움 진로학습코칭' 프로그램을 시작했다.

처음에 스무 명의 학생들을 만나게 되었다. 첫 만남인 오리엔테이션에서 학생의 참여 의지를 다시 확인했고, 이 과정에서 두 명의 학생은 프로그램 참여를 다음으로 미뤘지만, 다른 학생들의 참여 의지와 책임감은 조금 더 향상되었다. 스스로 선택했다는 사실을 다시 한 번 각인하게 하는 전략이었기 때문이다. 집단 및 개별 코칭을 위해 전체 학생들을 4개의 그룹으로 편성하고 코칭을 시작하게 되었다. 코칭을 시작하면서 아이들은 자신의 고민이나 문제에 대해 답이 아닌 질문을 받는 "코칭 대화" 과정에 대해 낯설어하기도 했지만, 점점 생각을 밖으로 표현하고 있는 자신을 발견하고는 신기해했다. 진로전담교사이자 교사코치인 나는 이 순간이 그 어느 때보다 소중했고, 아이들이 가진 위대한 힘이 느껴졌다.

### 코칭은 뜻밖의 여행과 같다

18명의 학생 중 그룹 및 개인 코칭 4회기가 모두 종료되었지만 계속 코칭을 받고 싶어 했던 하늘이(가명)의 사례를 소개하려고 한다. 하늘이는 수학 과목을 잘하고 싶어 했고, 한 학기 동안 진행된 코칭 8회기 역시 모두 수학 과목에 대한 것이었다. 학생과의 첫 만남은 언제나 두근거린다. 각양각색의 학생들을 만나는 여정은 뜻밖의 것들을 발견하게 되는 여행 같기도 하다. 아이들에게 좋은 것을 주고 싶은 마음, 코칭을 잘하고 싶은 마음 등으로 가득한 첫 시간, 이 시작의 지점에서 다음과 같은 질문을 할 수 있다. 그릿 학습코칭 워크북 속의 코칭의 시작 질문 사례이기도 하다.

- 지금 기분이 어떤가요?
- 지금 현재 기분을 색깔로 표현해 본다면?
- 색깔의 의미는 무엇인가요?
- '나'를 3가지 사물로 비유해서 표현해 본다면?
- 3가지 사물을 자신과 연결시켜서 어떤 공통점이 있나요?
- 3가지 비유 중 자신과 가장 닮은 것은 무엇인가요?

### 하늘이의 고민 - 포기하지 않는 마음, 열정 그릿

하늘이는 코칭을 받으러 왔을 때 등에 가방을 멘 채 자리에 앉았다. 어색함과 힘듦이 공존하고 있었고, 아주 작은 목소리로 자신의 마음속에 있는 고민을 털어놨다. 아이의 마음에는 수학을 잘 해내고 싶은 마음, 포기하지 않는 마음, 열정 그릿이 있다는 것을 발견할 수 있었다.

"저에게 수학은 저의 키 두 배에 해당하는 단단한 바위와 같아요. 그 바위가 저의 어깨와 등에 붙어서 저를 힘들게 해요. 수학만 생각하면 머리가 아프고, 수업 시간에 알아듣지 못하기 때문에 멍때리게 되고 아무런 생각이 나지 않아요. 그런데 수학 공부를 잘하고 싶고 절대로 포기하고 싶지 않아요."

수학에 대한 부담감은 너무나 크지만 절대로 포기하지 않겠다는 의지만은 그 누구보다 큰 하늘이가 너무나 기특하고 멋져 보여서 흔쾌히 8회기의 코칭을 제안하고 진행하게 되었다.

### 코칭은 엘리베이터와 같아요

코칭을 처음 접하게 되어 코칭이 낯선 하늘이에게 코칭이 무엇이라고 생각하는지 물었다. 아니나 다를까 약간 어색해하면서 하늘이는 스포츠 코치와 같은 거냐고 하면서 자세히는 잘 모르겠다고 말했다. 하늘이에게 허락을 구하고 코칭에 대해 소개하기 시작했다.

"코칭에서는 코칭을 하는 사람을 코치, 코칭을 받는 사람을 코치이라고 해. 코칭을 택시와 비유해볼게. 택시를 운전하는 택시 기사를 코치, 택시에 탄 승객을 코치이라고 생각해 보자. 택시 기사는 승객이 말한 목적지까지 운전을 통해서 함께 가는 거잖아. 선생님은 교사코치로서 하늘이가 가고 싶은 목적지를 말하면 하늘이가 목적지까지 갈 수 있도록 지원하고 싶어."

여기까지 설명한 후 하늘이에게 코칭에 대해 어떤 생각을 하게 됐는지 물었다. 하늘이는 상상하지도 못했던 놀라운 이야기를 들려주었다.

"코칭은 엘리베이터와 같다는 생각이 들어요. 제가 가고자 하는 층수를 눌렀을 때 엘리베이터는 출발하기 때문이에요."

하늘이는 코칭을 제대로 이해하는 거 같았다. 아이는 코칭 과정에서 받게 되는 질문에 대해 이미지나 비유를 들어서 대답하는 경우가 많았다. 코칭에서 코치이의 키워드에 호기심을 갖고 경청하고 반응하는 것은 매우 중요하다. 중학생들은 자기감정 표현이 서툴러서 '몰라요'라는 말을 할 때가 많다. 말보다는 표정, 몸짓 등 비언어적 표현에 주목해야 할 때가 더 많다. 하늘이와 이야기할 때도 아이가 겉으로 표현하는 것뿐만 아니라 이면에 있는 감정, 생각, 욕구에 집중하려고 노력했고, 하늘이가 말할 때까지 여유있게 기다렸다. 하늘이와 코칭을 시작하기 전에 코칭 과정에서 반드시 지켜야 할 그라운드룰을 함께 만들면서 코치와 코치이로서 신뢰 관계를 구축하게 되었다. 그라운드룰을 만들기 위한 질문은 아래와 같다.

**그릿 학습코칭 워크북 속의 코칭 질문 사례**

- 코칭에 참여하면서 가장 중요한 것은 무엇이라고 생각해?
- 그라운드룰을 만들면서 어떤 생각이 들었어?
- 서약서에 작성한 약속을 지키기 위해서는 무엇이 필요할까?

하늘이와 함께 만든 그라운드룰은 다음과 같다.

① 나는 어떤 의견도 존중하겠습니다.
② 나는 즐겁고 유익한 코칭이 되도록 최선을 다하여 참여하겠습니다.
③ 나는 코칭에 집중하면서 경청하겠습니다.
④ 나는 코칭에 꼭 늦지 않게 참여하겠습니다.
⑤ 나는 무슨 일이 생긴다면 미리 말씀드리겠습니다.

하늘이는 코칭의 개념에 대해서 바로 이해하는 것 같았고, 그라운드룰을 선생님과 함께 작성하면서 코칭에 대한 흥미를 보였다. 하늘이는 호기심 가득한 눈으로 오직 코치인 나에게만 온전히 집중했다. 말의 속도는 빠르지 않았지만, 자신이 하고 싶은 말은 끝까지 표현했고 생각도 깊었다. 코칭 회기가 거듭될수록 열정이 멈추지 않았고, '해보고 싶은, 해내고 싶은' 의지가 자신에게 있다는 것을 스스로 알아가는 모습이 기특했다. 하늘이는 코칭을 받는 시간 동안 한 번도 시계를 보거나 핸드폰을 만지지 않을 만큼 코칭에 집중했다. 이렇게 하늘이와의 첫 만남이 시작되었고, 아이가 자신의 의지를 온몸으로 전하고 있는 것처럼 느껴졌다.

## 4. 변화의 시작 : 언제나 다시, 또다시

### 드러내기

코칭을 시작 할 때 가장 중요한 것은 코치이가 해결하고 싶은 주제를 코치이의 언어로 말하게 하는 것이다. 하늘이가 코칭을 통해 해결하고 싶은 주제와 자신이 원하는 상태를 생각해보게 했다. 하늘이는 수학을 잘하고 싶은 마음이 간절했지만 수업 시간에 수학 선생님의 설명은 멀리서 들리는 메아리 같다고 했다. 수학을 정말 잘하고 싶고, 끝까지 절대로 포기하고 싶지 않은 간절한 마음은 있었지만 어떻게 해야 할지 몰라 어려움을 겪고 있는 학생이었다. 하늘이가 느끼고 있는 어려움이 무엇인지 스스로 현재 상태를 깨달을 수 있도록 도움을 주기 위해 몇 가지 질문을 했다.

**그릿 학습코칭 워크북 속의 코칭의 질문 사례**

- 오늘 코칭에서 기대하는 점은?
- 오늘 이야기하고 싶은 것은?
- 해결하고 싶은 점을 생각하게 된 계기는?
- 해결하게 된다면 어떤 점이 달라질까?
- 현재 상태는 어떤가?
- 주제를 한 문장으로 표현해보면?

하늘이는 코칭 질문을 받았을 때 한참을 깊이 생각한 후 아주 천천히, 하지만 솔직하게 자신이 얼마나 간절하게 수학을 잘하고 싶어 하는지 표현하는 것을 통해 자신의 열망과 현재 상태를 인식해 갔다. 하늘이의 강점은 학교와 학교 선생님들을 아주 많이 좋아하는 것이었다. 학교 방과 후 프로그램에 2~3개 정도 참여하면서 학교생활을 즐기고, 자신이 해보고 싶은 것은 도전을 멈추지 않을 만큼 수학 공부에 대한 마음도 간절했다. 코칭 시간도 즐거워하는 것 같았다. 하늘이는 코칭 시간에 한 번도 늦은 적이 없었고 코칭 시작 전에 교무실에 들러 코치인 나를 기다려줬다. 나의 불가피한 출장이나 연수로 코칭을 받을 수 없는 상황이 되었을 때 무척이나 아쉬워하기도 했다. 이 때문에 하늘이와 코칭이 있는 요일은 가능하면 외부 일정이 생기지 않게 조정하게 되었다.

### 작은 시작, 부정적 감정에 대한 이미지 바꾸기

하늘이의 수학에 대한 감정이 어떤 것인지 궁금했다. 노트 한 면에 '수학'하면 떠오르는 감정들을 모두 써보게 했다. 무려 20가지가 넘는 부정적인 생각들을 나열했고 함께 하나씩 읽어 내려갔다. 20개의 부정적인 감정 중 가장 자주 떠오르는 감정 3가지를 골라서 어떤 상황에서 부정적인 감정들이 들었는지 물었다. 그때의 감정들을 떠올려보면 어떤 생각이 드는지 질문하고, 반대편에 부정적인 생각들을 대체할 수 있는 긍정적인 감정을 써 보게 했다. 그 감정을 이미지로 그려보게 했고, 어떻게 보이는지, 어떤 생각이 드는지 질문하면서 하늘이의 표정이 미세하게 변화되는 모습을 보게 되었다. 하늘이를 통해서 느낀 것은 코칭을 통해서 자신의 감정과 생각을 말하면서 자기 내면을 깊이 들여다보는 과정이 반드시 필요하다는 것이다. 부정적인 감정을 대체하는 긍정적인 감정을 써보게 함으로써 다시 새롭게 시작해보고 싶은 에너지가 마음으로 연결되어 동기부여가 되기도 한다는 것을 알게 되었다.

**그릿 학습코칭 워크북 속의 코칭의 질문 사례**

- 현재 수학하면 떠오르는 감정은?
- 20가지가 넘는 부정적인 감정들 중 가장 많은 비중을 차지하고 있는 3가지 감정은?
- 그 감정은 어떤 의미인가요?
- 수학에 대한 세 가지 감정이 느껴졌을 때 하늘이는 어떻게 반응을 했을까?
- 부정적인 감정의 이름을 긍정적인 감정의 이름으로 바꿔본다면?
- 긍정적인 감정으로 이름을 바꿨을 때 느낌은?
- 나에게 수학이란 무엇인가요?

- 수학 공부를 하고 있는데 변화가 필요한 부분은?
- 변화가 필요한 부분이 해결되었을 때 달라진 자신의 모습을 표현해 본다면?
- 달라진 모습 속에 있는 자신은 어떤 감정을 느끼고 있나요?

하늘이는 수학 문제를 봤을 때 '모르겠어'라는 생각을 많이 한다고 했다. '모르겠어'라는 생각을 '일단 해보자'라고 바꾸면서 수학 시간에 너무 자주 질문하면 다른 친구들에게 민폐가 될 수도 있으니 모르는 문제를 체크했다가 복습 과정에서 다시 풀어보겠다고 했다. 한편으로는 수업 시간에 3번 정도의 질문을 해보겠다고 했다. 그 정도는 친구들에게 민폐가 되지 않을 것 같다고 했다. 하늘이가 서서히 시도하려는 모습이 감동적이었다. 자신의 부정적인 감정들이 생길 때 긍정적인 감정으로 대체할 수 있는 방법을 코칭 받은 후, 자신의 삶에 적용하려는 열정도 기특했다.

코칭 시작 지점에서 하늘이는 수학에 대해 자신의 키 두 배 크기의 바위가 어깨 위에 올려져 있는 느낌이라고 했다. 하지만 4회기 코칭 세션에서 이런 소감을 들려주었다.

"선생님, 이제 제 어깨에 올려져 있었던 저의 키 두 배에 해당했던 바위에 작은 실금들이 가기 시작했어요. 아직 너무나 단단하고 커서 어떻게 할 수가 없지만 미세한 실금들이 보이기 시작했고, 이 실금들이 아주 단단한 돌덩어리를 쪼개는 역할을 하게 될 거 같다는 생각이 들어요."

"선생님 저는 요즘 수학 공부가 하고 싶어졌어요. 지난주에 실천하기로 했던 한 가지 목표였던 수학 선생님께 쉬는 시간마다 질문을 하고 있어요. 한 문제씩 수학 문제가 풀릴 때마다 기분이 너무 좋아요. 이제 수업 시간에 멍하게 있지 않고 수학 선생님 말씀에 집중하려고 해요. 아직은 수학 공부가 어렵지만 집에서도 시간이 나면 책상에 앉아서 공부하고 있고, 최근에는 학급 친구에게 도움을 요청해서 문제 풀이 도움을 받기도 했어요."

하늘이의 변화의 시작은 무엇이었을까? '너는 할 수 있어'라는 선생님의 믿음도 있었겠지만 아이의 내면에서 꿈틀거리는 '잘 해내고 싶은, 진짜 한번 해보고 싶은' 마음이 아이 스스로를 변화시킨 것 같다. 어쩌면 자기 내면에 있었던 열정과 끈기의 씨앗을 찾아낸 것 같았다. 하늘이에게 코칭은 새롭게 시작할 수 있는 시도와 변화의 물꼬를 트게 해주었다. 비단 하늘이에게만 변화가 있었던 것은 아니다. 교사코치인 나에게도 학생이 끝까지 해낼 것이라는 믿음이 생겼다. 학생의 아주 사소한 말 한마디에도 귀 기울여졌고, 학생만이 자신의 문제를 해결할 수 있는 답을 가지고 있다는 코칭 철학이 정말 제대로 믿어졌다. 코칭하는 동안 하늘이에게 진정성 있는 모습으로 코치의 감정도 있는 그대로 나누고, 하늘이를 존중했다. '모든 사람은 무한한 가능성이 있고, 해답은 각 사람에게 있다'는 코칭 철학을 그대로 적용하면서 학생 존재에 대한 믿음과 관점의 전환이 코치인 나에게도 생기게 되었다. 이렇듯 코칭은 코치와 코치이의 상호 성장을 가져오게 한다.

이렇게 자신감이 생긴 하늘이는 수학 공부가 더 잘되기 위한 학습 환경을 구축하길 원했다. 하늘이는 가장 공부가 잘되는 순간이 선생님과 공부할 때이며, 선생님에 대한 믿음과 신뢰가 가장 큰 강점으로 작용했다. 수학에 대해 모르는 부분을 질문하는 것이 때로는 부끄럽게 느껴지기도 하지만, 수학 선생님께 꾸준히 질문할 수 있는 것이 자신의 강점임을 알게 되었다고 말했다. 코치이가 자신의 강점을 이렇게 스스로 이야기하게 되는 순간은 코칭을 하면서 가장 감사하고 뿌듯한 순간이다. 코치이가 자신에 대해 제대로 인식하는 것, 자신의 강점을 활용해서 변화를 시도하고 성장해가는 것, 바로 이것이 학교진로상담 과정에서 일어나기를 간절히 바랐기 때문이다. 하늘이에게 현재 수학 공부에 대한 마음이 어떤지 물었다.

> "수학은 미래에 꼭 필요한 과목이라는 생각이 들어서 포기는 하지 말자고 생각하게 되어서 질문하고 공부했던 거 같아요. 초등학교 때는 귀찮아했는데 막상 중학교에서 공부해 보니 수학 공부가 중요한 걸 알게 되었어요. 그리고 SNS를 통해서 알게 되었는데 중학교 공부는 고등학생이 되어 수능시험까지 연결된다고 해서 공부를 계속 해야겠다는 생각을 하게 되었어요. 수학 공부를 포기하지 말아야겠다, 끝까지 해봐야겠다, 이제 시작해야겠다고 생각하게 되었어요."

하늘이의 다짐에 나는 응원을 보태지 않을 수 없었다. 하늘이는 인정과 지지를 받을 때 힘을 더 냈고, 서서히 안정감을 찾아갔다.

> "인터넷에서 본 메시지를 그냥 스쳐 지나갈 수 있었을 텐데 구체적인 내용까지 기억하고 공부해야겠다는 마음까지 갖게 된 하늘이가 참 멋지다! '이제부터 시작해야겠다'는 생각을 할 수 있다는

것은 도전에서 가장 중요한 출발인 거 같아. 하늘이의 시도가 계속된다면 1주일 후에는 어떤 마음이 들까? 1달 후에 무엇이 달라져 있을까? 3개월 후에는 어떤 변화가 생길까? 6개월 후에는 어떤 모습일까?"

공부를 계속할수록 달라지고 변화될 모습을 단계적으로 말해보게 함으로써 변화되는 자신의 이미지를 상상하여 도전을 멈추지 않도록 격려했다. 공부 습관이 제대로 잡히지 않은 학생에게 무리하게 1년 후의 자신의 모습을 상상하게 하는 것은 무리가 있다. 변화되고 성장된 모습의 간격을 좁혀서 말해보게 함으로써 점진적으로 성장해가는 자신을 그려볼 수 있게 하는 것이 중요했다.

하늘이는 최근에 공부한 경험 중 특별히 다른 사람에게 소개하고 싶은 나만의 공부 비법으로 '쉬는 시간마다 수학 선생님이나 친구들에게 계속 물어보는 것'이라고 했다. 수학 외에도 과학, 미술 선생님에게도 질문을 시도했고, 용기를 내고 있다고 했다. 쉬는 시간에 교무실에서 하늘이를 자주 마주쳤고, 질문하고 있는 모습을 자주 보게 되었다. 눈이 마주칠 때마다 하늘이에게 눈으로 응원과 지지를 보냈다. 하늘이는 자신에 대해서 '내가 누구였지? 원래는 그런 사람이 아니었는데 웬일로 갑자기 이렇게 하지?'라는 생각이 들어서 신기했다고 한다.

### 한걸음 더 나아가기

코칭의 회기가 늘어날수록 하늘이를 만나는 시간이 기다려졌고, 하늘이도 코칭 시간을 기다린다고 해서 고마웠다. 코칭 과정에서 신뢰감이 깊어질수록 하늘이의 그릿을 강화할 수 있도록 끝까지 동행하고 싶었다. 하늘이는 정말 잘하고 싶어 했다. 포기하지 않는 마음의 힘을 가지고 싶어 했고, 자신의 목표를 위해 한 번이라도 더 도전하려고 하는 모습에서는 작은 변화에서 멈추지 않고 한 발짝 더 나아가는 모습도 볼 수 있었다. 이런 하늘이를 보면 코치도 계속 도전할 수 있는 용기를 얻었다. 서로서로 성장시키고 변화하는 것이 눈으로 확인되었다.

하늘이는 진로 수업 시간에도 눈에 띄게 변화된 모습을 보였다. 학기 초에는 공부에 대한 자신감을 갖지 못해서 수업 시간에 조용히 앉아 있었다면 코칭을 받은 이후로는 행동과 태도가 달라졌다. 가장 많은 변화라면 모둠 활동 시 자신감 있게 자신의 의견을 표현한다는 점이었다. 수업이 끝났을 때 항상 뒷정리도 도맡아 했고, 먼저 인사를 건네거나 안부를 묻는 등 친근함까지 보여줬다. 이것이 바로 변화와 성장의 지속성일 것이다. 하나의 작은 변화가 시작되어 더 큰 변화의 물결을 만들어 가는 것이다.

**그릿 학습코칭 워크북 속의 코칭 질문 사례**

- 최근에 열정적으로 뭔가를 계속 도전했던 경험이 있었다면 나눠주세요.
- 무엇이 그것을 가능하게 했을까요?
- 평소 열정을 지속한 모습에서 무엇이 느껴지나요?
- 만약 그 열정과 지속력이 계속된다면 한 달 후의 변화는?
- 6개월 후 달라지는 점은?
- 1년 후의 모습을 상상해 보면 어떤가요?
- 어떤 표정을 하고 있나요?
- 주변에서는 뭐라고 할 거 같나요?

- 1년 동안 열정과 지속력을 발휘할 수 있었던 강점은 무엇이었을까요?
- 1년 후의 변화된 자신이 현재 자신에게 어떤 말을 해주고 싶나요?
- 달라진 모습으로 무엇을 할 수 있다고 생각되나요?
- 그릿(열정과 지속력)을 위해 현재 나에게 필요한 것은?
- 나에게 그릿(열정과 지속력)이 생긴다면 어떤 일이 일어날까요?

## 5. 이제는 다른 과목을 도전해보고 싶어요. 또 다른 도전의 시작

코칭이 지속될수록 현재 자신이 원하는 것이 무엇인지 더 명확하게 알아갔고, 변화를 시도하는 부분에 대해 성공 경험을 가지면서 점점 수학 공부의 난이도를 자신의 수준에 맞게 조절하며 자신감을 회복해 갔다. 수학 공부의 난이도, 공부 시간, 공부의 양 등은 자신이 스스로 결정했다. 하늘이의 자신감은 수학대회에 참가하고 싶다는 생각을 넘어 수학대회에서 1등을 해보고 싶다는 생각까지 이어졌다. 자신의 키보다 두 배나 더 큰 바위가 자신의 어깨 위에 올려져 있어 항상 구부정한 자세로 힘들고 지친다고 했었는데 수학대회에 참가하여 1등까지 해보고 싶다는 아이의 말이 허황되게 들리지 않았다. 아이가 말하는 1등은 꼭 1등을 하겠다는 것보다는 스스로에 대한 자신감과 동기부여의 의미가 더 크다는 것을 알았기 때문이었다.

"선생님, 이번 수학대회에 참가하고 싶어요. 수학 대회에서 1등을 하고 싶다는 터무니없는 상상도 하게 되었어요. 수학 공부를 계속 하면서 점점 자신감이 생기고 나도 할 수 있다고 생각하게 되었어요. 그래서 이제는 수학 과목뿐만 아니라 영어 과목 공부도 시도하고 싶어졌어요. 영어도 자신이 없어서 영어 시간에 선생님이 시킬까 봐 너무나 겁이 나고 힘들어요. 모둠 활동에서도 친구들에게 방해가 되거나 도움이 되지 않을까 걱정되고요. 이제 수학 공부뿐만 아니라 영어 공부도 해보고 싶어요."

하늘이는 진로 수업이 시작되기 전에 먼저 교무실로 찾아와 진로진학 활동실로 함께 이동하면서 한 주간의 기분이나 특별한 이슈들을 이야기했다. 하늘이가 찾아올 때마다 반가웠고, 이동 중 나누는 대화는 서로에게 좋은 에너지가 되었다. 하늘이는 코칭 이후 자연스럽게 자신의 일상에 대해 편안하게 이야기하고, 고민이나 어려운 점들에 대해서도 스스럼없이 이야기하게 됐다. 친밀감이 커진 것은 말할 것도 없었다. 코치와 코치이 간의 신뢰감과 친밀감은 '모든 사람에게는 무한한 가능성이 있고 창의적이며, 자신의 잠재력을 발휘하여 스스로 자신의 문제를 해결할 수 있다'는 코칭 철학을 구현하는데 가장 중요한 항목이다. 비록 도전의 결과가 100% 완벽하지 않더라도, 자신이 무엇을 해야 하는지 생각하고, 생각한 것을 시도하고 있다는 것은 아이 스스로 자신에게 무한한 가능성이 있다는 것을 깨닫게 했다. 하늘이는 코칭을 통해 시도하고 도전하는 것은 언제든 가능하다는 것을 알게 되었고, 자신에 대해서도 무엇이든 끝까지 해낼 수 있는 사람으로 인식하게 되었다고 한다.

하늘이는 매 코칭 세션마다 지난 세션에서 계획했던 도전이 무엇이었는지 기억하고 있었고, 도전을 위해서 노력한 모습을 보여줬다. 한번은 영어를 공부하기로 했는데, 외국인과 대화도 하고, 대화하는 과정에서 어려운 단어는 번역기도 돌려보면서 즐거웠다고 말할 때 자신감 있는 목소리로 말하는 것이 느껴졌다. 작은 도전을 성공한 기쁨이 하늘이의 삶에 잔잔하게 울려 퍼지는 것 같았다. 이 순간의 에너지와 감정을 읽어주고 반응하며 인정과 지지를 보냈다. 내가 인정과 지지를 보낼수록 성장하고자 하는 아이 내면의 힘은 점점 커졌다. 하늘이의 도전에서 어떤 강점이 활용되었는지 질문했다. 아이는 신나게 대답했다.

"뭔가 어려운 걸 알면서도 해보고 싶은 마음이 컸던 거 같아요. 수학을 공부했을 때처럼 영어도 지금은 아주 초보 수준이지만 해보면 언젠가는 될 거라는 믿음이 생겼어요. 그리고 수학 공부를 하기로 했는데 두 시간 동안 수학 선생님과 함께 엄청 열심히 했어요. 평소 수학 시간에 문제만 보면 약간 머리가 멍해지면서 눈에 피로감이 쌓이니까 졸렸는데, 새롭게 하기 시작한 지금은 집중해 봐야겠다는 마음이 생겨요. 문제가 어려워도 제가 포기하지 않으니까 풀렸어요. 문제가 하나씩 풀리기 시작하니까 재미도 있어요. 게임에서도 패배만 하면 좀 질리고 재미없잖아요? 하하."

코칭 과정에서 자신이 하고 싶은 일이 생겼다며 해맑게 웃던 하늘이의 모습이 평생 가슴속에 남을 것 같다. 다시 시작할 수 있다는 믿음, 다시 시작할 때 생기는 가능성, 아주 작은 만만한 것부터 시작하면 된다는 것을 코칭하는 과정 내내 하나씩 깨닫고 실천하는 모습이 너무나 멋졌다.

## 6. 코치의 성찰

'나는 나답게 날아본 적이 있는가?'라는 물음을 던지고 싶다. '나다움은 어떤 모습일까? 나다움은 어떻게 만들어지는 걸까?'에 대한 고민을 하게 된다. 지금까지는 무엇이 되어야 할까, 어떤 일을 해야 할까에만 집중했었다. 하지만 코칭을 만난 후 가장 큰 변화는 학생들을 바라보는 관점의 변화와 믿음이다. 진로상담에서 코칭을 적용하면서 진로교사로서 학생들에게 어떤 만남이 되어야 할까, 어떤 도움을 줄 수 있을까, 학생들에게 진로교사로서 어떤 역할을 해야 할까를 깊이 고민하게 되었다. 학생들에게 진정한 성장과 변화가 있기를 원하는 마음속의 간절함이 코칭을 만나면서 새로운 힘을 얻었다.

어렸을 때 나를 가장 많이 지지해주고, 믿어주었던 사람은 고등학교 때 선생님이었다. 선생님의 정서적 지지와 응원으로 어려운 환경 속에서도 성취감을 경험하고 계속 도전하는 법을 배웠다. 계속 도전하는 과정을 통해 꾸준히 지속할 수 있는 힘, 그릿이 생기게 되었다고 생각한다. 실패도 많았고, 여전히 실패하고 있지만 실패를 통해서 배우고 성장하고 있다. 이런 경험을 통해 청소년기에는 선생님의 영향력이 크다고 생각한다. 청소년기에 경험했던 선생님처럼 나도 학생들의 무한 가능성과 잠재력을 믿어주고, 무한한 응원과 지지, 할 수 있다는 용기를 전하는 교사가 되고 싶다. 학생 안에는 어떤 것이든 시도할 수 있는 힘이 있다는 것을 믿는다. 학생들에게 스스로 생각할 수 있는 힘을 길러주고, 나도 할 수 있다는 마음을 갖게 하며, 지속적인 시도와 도전 경험을 통해 나답게 날아보게 하는 것, 그것이 진로상담의 현장에서 교사코치의 역할이라고 생각한다.

모든 학습 코칭 세션에서 학생들이 자각하고 성찰하며 변화를 가져오는 것은 아니었고, 상황을 확 뒤집는 좋은 결과들만 있는 것은 아니었다. 가끔은 '코칭을 잘하고 있나? 어떤 영향을 미치고 있지? 왜 빨리빨리 변화되지 않지?'라는 고민에 빠질 때도 있었다. 자존감이 낮고 부정적인 감정이 높으며, 성공 경험이 많지 않은 청소년들은 코칭 이후에도 도돌이표처럼 다시 제자리로 돌아가기도 한다. 코칭으로 청소년들의 행동이 빠르게 바뀌기를 기대하는 주변의 시선으로 인해 두렵기도, 움츠러들기도 했다. 모든 책임이 코치에게 있다는 부담감이 작용하기도 했지만, 한참 후에 깨닫게 된 것이 있다. 내가 할 일은 교사코치로서 청소년들을 믿고 '모든 사람에게는 무한한 가능성이 있고, 창의적이며, 자신의 잠재력을 발휘하여 스스로 자신의 문제를 해결할 수 있다'는 코칭 철학에 기반하여 학생들과 함께하는 것이라는 점이다.

그릿은 모든 사람에게 존재한다. 실패가 찾아오더라도 꾸준하게 노력을 지속할 수 있는 힘, 학생들이 그 힘인 그릿을 갖게 되길 기대한다. 실패하더라도 포기하지 않고 도전하는 지속력, 장기적인 목표를 이루기 위한 인내와 열정을 어떻게 갖게 할 수 있을까, 끈기 있게 목표를 지속할 줄 아는 태도는 어떻게 길러지는 것일까. 아주 작은 경험이지만 코칭을 통해 나 자신이 그렇게 변화되고 있고, 앞의 사례인 하늘이도 성장하고 있다. 성장과 변화가 비록 눈으로 확인할 수 없을 정도로 아주 아주 작더라도, 작은 물결이 파도를 일으키듯 계속 변화할 것이다. 모든 사람에게는 다양한 제약이나 한계가 있을 것이다. 하지만, '모든 사람에게는 무한한 가능성이 있고 창의적이며, 자신의 잠재력을 발휘하여 스스로 자신의 문제를 해결할 수 있다'는 코칭철학을 바탕으로 한 진로상담은 '사소한 나에서 위대한 나로' 이끄는 원동력이 될 것이다.

# 초등학교 학급 경영에서 코칭 활용하기

박보원

## 1. 코칭을 만나다

2021년 6월, 내가 근무하던 학교는 여전히 코로나 19의 영향으로 이전과는 다른 학교 풍경이 이어지던 때였다. 방역 지침에 따라 온·오프라인 수업을 병행하며 교과 학습 진도를 조정하기도 하고, E－학습터를 활용한 다양한 온라인 학습 방법을 익히고 적용하느라 많은 시행착오를 겪기도 했다. 하지만 그 무엇보다 나를 답답하게 만든 것은 어느 정도 익숙해진 교사로서의 학교생활과는 다르게 '나는 어떤 교사인가?'라는 문제에 대한 명확한 답이 떠오르지 않는다는 것이었다.

눈에 띄게 못하는 것이 없는 나에게 초등학교 교사라는 직업은 어떠냐는 부모님의 권유에 나 또한 고개를 끄덕였었다. 교사가 된 이후에도 특별한 부족함 없이 어느 정도 만족하며 적당히 수업하고, 적당히 아이들을 돌보며 지냈다. 하지만 코로나 19로 인해 아이들은 학교에 등교하지 않았고, 기존의 학습 방법으로는 더 이상 효과적인 학습을 이어 나갈 수 없게 되었다. 한동안은 정체를 알 수 없는 코로나는 바이러스를 탓하고, 온라인 수업을 위한 수많은 기자재가 필요했지만 무선 인터넷도 설치되지 않은 학교 환경을 탓하며 나는 아무것도 할 수 없다는 생각에 사로잡혔다. 그리고 내게 새로운 환경에 적응하기 위한 지식과 능력이 없다는 사실을 깨닫게 되었다. 나에게는 학교 밖에서 새로운 경험이 필요했다.

3개월 후, 2021년 후기 숭실대 교육대학원 커리어·학습코칭 전공을 선택하여 진학했다. 교육대학원이지만 다양한 직업을 가진 원우들을 만났다. 특히 자신을 '코치'라고 소개하거나 유능한 '코치'가 되기 위해서 대학원에 진학하여 공부 중이라는 자기소개를 들으며 '코치'라는 새로운 직업을 처음으로 알게 되었다. 주변에서 볼 수 있는 다양한 체육 활동 종목의 코치가 아닌 '코칭'을 하는 '코치'는 도대체 무슨 직업인가? 그 답은 다양한 대학원 수업을 통해 찾을 수 있었다.

코칭 수업 과정을 통해 코칭에서의 질문 기술에 대해 배우고 2인 1조로 코칭 실습을 하게 되었다. 여러 해 동안 코치로 활동하신 선배님과 한 조가 되어 자연스럽게 코칭을 받게 된 것이다. 몇 번의 수업을 통해 '코칭'의 기본적인 철학에 대해서는 이해하지만 어떤 원리로 코칭이 이루어지는지 잘 이해할 수 없었던 나는 '어떤 주제', '어떤 문제'에 대해 이야기 나누고 싶냐는 코치님의 질문에 '수많은 단체 카카오톡 대화방'을 떠올리고 나의 상황을 설명하기 시작했다. 단체 카카오톡 대화방에서 수시로 울려대는 알림들로 성가신 상황과 매일 아침이면 나누는 안부 인사에 대답 타이밍을 놓치고 불편해지는 마음들에 대해서 털어놓았다. 나의 이런 불편한 마음을 바꾸는 데에는 긴 시간이 필요하지 않았다. 몇 가지 질문으로 충분했다.

"그런 불편한 감정은 어디에서 왔을까요?"

"사실, 당신이 진정으로 원했던 것은 무엇인가요?"

"새롭게 알아차린 것을 바탕으로 무엇을 해보면 좋을까요?"

대학원에 진학하면서 만들어진 여러 개의 단체 카카오톡 대화방은 나를 긴장하게 하고 잘 보여야 한다는 부담감을 주고 있었다. 그러한 감정들이 한 덩어리가 되어 나를 불편하게 했는데, 불편함 너머에는 사실 새로운 사람들과 잘 지내고 싶은 '욕구'가 숨어있었다는 것을 발견했다. 사람들과 관계의 시작은 반갑게 주고받는 인사라는 사실을 알아차리게 되었고, 출근길을 나서며 내가 먼저 안부 인사를 시작해보기로 실행계획을 세우며 코칭을 마무리했다.

10여 분 남짓의 짧은 대화였지만 코칭을 통한 알아차림은 나의 하루 시작을 가볍고 경쾌하게 만들어 주었다. 이렇게 좋은 코칭 대화를 학교에서, 교실에서, 주변 친구들에게 나누고 싶었다. 특히, 나와 교실에서 매일 마주하는 아이들에게 코칭으로 도움을 줄 수 없을까에 대한 새로운 고민이 시작되었다.

## 2. 일상 속 알아차림 성찰을 실천하다

코칭 대화를 실습하기도 하고, 스스로에 대한 셀프 코칭을 시도해보면서 코칭에서 감정을 알아차리는 것이 매우 중요한 부분인 것을 알게 되었다. 일상 또는 어떤 사건 속에서 스스로가 느끼는 정확한 감정을 알아차리면 그 뒤에 숨어있는 욕구를 좀 더 명확히 알아볼 수 있기 때문이다. 특히 대학원 수업 과제 중 '에너지 흐름 변화의 알아차림 성찰'을 통해 일주일 중 경험한 사건과 그 사건 속에서 내가 가지고 있는 것, 그때 내가 느낀 감정들을 다시 한 번 정리해보면서 내가 느끼는 감정을 좀 더 명확히 표현할 수 있었다.

감정은 짧은 시간 동안 지속되는 주관적인 경험이다. 감정을 느끼는 경우 신체적, 인지적, 행동적 변화를 동반한다. 예를 들어 슬픔은 신체적 변화로 눈물, 인지적 변화로 부정적인 생각, 행동적 변화로 식욕 저하나 불면증을 겪을 수 있다. 이러한 감정들의 장기적인 표현이 정서로 나타난다. 감정과 정서는 서로 밀접하게 관련되어 있고, 더 나아가 태도, 가치관에 중요한 영향을 끼친다. 슬픔의 감정이 일상생활 속에서 계속되는 경우 우울증과 같은 정서 장애를 유발할 수 있고, 분노의 감정이 공격성과 폭력적인 행동을 유발할 수 있다.

학급에서 만나는 다양한 아이들 중 똑같은 상황에서도 서로 다르게 표현하는 감정과 정서적 반응, 행동들을 보면서 정서의 발달을 거치고 있는 아이들에게 도움이 될 수 있는 방법은 없을까 고민하게 되었다. 실제 초등학교의 다양한 학급에서는 학생들의 감정 이해와 조절에 대한 교육을 실시하는 경우가 많다. 학생들 스스로 자신의 감정을 이해하고, 표현하면서 감정을 조절하는 능력을 키울 수 있고, 사회적 관계를 형성하고 유지하는 데 도움을 준다는 사실에 공감하기 때문이다. 또 교사로서 학생들의 감정을 살피며 생활지도에 활용하기도 하고, 감정 메뉴판 등을 통해 비슷한 감정, 정서를 공유하며 공동체로서의 소속감 증진을 돕는 도구가 되기도 한다.

학급 아이들에게 가장 먼저 시도한 것은 매일 아침 등교 시간 서로의 '감정 나누기'였다. 도덕 교과 수업 중 '자신과의 관계' 영역의 '어떻게 하면 감정을 잘 조절할 수 있을까?'라는 주제로 '감정 표현과 충동 조절' 가치·덕목을 가르치는 단원(2. 내 안의 소중한 친구)에 대한 학습을 시작하면서 아이들에게 활동의 목적과 방법을 안내하였다. 매일 아침 교실에 들어오면 감정 메뉴판에 자신의 감정을 표현하고 감정의 원인이 무엇인지, 생각, 행동, 신체에 어떤 변화가 있었는지, 감정에 대한 새로운 이름을 짓는다면 어떻게 짓고 싶은지 질문했다. 매일 모든 학생과 대화를 나누기는 어려웠기 때문에 감정 메뉴판에서 표시한 이름표를 보고 궁금증이 드는 친구들을 대표하여 물어보기도 하고, 모둠별로 돌아가며 서로의 이야기를 들어보는 시간을 가지기도 했다.

스스로 감정 표현이 조금씩 자연스러워지기 시작한다는 것을 느꼈을 때, 매주 금요일 아침 시간을 활용하여 지난 한 주의 생활을 되돌아보며 기억에 남는 2~3가지 사건을 떠올려보게 했다. 그리고 한 가지 사건을 골라 그때 내가 가지고 있었던 것, 내가 느낀 감정, 되돌아보며 새롭게 알게 된 사실을 정리하였다. 처음에는 사건 속에서 느낀 다양한 감정을 표현해 보도록 하는 것에 초점을 두었고, 그 이후에는 스스로 가지고 있는 것, 새롭게 알게 된 사실은 무엇인지에 초점을 두었다. 학급 생활과 관련한 의미 있는 사건을 기록한 경우는 그 사건을 바탕으로 상담으로 이어지기도 하고, 친구들 사이의 갈등 상황을 파악하게 되어 자연스러운 교우 관계 지도가 되기도 했다.

### A 학생의 성찰 일지 작성 사례

- 경험한 사건: 학교가 끝나고 오후 3시쯤 친구들과 놀이터에서 놀았다.
- 내가 가지고 있는 것: 친구, 시간, 핸드폰, 우정, 건강한 몸, 계획,

감정

- **그때 내가 느낀 감정**: 건강한 몸이 있어서 감사함, 친구와 놀 수 있는 시간이 있다는 안정감, 핸드폰으로 친구들과 약속을 하고 만난다는 기대감. 우정이 있어 함께 놀 수 있다는 흐뭇함.
- **새롭게 알게 된 사실**: 사실 시간이 없다고 생각했는데 친구들과 놀 수 있는 시간이 있다는 것을 알게 되었다.

A 학생은 쉬는 시간 중에도 학원 숙제를 하며 보내는 시간이 많았다. 학원 숙제를 하지 않는 시간에는 연습장에 그림을 그리거나 혼자서 조용히 할 수 있는 활동을 즐기는 학생이다. 방과후 일정에는 학원 스케줄이 중요하게 잡혀 있어 친구들과 함께 시간을 보내기보다는 바쁘게 학원 버스를 타기 위해 달려가는 모습을 종종 보았다. 그런 A에게 방과후 친구들과 놀이터에서 만나기로 약속하고 함께 논 것은 뜻깊은 일이라는 것을 알 수 있었다. 그리고 무엇보다 친구들과 놀 수 있는 시간이 있다는 사실을 깨달았다고 쓴 부분을 통해 A는 또 그런 시간을 만들어 친구들과 함께 노는 시간을 충분히 즐길 수 있기를 바랐다.

### B 학생의 성찰 일지 작성 사례

- 경험한 사건: 학교에서 수업 시간에 선생님과 친구들 앞에서 자기 자랑 발표회를 했다. 발표할 때 긴장되고 걱정됐는데 우리 반 친구들이 내 이야기를 들어주었다.
- 내가 가지고 있는 것: 내 이야기를 들어줄 친구들, 시간, 나의 재능
- 그때 내가 느낀 감정: 친구들 발표에 대한 기대감, 발표하기 전 긴장감, 발표를 잘못할 것 같은 불안감

• 새롭게 알게 된 사실: 내 이야기를 들어줄 친구가 없는 줄 알았는데 그 친구들이 있었다.

B 학생은 학교생활 중 종종 이유를 알 수 없는 울음을 터뜨렸다. 수업 시간 중 교사의 질문에 대답이 아닌 울음을 터뜨리기도 하고, 영어 전담 수업을 다녀와서 잔뜩 화난 얼굴로 눈물을 뚝뚝 흘리며 점심 급식을 먹지 않겠다고 고집을 부리기도 했다. 정확한 이유는 알 수 없지만 친구들 앞에 나서는 것을 극도로 싫어하는 모습을 보이기도 했다. 그리고 감정 표현 활동에서도 부끄러움, 부담감, 걱정 등에 대해 자주 이야기하였다. 그런 B 학생에게 자기 자랑을 발표하는 시간이 얼마나 부담되고 긴장되었을지 나를 비롯한 학급 친구 모두에게 충분히 공감이 되는 상황이었다. B 학생의 발표 차례가 되자 학급 친구들이 응원의 메시지를 보냈다. 응원의 말을 들은 B는 오히려 친구들의 시선에 더 주저하며 친구들이 자신을 바라보지 않았으면 좋겠다고 이야기했다. 친구들의 도움을 받아 B 학생은 친구들 앞에서 자기 자랑 발표를 모두 마쳤고 그 일에 대해 자신의 이야기를 들어주는 친구들이 있다는 사실을 새롭게 알게 되었다는 자기 성찰을 남겼다.

초등학생이라고 생각까지 어리지는 않다. 아이들은 자신이 경험한 다양한 사건 속에서 시간, 재능, 우정, 감정 등과 같은 무형의 개념에 대해서 인지하고 표현했다. 더 나아가 하나의 사건 속에서 다양한 감정을 느낄 수 있음을 깨닫고 새로운 사실을 성찰해 나갈 수 있음을 보여주었다. 그리고 친구들의 성찰에 대해 함께 공유하면서 꼭 기분이 좋고, 성과가 있는 일에서만 의미가 있는 것이 아니라 갈등이나 어려움 속에서도 새로운 사실을 배울 수 있다는 것을 알게 되었다.

## 3. 기초학력 향상을 위해 학습 코칭 활용하기
### - '우리는 이제 시작이에요'

2021년 2학기가 시작되고 코로나 19로 인해 학습 결손이 생긴 학생들을 대상으로 맞춤형 학습 지원을 제공하는 교과 보충 집중 프로그램을 운영하게 되었다. 학교의 밀집도 상황을 고려한 학년별 등교 일정에 따라 대면과 비대면 수업을 번갈아 받게 되면서 학생들의 개인 수준이나 비대면 수업에 참여하는 집중도에 따라 학습 격차가 눈에 띄게 벌어지는 것은 어쩔 수가 없었다. 코로나 19로 인한 비대면 수업은 불가피한 선택이었으므로 학습 격차를 줄이기 위한 교과 보충 집중 프로그램의 운영이 효과적으로 이루어지기 위한 노력이 필요했다.

하지만 학생들이 교과 보충 프로그램에 참여하려면 우선 스스로 학습에 대한 동기가 있어야 했고 그와 더불어 학부모의 동의가 필요했다. 사실 정규 수업이 끝난 후 교실에 남아서 선생님과 공부를 더 한다는 것에 대한 학부모와 학생들의 인식이 그리 좋지 못했기 때문에 교과 보충 수업이 필요한 학생들에게 어떻게 설명하고 참여를 유도해야 할지부터가 고민의 시작이었다. 그래서 학생들이 등교하는 대면 수업 주간을 이용하여 학습과 관련한 1:1 상담을 진행하였다. 사실 공부에 대한 고민은 성적에 상관없이 누구나 가지고 있어서 상담을 통해 다양한 고민 내용을 알 수 있었다. 공부를 잘하는 학생들은 과목에 따른 공부 방법이 맞는 것인지에 대한 것부터 어느 정도의 양이나 시간을 공부하는 것이 적당한지, 선행 학습의 진도는 얼마만큼이 좋은지 물었다. 반면 성적이 낮은 친구들은 '그냥, 공부가 하기 싫어요.', '5학년이 되니 공부할 것들이 너무 많아요.', '수학이 너무 어려워요.', '학원에 가기 싫어요.'와 같은 고민을 털어놓았는데, 상담을 통해 우리 반 아이들의 학습에 대한 고민은 학업 수준이 높을수록 더 구체적이고, 공부를 실행하는 방법과 과정에 대한 고민을 많이 하는 경향이 있다는 것을 알 수 있었다.

상담의 결과로 알게 된 중요한 사실은 우리 반 학생 중 공부를 '못하고' 싶은 학생은 그 누구도 없다는 것이다. 당연한 사실이지만 공부는 잘하고 싶은데 학습 부진을 겪는 보통의 학생들은(인지적 장애를 제외) 스스로 하는 실제 공부 시간이 거의 없거나 학습 수준에 맞지 않는 수업에 참여하고 있는 경우가 대부분이다. 그래서 학생들의 학습 수준에 상관없이 학생별로 어려움을 겪는 교과와 관련하여 교과 보충 프로그램을 운영하는 것이 좋겠다는 생각이 들었다. 공부를 잘하고 싶은 학생들의 마음과 그들의 고민에 충분히 공감하고 선생님과 함께 즐겁게 공부해 보자며 학생들을 설득했고, 각기 학습 수준은 달라도 학습에 대한 내재적 동기를 가진 7명의 학생들이 교과 보충 프로그램에 참여하게 되었다.

1~3회차에는 현재 공부하고 있는 내용과 방법은 무엇인지, 학습 수준을 진단하고 교과 보충 프로그램을 통해 기대하는 목표와 실천 다짐을 나누며 친교 활동을 했다. 특히 아이들과 교과 보충 프로그램에 대한 새로운 이름과 의미를 제안하도록 하였는데 '새로운 배움을 시작하는 친구들'이라고 스스로 표현하였다. 자신들의 가능성에 대한 기대와 실천 의지가 듬뿍 담긴 이름을 함께 짓고 같은 목표를 가진 공부 친구를 얻은 것에 매우 즐거워했다. 이후 교과 보충 수업은 '새·배·친'이라 부르게 되었고 학교에 남아 공부하는 것을 부끄러워하거나 숨기기

보다 자기에게 꼭 필요한 시간으로 활용하는 것을 자랑스럽게 여겼다.

사실 교사로서도 아이들의 그런 모습은 놀라운 변화였다. 어쩌면 교사인 나부터 학습에서 부진이 나타나거나 동기가 없는 학생들을 볼 때 막연히 학생의 잘못이라고 여기거나 가정 또는 환경 탓을 하고 있었던 것은 아닌지 부끄러움을 느꼈다. 하지만 아이들 스스로는 잠재력을 믿고 친구들과 비교하는 것이 아니라 이제부터 새롭게 시작하면 된다고 서로를 응원하고 있었다.

'새·배·친' 시간에 특별한 수업 기술이 있거나 교재를 활용하는 것은 아니었지만 몇 가지 기준을 정하고 실천하도록 하였다. 스스로 일주일의 학습 목표를 정하여 매일 일정한 학습량으로 나누어 문제를 풀고 채점 및 확인은 선생님께 받도록 했다. 그러면서 학습량이 적정한지 진도를 확인하고 어려워하는 개념에 대해서는 다시 설명하거나 문제를 이해할 수 있도록 개별 지도하였다. 더불어 완료한 학습 결과물은 사진으로 찍어서 패들렛과 같은 온라인 공유 게시판에 인증하도록 하여 꾸준히 공부한 결과물을 눈으로 확인할 수 있도록 했다. 온라인 공유 게시판은 종종 부모님께 안내하기도 하고 학생들이 서로의 게시물에 응원과 격려의 댓글을 남길 수 있도록 독려하기도 했다.

교과 보충 프로그램의 마지막 활동은 학생 개인별로 학습 코칭 질문을 활용하여 겨울 방학 학습 계획을 작성하도록 하는 것이었다. 5학년 겨울 방학을 맞이하며 곧 6학년이 된다는 기대감도 있지만, 그런 만큼 학습에 대한 부담감은 더 늘어난 것 같았다. 그래서 과도한 양의 공부 계획을 세우거나 스스로 공부하는 것보다 학원에 가는 시간을 늘리는 것이 어떨지 고민하는 모습을 보이기도 하였다.

**질문 예시**

- 겨울 방학 동안 이루고 싶은 공부 목표는 무엇인가요?
- 그 목표를 이루고 싶은 이유(좋은 점)는 무엇인가요?
- 그 목표를 이루었을 때 나의 모습(상태)은 어떤가요?
- 목표를 이루기 위해 활용할 수 있는 나의 강점(장점)은 무엇인가요?
- 목표를 이루기 위해 방학 중 실천할 수 있는 방법(계획)은 무엇인가요?
- 실천 방법에 대한 구체적인 계획을 세워봅시다.
  (횟수/ 공부 시간/ 공부 방법/ 학습량/ 장소/ 공부에 필요한 도구나 교재 등)
- 계획을 실천하기 어렵다면 무엇 때문일까요? 스스로 생각하는 해결 방법은 무엇인가요?
- 나의 공부 계획에 도움을 줄 수 있는 사람은 누구인가요?
- 어떤 도움을 요청하고 싶나요? 필요한 도움이 무엇인지 구체적으로 작성해 봅시다.
- 겨울 방학이 끝났을 때 목표를 잘 이루었다는 것을 무엇을 통해 확인할 수 있나요?
  (나의 변화 또는 학습 결과물 등)
- 목표를 이룬 나의 모습을 상상하여 구체적인 모습을 표현해 보세요.

학습 코칭을 시작하면서 공부 목표나 실천 계획에 대해서는 자신감을 가지고 명확하게 표현한 반면 실천을 어렵게 하는 예상 가능한 장애 요인을 파악하고 해결 방법을 찾는 것을 어렵게 느끼는 경우가 많았다. 그래서 학생들의 대답에 따라 단어의 의미나 그렇게 생각한 이유에 대해 구체적으로 질문하며 장애 요인을 해결할 수 있는 동기나 욕구를 자극하였다. 또 구체적인 도움 요청 대상과 방법을 미리 떠올려보고 실천 계획을 미루거나 어려움이 생기는 경우 좀 더 쉽게 대처할 수 있도록 하였다. 겨울 방학을 맞이하며 5학년이 모두 끝났다는 아쉬움도 있었지만 '새·배·친'을 통해 같은 목표를 가진 친구들과 함께 공부도 하고 놀기도 하면서 재미있는 추억이 많이 남은 것에 만족하며 교과 보충 프로그램을 끝마쳤다.

## 4. 학생 생활 지도에서 코칭 대화 활용하기
## – '친구들이 저한테만 짜증내요!'

매년 학급 담임을 맡으면 조금 더 눈이 가고 손길이 필요한 학생은 언제나 한두 명 있기 마련이다. 2022년 3월 첫날, 우리 반에 배정된 기훈(가명)이는 4학년에서 보내온 새 학급 편성표 '비고' 칸에 '생활지도'라는 표시가 되어있었다. 어떤 친구기에 이전 담임 선생님께서 비고 칸까지 작성하신 것일까? 걱정 반, 기대 반으로 기훈이를 맞이했던 기억이 난다.

기훈이는 또래에 비해 큰 키와 덩치에 장난스러운 표정과 눈빛이 눈에 띄었고 매사에 느긋하지만 까칠함을 함께 가진 친구였다. 몸을 움직여 놀기보다 갑자기 떠오른 재미있는 이야기나 게임, 유튜버 등에 대해 말하는 것을 좋아하여 수다스럽기도 했다. 하지만 생글생글 웃으며 이야기 나누다가도 상대가 자신에게 부정적인 느낌을 표현한다고 느끼면 가차 없이 짜증스러운 목소리와 표정, 눈빛으로 상대에게 불쾌감을 내비쳤다. 반 아이들은 그런 기훈이의 행동을 공격적으로 느꼈기 때문에 기훈이와 서서히 멀어지기 시작했다.

평소의 기훈이는 등교 시간은 거의 지키지 않고, 매일 아침 활동도 잘 하지 않는다. 수업 시간이 되면 1교시부터 6교시까지의 교과서가 책상 위에 차곡차곡 쌓여가고, 수업이 시작되어야 느긋하게 사물함에 가서 교과서를 챙겨온다. 선생님의 설명이 시작되면 필통을 뒤적거리고, 책의 모서리를 뜯거나, 샤프를 분해하거나, 가위질을 시작한다. 수업 활동은 거의 하지 않고 내내 손을 움직이거나 고개를 두리번거린다. 수업 내용에 조금이라도 흥미가 생기는 날이면 쉴 새 없이 말을 하기 시작했다. 저기 멀리서 들리는 친구의 말에도 대답해 주고, 발표 기회를 주지 않아도 자신의 이야기를 하고 싶어 안달이 난다.

5학년 학생의 학교생활 모습이라고 하기엔 기본 생활 습관이 전혀 잡혀 있지 않았고, 그날 기분에 따라 행동하는 기분파 기훈이는 학급 친구들을 불편하게 하는 경우가 많았다. 특히 친구들과 함께하는 모둠 활동에서 참여를 소홀히 하거나 활동에 흥미가 생기지 않으면 아무것도 하지 않고 혼자 노래를 불렀다. 그런 기훈이의 행동을 친구들이 지적하면 화를 내며 욕을 하기도 했다. 친구들은 기훈이의 행동을 이해할 수 없었고 수업을 계속 방해한다고 느끼며 하루에도 몇 번씩 나에게 기훈이의 잘못을 일러주는 친구들이 많아지기 시작했다.

그런 기훈이에게 어떤 날은 기분을 달래며 이유를 물어보기도 하고, 어떤 날은 화를 내보기도 하고, 또 어떤 날은 무시하기도 했다. 하지만 화를 내면 잠시 그런 행동이 움츠러들 뿐이고, 무시하면 똑같이 개의치 않아 하고, 달래다 보면 기훈이의 입장만 들어줄 수 없어 점점 더 답답해지기만 할 뿐이었다. 기훈이는 언제나 주변의 친구들이 자신을 미워하고 나쁘게 대하기 때문에 왜 나만 친구들에게 친절해야 하냐고 항변했다. 결국, '왜 나만 그래야 해요?'라는 대답을 들으면 힘이 쭉 빠지는 기분이 들었다. 그렇게 1학기 내내 기훈이와 밀고 당기기를 계속하며 기대하고 실망하기를 반복했다.

2학기가 시작되고 '코칭 현장의 이해'라는 수업에서 현장에서 활동하고 있는 코치와의 인터뷰 과제를 수행하면서 교사이자 코치인 선생님과의 인터뷰를 통해 실제로 내가 하고 있던 몇 가지 고민에 대한 해답을 찾을 수 있었다. 코칭의 철학에 따라 코치로서 학생들을 바라보고 대하고 싶어 하는 나의 욕구와 교사로서 나의 교육 철학에 따라 학습 또는 생활 지도를 해야 할 때 느껴지는 괴리감이 나를 혼란스럽게 만들었다. 하지만 생각의 방향을 조금 바꾸어 전문 코치는 아니지만 교사로서 코칭을 하나의 도구로 잘 활용하면 좋겠다는 생각이 들었다. 누군가 그건 진짜 코칭이 아니라고 할지라도 코칭의 기본 철학을 바탕으로 학생들 스스로 문제해결에 대한 잠재력을 발휘할 수 있도록 돕고 싶었다.

매일 해야 하는 과제를 다 해내지 못해서 수업이 끝나도 집에 가지 못하고 교실에 남은 기훈이에게 "선생님이랑 이야기나 할까? 선생님은 기훈이가 어떤 생각으로 지내는지 궁금한데, 어때?"라고 제안하자, "네! 좋아요!" 대답이 당장 돌아왔다. 늦은 시작일지 모르겠지만 10월이 다 끝나가는 마지막 주 기훈이와의 코칭 대화가 시작되었다.

**[1회기] '친구들과 친해지고 싶어요!'**

(T: Teacher, S: Student)

T: 기훈이가 학교생활 중에 어렵거나 힘들어서 해결하고 싶은 주제가 있을까?

S: 네. 있어요! 아이들이랑 친하게 못 지내는 거요.

T: 2학기를 보내고 있지만 5학년 친구들과 친해졌다는 느낌이 없구나?

S: 네. 좀 더 친해졌으면 좋겠어요.

T: 기훈이에게 '친하다'라는 건 어떤 모습이나 관계를 말하는

거야?

S: 쉬는 시간이나 점심시간에도 같이 놀고, 나를 살짝 도와줄 수도 있는 거요.

⋮

T: 기훈이의 경험을 들어보니까 이전 학교에서 친했던 친구들도 많고 다양한 친구들을 사귀었던 것 같아. 친구들과 친해지는 방법을 기훈이 스스로 아는 것 같은데 혹시 떠오르는 아이디어가 있을까?

S: 모르겠어요. 요즘에 그걸 잘 모르겠어요. 잘 다가와 주는 친구가 없어요.

T: 이전에는 친구들이 다가와 줄 때 기훈이가 잘 받아주어서 쉽게 친구들이랑 친해질 수 있었는데 요즘은 그렇지 않구나? 그럼, 기훈이가 먼저 다가가 보는 건 어때?

S: 뭔가 부끄러울 것 같아요.

T: 그럼 우리 반에서 기훈이가 좀 친하다고 생각되는 친구는 누구야?

S: 많이 싸우기는 하는데 민성(가명)이요.

T: 민성이와 자주 싸우지만 친하다고 생각하는 이유가 뭘까?

S: 싸우는 건 맞는데 노력할 때는 좀 조심을 했다가 서로를 생각해주는 부분이 좀 있어요. 그리고 친구들이랑 다 친해질 때 조금씩 다 싸웠던 거 같아요.

T: 음. 기훈이는 좀 다툼이 있더라도 그러면서 친해지는 것이 친구라고 생각하는구나.

S: 네. 맞아요.

기훈이는 친구들과의 관계에 항상 목말라 있었다. 기훈이에게는 시간을 함께 보내고 기꺼이 도움도 줄 수 있는 마음 편히 지낼 친구가 아직 없다는 것이 가장 큰 고민이자 해결하고 싶은 문제였다. 사실 기훈이는 5학년이 되기 전 4학년이 거의 끝나가는 11월에 전학을 왔고 코로나 상황 등으로 친구들과 어울려 놀거나 적응할 수 있는 환경이나 시간적 여유가 없었다. 긴 겨울 방학을 보내고 5학년이 되면서 새롭게 만난 친구들은 기훈이가 낯설었고 이미 어느 정도 교우 관계가 형성된 친구들 사이에서 적응하기 쉽지 않았다. 기훈이가 친하다고 생각하는 민성이도 5학년 3월 첫날, 전학을 왔고 기훈이와 민성이는 그런 공통점을 바탕으로 어떤 날은 장난을 치기도 하고 장난이 지나쳐 감정이 상하면 사소한 다툼을 계속하면서 서로에게 친구가 되어 주고 있었다. 그동안 기훈이가 친구들에게 짜증스러움을 자주 표현한다고 생각했는데 기훈이의 이야기를 통해서 '친구라면 싸울 수도 있지만 서로를 생각하는 애정'을 중요하게 여긴다는 것을 알게 되었다. 다른 시선으로 바라보면 짜증 섞인 기훈이의 감정 표현은 친구에 대한 애정 표현이었을 수도 있는 것이다. 기훈이는 친구들에게 솔직하게 반응하고 그들의 감정도 수용하고자 노력하고 있었다.

T: 기훈이가 요즘 점심 쉬는 시간이 너무 짧다고 했는데 교실에서 놀지 않고 5교시 수업 시간에 늦는 날이 많았잖아. 누구랑 시간을 보내는 거야?

S: 6학년 형이요.

T: 그 형 이름이 뭔데?

S: 몰라요, 그것까지는. 그냥 아는 사이인데 친해요. 엄청!

T: 아? 그래? 그 형이랑은 뭐 하고 놀아?

S: 뒤뜰에서 풀을 갖고 놀거나 벌레 같은 것을 잡기도 하고, 도서관 놀이방에서도 놀아요.

T: 그 형이랑도 친구가 될 수 있을까?

S: 네. 친구가 될 수 있죠.

T: 기훈이는 친구들과 많이 안 친해서 고민이라고 했는데 진짜 해결하고 싶은 문제가 교실에 있는 우리반 친구들과 친하게 지내고 싶은 거야? 아니면 학교에서 만날 수 있는 친한 친구가 있었으면 좋겠다는 거야?

S: 학교에서 만날 수 있는 친구라면 누구든 상관없는 거 같아요.

T: 그럼 기훈이는 그 형이랑 다음 주에도 점심 쉬는 시간에 같이 만나서 놀고 싶어?

S: 음. 만나다 보면 또 만나고 싶기도 하고 더 만나고 싶잖아요. 그런 마음 같아요.

T: 그 형의 어떤 점이 좋아?

S: 저랑 잘 통해요. 취향 같은 게.

T: 그럼 형이랑 친해지게 되면서 불편한 건 없어?

S: 음. 형이랑 계속 놀다 보면 시간 지키기를 못하게 돼요.

⋮

위의 대화를 통해서 기훈이가 5교시 수업 시간에 자주 늦어서 주의 주는 일이 계속 반복되고 있었는데 그 이유가 6학년 형과의 관계 때문이었고 스스로 시간을 확인하지 못하는 것을 신경 쓰고 있다는 점을 알게 되었다. 더불어 기훈이는 친한 친구가 없는 것이 아니라 새롭게 알게 된 형과 좋은 친구가 될 수도 있겠다는 발견과 설렘을 갖게 되었다.

큰 기대 없이 시작한 첫 번째 코칭 대화를 통해 기훈이에 대하여 새롭게 알게 된 사실들이 많았다. 일상의 생활지도에서는 주로 잘못된 행동을 지적하고, 행동의 이유를 묻고, 바른 행동을 약속하거나 다짐받는 것으로 마무리하는 것이 보통이다. 하지만 코칭 대화를 통해 학생이 어려움을 느끼는 문제에 집중할 수 있게 되었고, 친한 친구에 대한 의미, 수업 시간을 지키는 방법, 도서관에 계시는 사서 선생님이나 시계 위치를 확인해보면서 해결 방법을 함께 찾아보고 기훈이만의 생활 약속을 정하였다. 그 이후 한층 밝아진 표정의 기훈이는 점심 쉬는 시간 약속을 잘 지켜 교실로 돌아왔고, 그럴 때마다 기훈이에게 칭찬을 아끼지 않았다. 무엇보다도 기훈이에게 감동한 점은 이전과 다르게 기훈이가 스스로 약속을 지키기 위해 노력하고 신경 쓰고 있다는 사실이었다.

### [2회기] '친구들이 저를 차별해요'

기훈이가 영어 전담 수업이 끝나고 유난히 상기된 얼굴로 교실에 돌아온 날이었다. 영어 수업 시간에 친구들 여러 명이 자기에게 유난히 짜증을 내고 다른 친구들과는 다르게 자기만 차별하는 것 같아서 속상하다는 이야기를 한참 흥분하여 쏟아냈다.

사실 수업 장면에서 기훈이는 항상 선생님께 지적받고, 자기 할 일을 하지 않는 학생이라는 이미지와 그로 인해 자신에게 불친절하게 대하는 친구들에게 쉽게 화내고 욕하는 모습을 자주 보였다. 그러다 보니 친구들 사이에서 인정받기보다 약간의 무시와 수업 방해에 대한 공공의 적으로 여겨지고 있었을 것이다. 그런 부분에 대해 기훈이는 정확히 말로 설명할 수 없지만 느껴지는 감정을 통해 이미 알고 있었고, 지기 싫어하는 남학생들이나 바른말을 해야 직성이 풀리는 여학생들과 다툼이 잦았다.

T: 기훈이가 친구들의 반응 때문에 속상했겠다. 그런데 왜 친구들이 기훈이에게 유난히 짜증을 낼까?

S: 모르겠어요. 경민(가명)이가 저를 싫어해서요?

T: 경민이가 너를 싫어한다고 느끼니?

S: 네. 경민이는 자기도 떠들면서 맨날 저한테 시비를 걸어요.

T: 그럼 오늘 말고 시비 걸었던 일은 뭐가 있었어?

S: 예전에 제가 책상을 두들겼는데 저한테 시끄럽다고 뭐라고 했어요.

T: 아. 기훈이가 책상을 두들겼구나. 사실 다른 친구들이 영어 수업 시간에 기훈이가 책상을 두들기는 것 때문에 힘들다고 쪽지 상담에서 이야기하는 경우가 많았어. 기훈이는 어때? 친구들이 힘들 수도 있다고 생각해?

S: 그럴 수도 있을 것 같아요.

T: 기훈이도 친구들 마음을 이해하는구나. 그럼, 왜 자꾸 책상을 두들기는 거야?

S: 그냥요. 영어 시간에 노래를 많이 부르는데 그 소리가 들리면 그냥 책상을 두드리게 돼요.

T: 그럼 친구들이 어떻게 해?

S: 저한테 '야! 하지 마!' 이러면서 막 짜증을 내요. 그럼, 저도 짜증나고 화가 나요.

T: 그런데 친구들은 왜 그렇게 짜증을 내면서 말을 할까? 좋게 이야기해도 될 텐데.

S: 제가 자꾸 두들기니까? 사실 좀 많이 두드렸어요.

T: 아. 이야기를 들어보니 선생님은 다른 친구들 마음도 이해되고, 기훈이 마음도 이해가 되는 것 같아. 서로 일부러 그러는 건 아니지만 감정이 서로 많이 쌓여 있는 것 같네. 그럼 어떻게 하면 좋을까?

S: 잘 모르겠어요.

T: 혹시, 기훈이가 영어 수업에 참여하고 있는 모습을 기훈이 어머님이 보셨다면 기훈이에게 뭐라고 말씀하실 것 같아?

S: 저한테 하지 말라고 할 것 같아요.

T: 그럼 기훈이 마음은 어때?

S: 싫어요. 하지 말라고 하니까요.

T: 그럼 뭐라고 말해줬으면 좋겠어?

S: 그냥 짜증 내지 말고 말해 줬으면 좋겠어요.

T: 혹시 친구들한테 원하는 것도 그런 거야?

S: 네.

T: 그럼 기훈이는 친구들한테 어떻게 해줄 수 있을까?

S: 모르겠어요.

T: 기훈이는 책상을 두들기는 행동을 아무 생각 없이 하게 되는데 친구들이 짜증 난 말투로 하지 말라고 하니까 화가 나는 거고, 친구들이 짜증 내지 말고 말해줬으면 좋겠다고 했잖아. 그 반대로 기훈이가 해줄 수는 없을까?

S: 어떻게요?

T: 기훈아! 책상 두드리지 마! 그러면 '아? 미안!' 이렇게 바로 사과하거나. '아! 알겠어.' 이렇게 대답을 해보는 거지. 너도 모르게 그렇게 행동하니까 사실 좀 미안한 마음도 있을 거 아니야.

S: 네. 좀 그렇긴 해요. 근데 미안하다고 바로 말하기가 어려워요.

T: 그렇지. 쉽지 않을 수도 있어. 그런데 선생님은 대화할 때 어떤 감정이 전해지느냐가 더 중요한 거 같아. 기훈이가 친구들에게 아. 내가 미처 생각하지 못하고 '친구들을 방해하고 있었구나!' 미안한 감정이 전해지게 표현하면 친구들도 그렇게 짜증내지 않을 테니까. 혹시 다음 주부터는 한번 노력해 볼 수 있을까?

S: 네. 한번 해볼게요.

두 번째 코칭 대화에서 기훈이는 수업 시간에 자신이 친구들에게 피해를 주고 있는 행동에 대해 인정하고 노력해 봐야겠다고 말하였다. 기훈이는 친구들에게 바라는 모습이 '짜증 내지 않고 말해 주는 것'이라고 명확히 표현하는 반면 자신은 친구들에게 어떻게 하면 좋을지 모르겠다고 표현했다. 그렇지만 반대로 친구들에게 기훈이도 그렇게 해보자고 교사가 제안했을 때 쉽게 받아들일 수 있었던 것은 자신이 기대하는 모습을 스스로 알게 되었기 때문이다. 대부분 기훈이처럼 수업을 방해하는 행동을 했을 때 주로 교사가 일방적으로 지적하고 제지하면 그 순간 행동을 멈출 뿐이지 쉽게 고쳐지지 않는다. 하지만 스스로 그 행동에 대해 문제라고 느끼고 인정하는 기훈이의 모습을 보면서 어쩌면 달라질 수도 있겠다는 기대감이 들었다.

### [3회기] '요즘 아침에 기훈이가 많이 늦는데 혹시 무슨 일 있니?'

3회기 코칭에서는 교사로서 다루고 싶은 주제를 이야기하기 위해 의도한 부분이 있었다. 하루의 학교생활을 잘하기 위해서는 등교 시간을 지켜 학교에 오는 것부터가 시작이기 때문이다. 1~2회기를 통해 기훈이가 가진 잠재력과 실천력에 대한 믿음이 있었기 때문에 스스로 일어나기로 정하는 시간이나 방법에 대해 굳이 고치려 들지 않고 아침 등교 시간의 흐름에 따라 구체적으로 상상해보며 실천 계획을 이야기 나누어 보았다.

T: 요즘 아침에 기훈이가 많이 늦는데 혹시 무슨 일 있니?
S: 아니요.
T: 사실 선생님이 느끼기에 2학기가 되고 우리 기훈이가 등교 시간을 딱 맞춰서 온 건 지난번 현장 체험 학습 가는 날 말고는 거의 없는 것 같아. 요즘 들어 등교 시간이 자꾸 늦어지는 이유가 뭐야?
S: 8시에 일어났어요.
T: 그럼 집에서 언제 출발했는데?
S: 8시 20분 정도요.
T: 그래? 그럼 8시 40분쯤 올 수 있지 않아?
S: 근데 학교에서 우리 집이 제일 멀어요. 한 30~40분쯤 걸려요.
T: 아 그래? 그럼 집에서 몇 분에 출발해야 늦지 않을 수 있어?
S: 음. 8시쯤?

T: 자, 그럼 선생님이랑 같이 등교 시간에 맞춰 오기 위해서 한 번 같이 상상을 해보자. 내일 학교에 가야 해. 몇 시쯤 잠자리에 들 거야?

S: 한 11시쯤?

T: 그래. 시계를 한 번 보고, 밤 10시 반쯤이네. 이제 자야겠다. 하고 침대에 누웠어. 내일 몇 시쯤 일어나야 하지?

S: 7시 40분 정도요.

T: 그래? 8시쯤 집에서 나서야 하는데 괜찮겠어?

S: 괜찮아요. 일어나서 씻고 바로 나와요.

T: 그래. 일단 아침이 돼서 눈을 떴어. 시계를 보니까 7시 40분이네. 이제 뭘 할 거야?

S: 5분쯤 그냥 누워있어요. 그리고 일어나서 씻어요. 양치도 하고, 옷도 입어요.

T: 몇 분 정도 걸릴까?

S: 10분이요. 그리고 바로 출발해요.

T: 아침은 안 먹어?

S: 아침은 엄마가 학교 가면서 먹으라고 챙겨줘요. 샌드위치 같은 거요.

T: 옷 입고 엄마가 챙겨준 아침밥을 들고 학교로 출발했어. 샌드위치를 먹으며 학교로 가고 있는데 샌드위치 맛은 어때?

S: 아침에 일어날 때마다 배가 고프거든요. 맛있어요.

T: 그래. 기훈이가 걸어오는 등굣길에 보이는 장면을 상상해볼까?

S: 학교 가는 친구들도 있고, 신일 아파트 쪽으로 가요. 가다가 놀이터를 지나고, 아파트 안쪽으로 들어가요. 가다 보면 계단

이 나오는데 그쪽으로 가요. 녹색 봉사하는 데서 길을 건너고, 골목길 지나면 학교에요.

T: 학교에 다 왔네. 정문에 들어오면서 학교 본관에 붙어 있는 큰 시계가 있잖아. 지금 긴 바늘이 몇 분을 가리키고 있어?

S: 30분에서 35분 사이요.

T: 그래. 적당한 시간에 잘 도착한 것 같은데? 교실에 들어오면 40분쯤 될 것 같네. 교실에 들어올 때 기분이 어떨 것 같아?

S: 늦지 않았으니까 당당하게 교실에 들어와요.

T: 그래! 선생님도 기훈이가 반가울 것 같아. 선생님이랑 방금 같이 상상해본 것처럼 다음 주에 해볼 수 있을까?

S: 네. 할 수 있을 것 같아요.

NLP(Neuro-Linguistic Programming)을 활용한 코칭 대화에서 실행 계획을 구체적으로 상상해보도록 하는 것은 여러 가지 효과가 있다. 자신이 계획한 실천 행동을 상상함으로써 목표 달성에 필요한 구체적인 단계와 행동을 파악할 수 있다. 세부적인 각 단계의 성공적인 실행을 시각화하여 그에 따른 결과와 성취감을 상상함으로써 동기를 부여할 수 있다. 또 실천 과정 중 예상되는 장애물이나 어려움을 미리 인지하고 그에 따른 문제해결 전략을 준비하고, 자기효능감을 강화하여 도전에 대한 자신감을 키울 수 있다.

### [4회기] '알람을 맞춰야겠어요!'

3회기 코칭 대화 한 번만으로 만들어진 생활 습관이 쉽게 고쳐질 리가 없었다. 기훈이는 등교 시간을 지키기 위해 실천하기가 쉽지 않았고, 4번째 코칭 대화에서 기훈이는 '알람 맞추기'가 필요하다고 스스로 이야기하게 되었다. 등교 시간이 자꾸 늦어지는 기훈이에게 하루는 "알람을 맞춰보는 건 어때?"라고 이야기한 적이 있는데 그것을 기억한 것이다. 다만 스스로 알람을 맞춰보겠다고 이야기하고 함께 알람 시간을 정하여 맞추면서 밝게 웃는 기훈이가 3~4주 사이에 많이 달라졌다는 느낌을 받았다. 사소한 일이라고 느껴질지 몰라도 하루의 시작을 나의 의지대로 결정한다는 것은 어쩌면 더 많은 가능성을 가지게 하는 것은 아닐까? 4번째 코칭 대화를 마치면서 첫 코칭 대화를 시작으로 기훈이의 학교생활 중 시간 약속을 지키는 것부터 하나씩 변화해 나가고 있다는 사실이 놀랍게 느껴졌다.

[5회기] '친구들의 마음이 느껴져요!'

5번째 코칭 대화는 바쁜 12월 학년말을 보내면서 이어지게 되었다. 마지막 코칭에서는 기훈의 가족 이야기와 친구 관계에 대한 이야기로 마무리 짓게 되었는데 기훈의 아버지에 대한 이야기가 내내 마음에 남았다. 그리고 더 따뜻한 눈으로 기훈이를 바라볼 수 있게 되었다. 이전과 다르게 기훈은 교사인 나와 대화하는 것에 부담감이나 불편함을 보이기보다 좀 더 편안하고 신뢰한다는 것을 느낄 수 있었다. 그러면서 기훈이는 어렸을 적 처음 아빠를 만났던 이야기, 현재 아버지와 어머니의 갈등과 이혼에 대하여 속상할 법도 할 텐데 현재 상황에서 느끼는 생각과 감정을 담담하게 표현하였다.

T: 기훈이가 생각할 때 어머니랑 아버지랑 이제 헤어질 거라고 하시는데 그것에 대해서 속상하지는 않아?

S: 이미 헤어진 것처럼 그래요. 둘이 사이좋게 지냈던 적이 없어요. 처음에는 잘 맞았대요. 근데 점점 가면서 잘 보지도 않고 연락만 가끔 했으니까 그러면서 점점 사이가 안 좋아진 거 같아요.

T: 그럼 기훈이가 생각할 때 엄마 아빠는 왜 사이가 안 좋을까?

S: 서로 같은 말을 하고 있는데 서로는 다른 말로 생각하는 거 같아요.

T: 두 분이 같은 의미로 서로에게 말씀하시는데 서로 다르게 이해한다는 말이구나. 기훈이는 그게 같은 의미인지 알겠는데…

S: 네. 맞아요.

⋮

T: 이제 12월이니까 조금 있으면 5학년이 끝나고 6학년이 될 텐데, 6학년이 됐을 때 기훈이 주변에 친구들이 엄청 많아. 점심 쉬는 시간에 다들 나한테 놀자고 하고, 기훈이랑 놀면 다들 재미있다고 말해줘 그때 기훈이는 어떤 표정을 짓고 있을 것 같아?

S: 지금처럼 웃을 것 같아요.

T: 기분이 어때?

S: 뭔가 신나고 행복해요.

T: 기훈이 얼굴이 벌써 그렇게 된 것처럼 느껴지네. 기훈아, 친구들과 그런 사이가 되기 위해서 어떤 노력이 필요할까?

S: 저도 좀 뭔가, 친구들이랑 좀 맞추려고 노력도 하고 그래야 할 것 같아요.

T: 지금 기훈이 마음이 내가 먼저 친구들한테 잘 맞춰야겠다, 이

런 마음이 들잖아. 맞춰준다는 거는 어떻게 행동하는 거야?

S: 친구의 표정이 안 좋거나 나한테 잘못했다고 말하면 거기에 사과도 먼저하고, 짜증부터 내지 말고요.

T: 그런 마음으로 친구들을 대하면 친구들이 기훈이 마음을 느낄까?

S: 네. 느껴질 것 같아요. 저도 친구들이 저한테 말할 때 마음이 느껴지거든요.

T: 그러게. 아까 기훈이가 아버지 이야기할 때 아빠가 기훈이가 있든 말든 신경 안 쓰는 것 같아서 기훈이도 그렇게 느껴진다고 했잖아. 비슷하게 친구들도 알겠지? 기훈이가 어떤 마음으로 친구를 대하는지 정말 중요한 것 같아. 그런데 기훈이가 먼저 친구들에게 맞춰야겠다고 마음을 먹었으니까 그 마음이 친구들에게 전해져서 좀 더 편안한 사이가 되면 좋겠다.

마지막 코칭 대화를 나누었던 날도 친구들과 다투었고, 다툼 끝에 친구들에게 욕까지 해 버린 기훈이가 친구들과 차분하게 이야기할 수 있도록 노력하였다. 결국, 다투게 된 이유보다도 욕을 하고 만 기훈이의 행동 때문에 먼저 친구들에게 사과의 말을 건네고 상담은 마무리했지만 방과후 남아서 코칭 대화를 통해 다시 한 번 더 기훈이의 입장에서 이야기를 듣다 보니 기훈이가 얼마나 속상했을까 하는 마음이 들었다. 그럼에도 불구하고 앞으로 좋은 친구 관계를 위해서 자신이 친구들의 마음을 느끼고 좀 더 맞춰주려고 노력해야 한다고 이야기하는 기훈이가 대견스러웠다.

아직은 코칭 초보인 초등 교사이지만 코칭의 기본은 코치가 코치이 스스로 문제해결의 실마리와 가능성을 가지고 있다고 믿는 것에서부터 시작한다고 배웠다. 한두 달의 짧은 시간 동안 기훈이와의 코칭 대화를 통해서 나는 정말로 코치이는 가능성을 지니고 있음을 알 수 있었다. 더 나아가 이제는 교사로서 만나는 모든 학생들의 가능성에 대해 진심으로 믿을 수 있을 것 같다. 결과적으로 기훈이와의 코칭 대화를 통해 코치이자 교사인 내가 오히려 더 많이 배우고 성장하는 기회가 되었다.

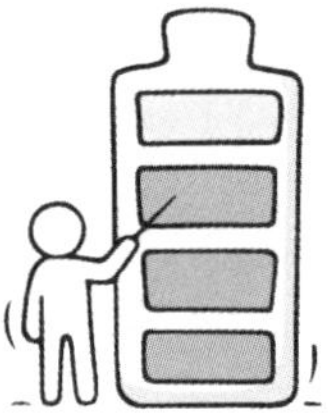

# 감정 및 멘탈 코칭

# 03

- 중년여성의 인생살이 감정코칭
- 흔들리는 일상 바로 세우기: 멘탈 강화
- 경력단절 여성 임원의 감정 다스림 코칭

# 중년여성의 인생살이 감정코칭

김정은

전문코치로 활동하고자 유료코칭 고객을 모집하기 위해 거주하고 있는 아파트 카페에 글을 게시했다. 나에 대한 간단한 소개와 코칭이 무엇인지, 어떤 분들에게 코칭이 필요한지를 적었고 연락이 오기를 기다렸다. 기대하는 마음으로 이틀이 지났을 때 코칭을 받아보고 싶다는 반가운 쪽지를 받았다. 그렇게 인연이 된 고객과 연락처를 주고 받으며 첫 코칭 세션 날짜를 정했다.

고객은 곧 환갑을 맞이하는 중년여성이었다. 코칭 대화를 통해 자신의 삶을 돌아보고, 그에 대한 감정을 다루고 싶다고 했다. 본 코칭사례는 가정을 지키고 아이들을 길러내기 위해 자신을 희생한 어머니들의 이야기이기도 하다.

참고로 이 코칭은 코치가 처음으로 진행한 다회기 유료코칭이었다. 과정 가운데 보람과 배움이 있었지만, 부족하고 아쉬운 부분 또한 많았다. 모든 코칭은 전화통화로 이루어졌으며 주 1회, 한 시간씩, 총 4회 진행하였다.

## 1. 첫 만남

서로 간단히 자기소개를 했다. 아파트 카페에 글을 올리긴 했지만, 어떤 사람인지 얼굴도 모르는 상태에서 코칭 신청을 하신 것도 약간의 용기가 필요하셨을 것 같다는 말을 건넸다. 그리고 오늘 어떤 이야기를 하고 싶으시냐고 물었다. 고객은 나는 왜 이렇게 예민한지, 어떻게 하면 유연해질 수 있을지에 대해 이야기하고 싶다고 했다.

고객이 처음 꺼낸 표면적인 주제는 예민함에 관련된 것이었지만, 이야기를 이어가면서 고객의 마음 안에 가득한 억울함이 느껴졌다. 남편 사업 뒷바라지하면서 정신없이 살아온 세월, 여자이길 포기하면서, 나의 주장은 하지 못하고, 내 삶 없이 엄마, 아내로만 살아온 지난날들. 아들, 딸을 다 키워 놓으니 그런 생각들로 힘든 시간을 보내고 있다고 했다. 그리고 지금까지 살아온 59년의 삶을 뒤돌아보고 싶다고 덧붙였다.

코치: 코칭이 끝나고 어떤 마음 상태시면 만족하시겠어요?

고객: (눈물을 보이며) 위로 받고 싶고, 잘 살았고, 앞으로도 잘 살아낼 것을 인정받았으면 합니다.

고객의 눈물 속에 그간의 외로움과 힘겨웠던 시간, 억울함이 같이 흐르는 듯했다. 곧이어 자녀들의 이야기를 이어갔다. 아들과 딸은 말로는 인정과 사랑의 표현을 잘하지만, 말뿐이라고 느껴진다고 했다. 이를테면 아이들에게 건강한 식단으로 먹으라고 누누이 이야기하는데도 엄마의 말대로 따라주지 않는 자녀들에 대해 섭섭하고 가끔 화도 난다고 했다. 고객은 아이들이 엄마를 진심으로 사랑한다면 행동으로 보여줘야 한다고 생각하고 있었다.

이야기를 들으면서 게리 채프먼 박사가 이야기한 5가지 사랑의 언어가 생각났다. 5가지 사랑의 언어에는 인정하는 말, 함께하는 시간, 선물, 봉사, 스킨십이 있다. 이것을 통해 나 혹은 상대방이 어떤 사랑의 언어를 중요하게 생각하고 원하는가에 대해 알아볼 수 있다. 그것을 통해 상대방이 원하는 사랑의 언어로 표현하고 실천할 수 있다.

| | | |
|---|---|---|
| 1 | 인정하는 말 | 행동보다는 말을 중요하게 생각함. "사랑해, 도와줘서 고마워. 당신은 나에게 참 소중해. 당신이 있어서 힘이 돼"처럼 말로 인정과 감사와 사랑을 표현하는 것을 중요하게 생각함. |
| 2 | 함께하는 시간 | 단순히 시간을 함께 보내는 것이 아니라 하던 일을 멈추고 완전히 집중해주며 공감적 대화를 하는 것. 서로의 관심사를 공유하며 함께 활동하는 시간이 많이 가져야 사랑 받는다고 느낌. |
| 3 | 선물 | 선물 자체보다는 선물을 준비하기까지의 관심과 노력, 사랑과 마음을 소중하게 생각하는 것. 선물은 '당신을 소중하게 여기고 배려하는 마음'의 표현이기 때문. |
| 4 | 봉사 | 자신이 원하는 것을 해주는 것을 말함. 무거운 짐을 들어주거나, 아플 때 병원에 데려다 주거나, 설거지, 청소, 육아 등 가사노동과 같은 수고와 노력이 필요한 일을 해주는 행동.<br>상대방을 생각하고 기꺼이 행동해 주는 마음에서 사랑을 전달받음. |
| 5 | 스킨십 | 따뜻한 포옹, 입맞춤 등 토닥임, 머리나 얼굴을 쓰다듬는 것, 손을 꼭 잡아주는 등의 신체접촉을 통해 자신의 감정을 표현하는 것을 좋아하고 받는 것을 좋아함. |

고객에게 5가지 사랑의 언어에 대해 설명했다. 고객의 사랑의 언어에 있어 우선순위는 "함께 하는 시간, 봉사, 선물, 스킨십, 인정하는 말."이라고 이야기했다. 고객이 생각하는 자녀들의 사랑의 언어에 대해서도 물었다.

"딸은 인정의 말, 선물, 스킨십, 함께 하는 시간, 봉사 순인 것 같아요."

고객의 말을 들으며 깨달은 생각을 나눴다.

"말씀을 듣고 보니, 미숙님과 따님의 사랑을 표현하는 우선순위가 다르네요. 어떤 생각이 드세요?"

코치의 알아차림이 고객에게 거울이 되었던 걸까? 고객은 이내 목소리가 밝아지며 대답했다.

"그러네요. 아이들이 저에게 "엄마, 사랑해"라고 말도 잘하고 표현도 잘하는데, 저는 늘 "말로만?"이라고 되물었거든요. 제가 아이들의 사랑을 받지 않고 있었던 것 같아요. 그것이 아이들의 사랑의 표현이었는데.. 아이들에게 미안한 마음이 드네요. 앞으로는 아이들이 사랑을 표현할 때 엄마도 많이 사랑한다고, 그렇게 말로 사랑한다고 표현해줘서 고맙다고 이야기 해주고 싶어요."

고객은 첫 코칭세션을 통해 자신을 객관적으로 바라보게 되었고 생각이 정리된 느낌이라고 했다. 그러면서 외롭고 위로받고 싶었던 자신의 감정을 알아차렸다. 그런 자신에게 스스로 응원의 한마디를 건넨다면, 어떤 이야기를 해줄 수 있을지 물었다.

"미숙아~ 외로워하지마. 공허해하지마. 매일 매일의 삶 속에서 그 지혜로 아픈 만큼 성장하면서 좋은 밑거름을 가지고 좋은 영향력을 주변에 전하며 살아가자. ”

고객은 살아오면서 자신의 마음을 터놓고 말할 상대도 없었고, 더군다나 말도 많은 분이 아닌지라 그 외로움과 공허함을 차곡차곡 마음속에 쌓아온 것이 아닐까 싶다. 아들, 딸 다 키우고 이제 자신의 시간을 보내려 하는데, 억울한 마음, 속상한 기억들이 자꾸자꾸 올라온다. 그리고 그 화살의 방향을 나에게 돌린다. “나는 왜 이렇게 무던하지 않고 예민할까?” 그래서 더 힘들어진다. 남 탓을 하기보단 내 탓을 하고, 어떻게든 자신의 의지와 노력으로 이 순간을 이겨내 보려 한다. 하지만 감정이란 것이 자신의 의지로 조절된다면 이 세상에 우울한 사람이 있을까. 우울하지 말아야지, 억울한 마음을 갖지 말아야지 생각할수록, 그 생각과 감정은 더 강하게 우리의 마음을 붙잡고 놓아주지 않는다. 머릿속에 반복적으로 떠오르는 생각과 감정들을 다루기 위해서는 그것에서 한 발자국 떨어져서 바라볼 수 있어야 한다. 이 과정을 고객이 스스로 경험해 나갈 수 있도록 돕는 것이 코치의 역할일 것이다.

첫 코칭대화를 통해 고객에 대한 확고한 믿음이 생겼다. 고객이 지금은 심적으로 외롭고 힘든 시간을 보내고 있지만, 그보다 더 어렵고 힘든 지난 세월을 꿋꿋이 지나왔기에 현재의 힘든 시기도 충분히 잘 이겨낼 수 있을 것이라는 믿음이다.

## 2. 예민함을 무던함으로

두 번째 만남에서는 남은 3회기 동안 어떤 이야기를 나누고 싶은지에 대해 이야기했는데, 자신의 예민함을 무던함으로 다듬어가는 방법에 대해 이야기 나누고 싶다고 했다.

고객은 순천의 가난한 집에서 딸 5명, 아들 2명인 7남매 중 넷째로 태어났다고 한다. 위로는 언니 셋, 아래로는 동생 세 명이 있다고 이야기하면서, 자연스럽게 언니들의 이야기가 이어졌다. 언니들에게 쌓인 감정들이 많은 듯했다. 셋째 언니는 어렸을 적부터 똑똑하고 자기 것을 잘 챙기는, 얄미울 정도로 영민한 사람이었고, 미숙 님은 착하고, 부모에게 칭찬 듣고 싶어서 늘 집 안 일을 거드는 착한 딸이었다고 한다. 그리고 위에 언니들에게 늘 당하기만 하는 바보였다고 했다.

그 중 셋째 언니가 형제들 중에 현재 가장 돈도 많고 잘 사는데, 그런 언니가 돈 자랑, 자식자랑을 한두 시간씩 늘어놓고 있으면 듣고 있기가 힘들다고 했다. 7남매 중에 미숙 님이 학벌이 가장 좋고, 대학교 졸업 후 직장생활하며 언니들 뒷바라지를 해줬는데도 불구하고 야박하게만 구는 언니들의 모습이 섭섭하다고 했다.

또 미국에 거주하는 형편이 넉넉하지 않은 동생이 2~3년에 한 번씩 한국에 들어와서 미숙 님 집에 오면, 미숙 님은 그때마다 동생에게 옷장에 옷 가지고 싶은 거 다 가지라고 말하며 아낌없이 주는데, 그때 셋째 언니가 미숙 님에게 "쟤는 저렇게 모지리처럼 남 다 줘버리고…"라고 말하고, 큰 언니는 "허풍쟁이 거는 가져갈 것도 없어."라고 말했다고 한다. 그 순간 미숙 님은 아무 얘기도 못 했다고 한다. 지금 생각해도 너무 화가 나고, 그때는 가만히 있을 게 아니라 대응하는 말을 했어야 한다고 말했다. 나는 고객에게 상황을 설정하여 롤플레잉(role-playing, 역할 연극법)을 해보자고 제안했다. 롤플레잉은 고객과 같이 어떤 상황에서 적절하게 대처하지 못해 부정적인 감정이 남아있을 때 사용하면 효과적이다. 다시 그때의 상황으로 돌아가 상대방에게 진짜 하고 싶은 말을 내뱉어 봄으로써 남아있는 묵은 감정을 배출할 수 있다. 또한, 말하는 연습을 통해 앞으로 그와 유사한 상황에서 당황하지 않고 상대방에게 하고 싶은 말을 할 수 있도록 돕는다.

| | |
|---|---|
| 코치: | 제가 언니 역할을 하겠습니다. 고객님이 동생 이름 부르시면서 ○○야~ 옷장에 있는 옷 마음에 드는 거 다 가져가~ 말씀해보실까요? |
| 고객: | 진숙아~ 옷장에 있는 옷 마음에 드는 거 다 가져가~. |
| 코치: | 에휴~ 쟤는 모지리처럼 맨날 남한테 주기만 하고… |
| 고객: | 언니~그렇게 말하면 안 되는 것 같은데? |
| 코치: | 아니~ 너가 모지리처럼 맨날 주니까 내가 답답해서 하는 말이잖아. |
| 고객: | 내가 동생한테 옷을 다 주든 안 주든 그건 내 마음이잖아. 사람 기분 나쁘게 그렇게 이야기해야 되겠어? |
| 코치: | 내가 뭘 얼마나 기분 나쁜 말을 했다고 그러니? 너 오늘 참 당황스럽다. |
| 고객: | 당황스러운 건 언니가 아니라 나야. 앞으로 그런 얘기 하고 싶으면 내 귀에 안 들리게 하든가 해. |
| 코치: | 네, 여기까지 하겠습니다. 롤플레잉 해보시니까 어떠세요? |
| 고객: | 이야기를 하고 나니 속이 좀 시원하네요. 다음에는 가만히 있지 않고 꼭 말을 해야겠어요. |
| 코치: | 네, 저는 고객님의 언니 역할하면서 고객님이 "언니~ 그렇게 말하면 안 되는 것 같은데? 내 귀에 안 들리게 얘기해."라는 이야기를 들었을 때, 그때 마 |

음이 뜨끔하더라고요. 약간의 카리스마도 느껴졌어요. 살짝 움찔하게 되는 느낌을 받았어요.

고객: 그렇던가요? 언니들이 저에게 막말을 해도 아무 말 안 하고 계속 듣고만 있으니까 더 그래 왔던 것 같아요. 이제는 정말 표현을 해야겠어요.

고객과 같이 부정적인 감정을 표현하는 것을 어려워하는 사람들이 있다. 살아오면서 화나고 불쾌한 감정이 올라올 때 그 감정을 표현해 본 경험이 없으니 어떻게 표현해야 하는지 몰라서 매번 타이밍을 놓치기 일쑤다. 그리고 무의식 저 깊은 곳에서 '부정적인 감정을 표현하는 것은 나쁜 거야. 화를 내는 건 나쁜 거야.'라는 비합리적 신념이 자리 잡고 있을지도 모른다. 그러한 경우라면 더더욱 입 밖으로 말을 내뱉는 것이 어려울 것이다.

어떤 경우에는 롤플레잉을 해도 어떤 말도 하지 못하는 고객도 있다. 무슨 말을 해야 할지 모르겠다는 말만 되풀이할 뿐. 그때 코치가 "어떤 말이어도 괜찮습니다. 당신의 불편한 감정, 화나는 감정, 그 상황에서 진짜 하고 싶었던 말을 내뱉어 보세요." 하고 응원하는 마음으로 기다려주어야 한다. 나의 불편한 감정을 표현하는 가장 좋은 방법은 어떤 말이든 좋으니 내뱉어 보는 거다. 다소 거칠고 과격한 표현이 나올지언정 그 또한 괜찮다. 어떻게 처음부터 세련되게 표현할 수 있겠는가? 다듬어가면 된다. 그래서 고객에게 롤플레잉을 제안했다. 한 번 내뱉어 보는 경험이 정말 중요하기 때문이다.

우리는 자전거를 타는 방법을 익히기 위해 어떻게 해야 하는지 잘 알고 있다. 자전거에 관련된 책을 10권 보는 것이 아니라 자전거를 직접 타봐야 한다는 걸. 감정의 표현도 마찬가지다. 해봐야 한다.

고객은 아이를 낳고 갑상선 기능저하증이 와서 쉽게 피곤하고 붓고 살이 찐다고 한다. 외모도 형편없어지고, 건강이 좋지 않아 늘 14~15시간 공복을 유지하며 간헐적 단식을 하는데도 불구하고 살이 계속 쪄서 힘들다고 했다. 국어 학원에서 하는 일을 49세에 그만두고 50세부터 쉬기 시작했는데, 50대부터 건강염려증과 죽음에 대한 두려움이 시작됐다고 한다.

코치: 죽음이 두렵다고 하셨는데, 구체적으로 죽음의 어떤 부분이 두려우신 건가요?

고객: 지키고 싶은 게 많아서요.

코치: 어떤 걸 지키고 싶으세요?

고객: 힘들게 살아왔는데 이제는 누리면서 살고 싶어요. 남은 삶을 지키고 싶어요. 이번에 남편과 3박 4일 놀러 갔는데, 저녁에 잘 때 갑자기 답답하면서 숨이 안 쉬어지고, 남편이랑 다투어서 남편은 부르기가 싫고 혼자 어떡해야 하나 고민하고 있었는데 "하나님 나 좀 살려주세요."하고 기도했어요. 그런데 진짜 살 것 같은 거예요. 기도로 죽음에서 삶으로 뒤바뀌는 경험을 했어요. 그래서 내가 의지할 분은 사람이 아닌 하나님이라는 것을 깨달았고, 죽음은 내 육신이 없어지고, 사라지는 게 아니라 하나님으로 옮겨지는 거구나. 하나님 안으로 들어가는 것이라는

걸 깨달았어요.

코치: 기도하는 가운데 그런 깨달음을 얻으셨네요. 이 깨달음을 오랜 시간 동안 잘 기억하기 위해서 죽음에 대한 두려움과 공포가 없어진 지금의 상태에 상징적인 심볼을 떠올려 보신다면요? 그것에 대해 이름이나 별명을 지어봐도 좋습니다.

고객: “평안이”라고 부르고 싶네요.

코치: 네, 평안이. 평안이가 지금 고객님 마음 안에 있네요.

코칭대화 가운데 고객이 의미있는 발견을 했을 때, 그것을 오래 기억할 수 있도록 하나의 심볼을 만드는 것도 좋다. 시간이 흐른 후, 고객에게 또다시 두려움과 공포가 찾아오려 할 때, ‘아냐, 내 안에 평안이가 있지.’ 코칭 대화 때 발견한 깨달음을 오래 기억하고 필요할 때 꺼내어 사용할 수 있기 때문이다.

고객의 힘들었던 유년시절의 이야기도 이어갔다. 초등학교, 중학교 때는 하교 후 소 먹일 풀을 뜯어야 했다고 한다. 학교에서 육상선수였는데 집에 오면 먹은 게 없어 기운은 없는데 풀은 뜯어와야 하고, 동네사람들이 정식이 넷째 딸은 자기 몸보다 더 큰 풀을 뜯어서 이고 온다고 말했다고 한다. 풀을 뜯다가 뱀이 휙 지나가면 무서웠고, 한 번은 낫질을 하다가 새끼손가락을 베어서 피가 철철 나는데 엄마는 소독도 안 하고 헝겊으로만 묶어줬다고 했다. 언니들은 학교 다닐 때 시내에서 자취를 시켜줬는데, 자신은 새벽 5시 반에 일어나서 등교를 했다고 이야기했다. 고객의 유년시절은 부모로부터 사랑도 보호도 받지 못하여 슬픔으로 가득 차 있었다. 그런 고객의 마음 안에 큰 구멍이 느껴졌다. 어린 나이에 하교 후 풀을 뜯고, 이고, 지고 터벅터벅 집으로 걸어오는 그 어린 미숙이가 얼마나 고되고 힘들었을까. 고객의 유년시절이 머릿속에 그려져서 마음 한 구석이 짠해졌다.

고객의 두 자녀는 지금 해외에서 유학 중인데 일 년에 억 단위의 돈이 든다고 했다. 아이들이 공부하고 싶은 것, 배우고 싶은 것을 할 수 있도록 그 여건을 만들어 주는 것이 부모의 역할이라고 생각한다고 했다. 고객의 삶을 비추어 봤을 때 그것은 너무도 당연한 부모의 역할인 것이다. 자식들이 하고 싶은 것들을 할 수 있도록 지원하는 것. 그래서 자신이 어렸을 적 부모님께 받고 싶었던 보살핌과 사랑, 물질적인 지원을 자녀들에게 아낌없이 해주고 있는듯 했다.

코치: 지금의 미숙이가 어린 시절 미숙이에게 한마디 해준다면 어떤 말을 해주고 싶으세요?

고객: 착한 미숙아~ 참 니가 그 힘든 일을 해냈구나. 부모님이 가난해서 힘들어하는 모습을 보고, 애를 쓰는 갸륵한 마음이 참 기특하다. 힘들단 말 한마디 안 하고… 누구도 해낼 수 없었던 일을 너는 해낸 거야.

고객은 어린 미숙이를 인정해주고 다독여 줬다. 첫 코칭세션에서 오늘 코칭이 끝났을 때 얻고 싶었던 것을 고객에게 물었을 때, 위로 받고 싶고, 잘 살았고, 앞으로도 잘 살아낼 것을 인정받았으면 좋겠다고 이야기를 했었는데, 그것을 자신에게 스스로 해주고 있었다.

공감받고 싶고, 위로 받고 싶은데 나에게 관심 가져주거나 위로해주는 사람이 없을 때 어떻게 하면 좋을까? 내가 나를 인정해주고, 토닥

여주고, 칭찬해주면 된다. 하지만 특히나 이제 환갑을 맞이하는 미숙님과 같은 분들은 살면서 이러한 경험을 해본 적이 거의 없을 것이다. 유년시절 충분히 사랑받지 못해 생긴 마음의 구멍에 술을 붓기도 하고, 사람들과 만나 시간을 보내 보지만 소용이 없다. 채워진다 한들 잠시뿐이다. 공허함과 울적함은 또다시 찾아온다. 그래서 자주 내 마음을 들여다보아야 한다. 지금 내 감정, 기분이 어떤지, 기쁜지, 울적한지, 화가 나는지, 편안한지, 불편한지, 당황스러운지, 행복한지, 즐거운지 알아야 한다. 나의 감정상태가 어떤지 알아차림을 해야 나를 공감 해 줄 수 있고, 위로와 인정도 해 줄 수 있는 것이다. 내 감정을 잘 알아차리는 한 가지 팁은, 잠깐 멈추고 나에게 질문을 던지는 거다. '내가 오늘은 왜 이렇게 들떠있지? 무슨 이유로 이렇게 기분이 좋은 거지?' 혹은 '지금 내 기분이 왜 이렇게 처지지? 어떤 이유로 안 좋지? 무엇 때문에 그렇지?' 그리고 그 질문에 답변을 해본다. '아, 내가 어제 잠을 잘 못자서 몸이 피곤해서 그렇구나.' 혹은 '할 일이 너무 많아서, 요즘 너무 바빠서 그렇구나.' 혹은 '안 좋은 생각들이 꼬리를 물고 자꾸 떠올라서 그렇구나.' 등등 '그것 때문에 내 기분이 안 좋구나.' 하고 이유를 알게 되면 생각도 감정도 자연스레 정리가 된다. 이 과정을 통해 나를 객관적으로 바라볼 수 있게 된다.

고객은 자신의 어릴 적 기억들이 마음에 구멍처럼 남아있어서 생각하면 안쓰럽고 애처롭고 슬프고 힘들고 억울한 기억들만 남아 있는 듯 했다. 그래서 이야기를 하다 보면 어릴 적 얘기, 부모님 얘기, 형제들 얘기가 개연성 없이 툭 나왔다. 누군가에게 말하지 못하고, 혼자서만 안고 있었던 세월이 길었던 터라 여러 이야기가 봇물 터지듯 나오는 것이 자연스러운 일이 아닌가 싶다.

지난주에는 고객이 아버지가 나오는 꿈을 꾸었다고 한다. 꿈에 아버지가 돌아가셨다고 해서 아버지 마지막 가시는 길 함께 하고자 아버지를 찾아갔는데 아버지가 살아계셨고, 꿈속에서 "제일 예쁜 넷째 딸이 왔구나. 네가 복이 많다."라고 말씀하셨다고 했다. 아버지의 이야기를 더 이어갔다.

고객: 결혼 후 첫 신혼집이 진짜 쓰러져 가는 시골집이었는데 비가 오면 물이 뚝뚝 떨어졌어요. 그때 아버지가 찾아오셨는데 집에 들어오지 않으시고 평상에만 앉아 계시다가 가시더라구요. 아버지는 딸이 결혼했는데 허름한 시골집에 사는 게 속상하셨던 것 같아요. 그래서 평상에만 앉아 있다가 가신 것 같아요. 아버지 돌아가신 지 30년이 되었는데, 지금 아버지 살아계셨으면 용돈도 드리고 맛있는 음식도 사드리고 그럴 텐데…

코치: 미숙님은 어렸을 적에도 부모님을 그렇게 도와드렸는데, 지금도 부모님 생각을 하고 계시네요.

과거에도 부모님을 돕는 착한 딸이었는데, 지금도 부모님께 더 해드리지 못한 것에 마음 아파하는 고객을 보며, 어찌 이리 마음이 고울 수 있단 말인가. 그 선한 마음에 감탄하며, 고객의 넓고 깊은 사랑이 참으로 귀하게 느껴졌다.

## 4. 내 삶의 자양분인 사람들과 함께하는 팔순잔치

마지막 코칭 세션, 고객의 삶은 결혼 전과 후로 많이 바뀌었다고 한다. 결혼 전에는 꿈이 많았는데 결혼하고 나서 잃어버린 느낌이 든다. 내가 왜 이렇게 살지? 노예처럼, 무엇인가에 잡힌 것 같은 기분, 쇠사슬에 묶인 느낌이 든다고 했다. 고객은 남편이 사업을 10번 넘게 실패하고 집 두 채 값을 날렸을 때, 그래도 그걸 극복하고 버텨냈다고 한다. 그런데 남편은 그 부분을 당연하게 여긴다는 것이다. 나는 부모가 아니고 아내인데 어찌 저렇게 당연할 수 있는가? 나는 빚지고 사는 성격이 아닌데, 남편은 대출받을 수 있는 것도 능력이라고 생각한다고 했다.

15년 전, 남편이 자기와 의논 없이 65만원 종신보험을 들었다고 한다. 아이들 학원비가 월 20~30만원 정도 나갔을 때니 당시 65만원은 꽤 큰 돈이었다. 지금 생각해도 너무 섭섭하고 화가 난다고 했다. 지난주에 남편에게 그 종신보험을 연금으로 바꾸는 건 어떻겠냐고 말을 꺼냈다가 서로 기분만 상하고, 남편이 먼저 자리를 떠나 방으로 들어갔다고 했다. 예전 같았으면 오랜 시간 서로가 말없이 시간을 흘려보냈을 텐데, 이번에는 자기 안에 힘이 남아있더라면서 기분이 금방 괜찮아져서 남편이 있는 방에 들어가 "여보~ 저녁은 뭐 먹을 거야?" 하고 먼저 말을 건넸다고 했다.

고객은 12년 전 남편이 했던 행동을 탓하면 무슨 소용이 있겠냐며 남편에게 감사의 말, 남편을 세우고 일으키고 살리는 말을 해야겠다, 내가 먼저 남편을 잘 섬겨야겠다는 생각이 들었다고 말했다.

코치: 미숙 님이 참 크신 분이라는 걸 알고 있었는데, 정말 마음이 크신 분이시네요.

고객: 그런가요? 정말 신기하게 금방 감정을 털어내고 흘려보내게 되더라구요. 결혼하고 나서 어딘가에 메여 있는 느낌, 묶인 느낌이 들었는데, 지금은 가벼워진 기분이 들어요. 해방된 느낌이요.

코치: 저도 미숙 님의 가벼워진 마음이 느껴져요. 마음속에 평안이도 있고, 해방까지 되셨잖아요? 미숙님의 앞으로가 기대됩니다. 인생은 60부터라는 말이 떠올랐어요.

고객: 네, 인생 제 2막을 잘 시작해 봐야죠.

고객의 목소리엔 처음과 달리 힘이 실려 있었다. 좋은 에너지가 느껴졌다. 나는 미숙 님에게 팔순잔치 날의 미숙님을 만나고 오자고 제안했다. 미래의 나를 만나고 오는 과정에서 내가 중요하게 생각하는 가치를 발견할 수도 있고, 내가 되고자 하는 이상적인 모습을 그려봄으로써 그 모습에 가까워지기 위해 현재의 삶을 어떻게 살아야 하는지 생각해볼 수도 있기 때문이다. 또한 마지막 코칭세션에서 미래의 나를 만나고 오는 것이 고객에게 의미 있는 시간이 될 것이라 생각했다.

미래의 나를 만나러 갈 때 중요한 점은 만나러 가기 전의 상황부터 만나기까지의 그 모습을 생생하게 그리는 것이다. 지금 1년 뒤에 자신의 모습을 상상해보라. 잘 그려지는가? 대부분 잘 그려지지 않는다고 말할 것이다. 어디에 있는지, 주변에 무엇이 보이는지, 무엇이 들리는지, 누구와 함께 있는지, 주변 사람들과 나는 어떤 대화를 나누고 있는지, 나의 표정은 어떤지, 어떤 옷을 입고 있는지, 향기가 난다면 어떤 향기가 나는지 등등 고객이 생생하게 그 장면을 그려볼 수 있도록 질문한다.

코치: 20년 뒤에 미숙 님을 만나러 갑니다. 그때가 몇 년도인가요?

고객: 2043년이네요.

코치: 팔순 생일잔치 날, 그때 미숙님은 어떤 모습을 하고 있을까요?

고객: 고운 한복을 입고 서 있네요.

코치: 좀 더 구체적으로 말씀해주시겠어요? 어떤 모습이신지? 한복은 어떤 색깔인가요?

고객: 위에는 꽃분홍색이고, 아래는 보랏빛 치마를 입고 있어요. 머리는 올림머리를 하고, 화장도 예쁘게 하고, 얼굴엔 가볍게 미소를 띠고 있네요.

코치 네, 그런 아름다운 미숙 님은 어디에 있나요?

고객: 큰 홀에 있어요. 최고의 음식을 손님들에게 대접하고, 영상도 띄우고, 기타도 치면서 하나님을 찬양하면서… 오신 분들에게 내 삶에 자양분이 되어줘서 고맙다… (울컥) 이야기해주고 있네요.

코치: 80세 미숙 님이 지금의 미숙 님 앞에 있습니다. 어떤 이야기를 해주고 있나요?

고객: 해방된 거 축하해. 지금부터 남은 너의 삶을 즐겁게, 의미 있게 살아가길 바라.

코치: 80세 미숙 님이 헤어지기 전에 지금의 미숙 님에게

선물을 줍니다. 어떤 선물인가요?

고객: 행복하게 웃고 있는 가족사진이요. 손자들도 보이네요. 며느리와 사위도 보이고요.

코치: 자, 선물을 받고 이제 80세 미숙 님과 헤어집니다. 마지막 인사는 어떻게 하고 싶으세요?

고객: 꼭 안아주고 싶어요. 생일 축하하고 긴 세월 잘 살아왔고 그 자리에 있어줘서 고맙다고 얘기해주고 싶어요.

팔순잔치를 그려보고 새롭게 발견한 것이나 깨달은 점이 있다면 무엇이 있는지 물었다.

고객: 그때를 생각해보니 제가 시간에 대한 부자네요. 제게 남아있는 시간이 많다는 생각이 들었어요. 그리고 감사와 은혜를 흘려보내야겠단 생각도 들었어요. 나는 감사와 은혜를 흘려보내는 통로다, 그렇게 하기 위해 하나님이 광야 같은 훈련을 시키신 거구나, 그걸 깨달았어요.

코치: 시간의 부자 미숙 님, 깨달음을 축하드립니다. 80세가 되시면 손주도 있으실 텐데, 손주가 할머니에게 찾아와서 할머니 나 예민해요. 고민이에요. 어떻게 해야 해요? 질문한다면 손주에게 어떤 말씀을 해주고 싶으세요?

고객: 너는 참 좋은 장점을 가지고 있구나. 감정의 크기가 아주 커서 그래. 큰 사람은 작은 것을 품는단다. 지

금은 좀 아프지만 결국엔 열매는 커지고 소중한 것이 된단다. 감정의 주인이 되어서 감정을 어떻게 하고 싶은지, 최선은 어떤 것인지, 생각해보고 하나님을 불러봐. 지혜를 주실 거야. 어린 네가 벌써 이런 생각을 하고 있으니 스무 살이 되면 감정에서 자유로워질 거야. 너는 지금도 충분히 이 어려움을 이겨낼 힘이 있는 거야. 낙심하는 일에 너무 집중하지 말거라. 네가 좋아하는 것들로 너의 시간을 채워보렴. 그것도 좋은 방법이란다.

코치: 네, 할머니 말씀 감사합니다. 손주에게 말해보고 나니 어떤 생각이 드세요?

고객: 내 주장 없이, 엄마로, 아내로 살아왔었는데 이제는 내 주장을 하면서 나로 살아야겠다는 생각이 드네요. 아이들도 다 컸고… 그런 생각을 예전에 못 했던 건 아니었는데 의욕이 생기지 않았거든요? 지금은 내가 좋아하는 것들로, 나를 위한 것들로 시간을 채우고 싶단 생각이 들어요.

코치: 나를 위해 채우는 나만의 시간, 어떻게 채우실지 기대가 되는데요? 우리의 코칭 세션 전체 목표가 예민함을 무던함으로 가져가는 방법에 대한 이야기를 해보는 것이었는데요, 그렇게 되기 위한 미숙님만의 실행계획을 세워본다면요?

고객: 내 감정, 내 상처에 너무 충실한 것도 이기심인 것 같아요. 나에게 너무 집중하는 거요. 부정적인 감정

은 흘려보내고 내 것으로 취하지 않는다는 마음으로 기도하고, 감사한 일, 기쁜 일을 생각하며 생각을 전환해야겠어요. 내 안에 부정적인 감정을 빨리 내보내기 위해서 독백으로라도 크게 외쳐볼게요. 그리고 내가 나를 격려하고 위로하고 싶어요.

코치: 부정적인 감정이 몰려올 때 독백으로 크게 어떻게 말하면서 외치고 싶으세요?

고객: "부정적 감정을 붙잡지 말고 흘려보내자!"

그리고 마지막으로 고객은 이런 말도 했다.

"제게 생각을 전환하는 힘이 생긴 것 같아요. 내가 나를 격려하고 인정하고 위로해 주었기에 가능했던 것 같아요. 앞으로도 나 자신을 많이 토닥토닥 해주고 싶어요. 그리고 코치님, 제가 살아보니까 인생은 만만하지 않지만 어려운 건 아니에요."

고객의 마지막 말이 여운 깊이 남았다. 60년 세월을 열심히 살아내셨기에 그 말에 무게감과 진실함이 느껴졌다. 기쁨과 힘도 느껴졌다.

## 5. 코칭을 마치며…

총 4회에 걸친 코칭에서 고객은 자신의 이야기를 꺼내며 자신을 객관적으로 바라보고 사랑하고 보듬어주게 되었다. 자식과 가정을 위해 앞만 보고 달려온 지난 날, 현재에 느끼는 공허하고 헛헛한 마음,

어릴 적 힘들었던 시절에 대한 애처로움이 지금의 나를 만든 자양분이 되었음을, 그 시간이 헛되지 않은 시간이었음을 깨달았다. 또한 공허하고 울적한 마음은 흘려보내고 남은 시간을 어떻게 채워갈지 생각해보는 시간이었다.

코치의 첫 유료코칭인지라 다소 떨리는 마음으로 임했다. 도움이 되고자 하는 마음, 잘하고 싶은 마음이 컸다. 아쉬운 점은 코칭세션에서 다룰 목표는 세웠지만 세션마다 고객이 꺼내는 새로운 주제로 이야기를 나누면서 진행된 점이다. 우리의 코칭 대화가 목표와 관련하여 잘 가고 있는지, 코칭 대화의 방향성에 대해 중간중간 고객과 점검하고 조율하며 진행하지 못했다. 하지만 운이 좋게도 나는 고객을 잘 만났다. 부족한 코치인데도 불구하고 고객은 매 세션마다 성찰과 자각을 해나갔다.

나에게 이번 코칭은, 코칭을 하면서 고객과 코치는 함께 성장한다는 말을 몸소 체험한 시간이었다. 고객이 삶을 대하는 태도와 지혜를 배우며 나 또한 성장하는 시간이었다. 부족한 코치를 믿고 함께해준 고객님께 감사의 인사를 전한다.

# 흔들리는 일상 바로 세우기: 멘탈 강화

유임균

우리는 살아가면서 많은 문제와 부딪히고 갈등하고 고민하게 된다. 잘못 가는 길이 아닌데도 자신의 한계에 부딪힐 때면 갈등하고 자책하게 된다. 내가 만난 코치이의 상황도 스스로를 강하게 하기 위해 애쓰는 과정에서 심적 갈등을 안고 자기 자신과 싸우는 중이었다. 그녀는 중소기업의 대표로서 남편과 함께 사업을 하며 현재 한국코치협회 KPC 회원이기도 하다. 나와는 대학원 선후배 관계로 우리는 학습 중에 코칭을 하게 되었다. 그녀는 현재 가정과 기업 대표, 코칭의 세 가지 일을 하면서, 시간과 일에 쫓겨 자기 자신을 위한 개인 시간을 좀처럼 내기 힘든 상황이었다. 젊을 때는 정신력으로 버텼지만, 점점 나이를 먹어가면서 체력적으로도 힘들어졌다고 했다. 그녀는 코칭을 통해서 고객들의 멘탈은 잡아주는데 정작 본인의 멘탈은 흔들리고 있는 상황이고 이런 상황에서 벗어나고 싶다고 했다.

## 1. 코칭의 목적

코치이는 현재의 삶을 완벽하게 하기 위해 스스로를 채찍질 하며 살아왔는데, 코칭을 통하여 자신감을 얻고 멘탈을 찾고 싶다고 했다. 특히 운동을 통한 건강 회복에 중점을 두기를 원했고, 모든 일상생활에 긍정적이고 활발하게, 모든 일에 적극적으로 임하기를 원한다고 했다. 또한 자신의 잠재력을 깨우고 멘탈 조절 능력을 키워 스스로 멘탈 강화 플랜을 세워 정신력을 키우려 한다.

## 2. 계획이 아닌 기획으로

삶이나 직업에서 우리는 무언가를 해내기 위해 기획한다. 기획은 단지 계획을 하는 것과는 달라서, 중요한 컨셉을 바탕으로 움직여야 진정한 기획이고 성공으로 이어질 수 있다. 계획을 넘어 본인의 목표를 달성하기 위한 기획을 할 필요가 있다. 보통의 경우 작심삼일이라는 말을 자주 하기도 하는데, 계획은 거창한데 그것이 실행 가능한 계획이 아니라면 아무 의미가 없고, 너무 장기적인 계획도 단기적인 실행이 눈에 보이지 않아 실천이 어려운 경우도 많다. 그래서 코치이의 목표에 맞는 계획으로 전체적인 기획을 할 필요가 있다.

## 3. 코치이를 위한 코칭 – 멘탈코칭

멘탈코칭이란 무엇인가? 코칭이란 본래 스포츠 분야에서 시작되었으며 정신이 강해야 하고 의식이 높아야 하며 생산적인 감정을 포함한다. 여기서 생산적인 감정이란 긍정적인 정서를 포함한다. 멘탈코칭은 코치가 코칭을 받는 사람의 잠재력을 최대한 발휘할 수 있도록 돕는 과정이며 코치는 질문, 피드백, 도전을 통해 코칭을 받는 사람이 자신의 강점과 약점을 이해하고 목표를 설정하도록 도울 수 있다. 뿐만 아니라, 목표를 달성할 수 있는 계획을 세우도록 돕고 개인이 가진 잠재 능력과 정신적인 전략을 잘 발휘할 수 있도록 돕는다.

코칭을 하기 전에 코치이의 일상생활이 어떠한지를 알아야 효과적인 코칭이 될 수 있기 때문에 아래 항목을 중점적으로 살펴야 한다. 코칭 전 일상생활이 어떠한지 살펴야 할 항목은 아래와 같다.

| | |
|---|---|
| **건강한 식습관** | 바쁜 일상에서는 건강한 식습관을 유지하거나 개선하는 것이 어렵다. 코치이에게 건강한 식습관의 중요성을 이야기하고 식습관 개선에 도움을 줄 수 있다. |
| **운동 계획** | 적절한 운동은 건강한 생활에 필수다. 코치는 코치이와 함께 적절한 운동 계획을 세우고, 운동에 필요한 도구나 운동을 할 수 있는 방법 등 운동 습관을 형성하도록 돕는다. |
| **스트레스 관리** | 바쁜 일상에서는 스트레스를 많이 받아 멘탈 상태에도 영향을 미치게 된다. 코치는 코치이가 스트레스를 어떻게 관리할 수 있는지에 대한 정보를 제공하고, 멘탈 상태를 개선하는 방법을 함께 고민해본다. |
| **수면 충분** | 수면은 건강과 멘탈에 매우 중요하다. 코치는 코치이가 수면 시간을 충분히 확보할 수 있도록 수면 습관 개선을 도와주도록 한다. |
| **균형 잡힌 일과 삶** | 바쁜 일상에서는 일과 생활의 균형을 유지하는 것이 쉽지 않다. |

코치는 코치이가 균형있게 일과 생활을 이어 나갈 수 있도록 하고, 일과 생활의 장단점을 파악하여 삶 속에서 가치 있는 것들을 찾도록 돕는다. 이와 같이, 건강과 멘탈 상태를 개선하고자 하는 경우, 코치는 코치이가 건강한 습관과 삶의 균형을 유지할 수 있는 방법을 찾을 수 있도록 하며 세밀한 상황에 대한 대화를 통하여 목표들을 달성할 수 있도록 돕는다.

코치는 코치이와의 코칭 관계를 잘 형성하기 위해 사전에 서로 마음의 준비에 중점을 두었으며 코치이가 얼마나 코칭을 원하는지도 확인했다. 서로가 잘해보자는 의견의 일치를 보고 코칭을 시작했다. 코치로서는 효과적인 코칭을 위하여 코치이에 대하여 무엇을 알아야 하는지 검토했고, 코치이의 강점인 긍정성과 끈기와 인내심을 지지하고 격려하며 코칭을 진행했다.

코치이가 가지고 있는 인생 목표를 점검하였고 목표 달성을 위해 코치이의 의식의 전환이 일어날 수 있도록 적절한 질문을 통하여 자신의 가치와 목표를 재확인하고 긍정적인 생각과 감정, 그리고 자신의 욕구와 우선 순위를 인식하도록 했다. 이 모든 과정은 스스로 자신의 목표에 도달하려는 동기부여가 될 수 있도록 진행한다.

코칭의 목표는 코치이가 원하는 분야와 문제에 따라 다양한 관점을 둘 수 있다. 바쁜 일과 생활에서 목표를 설정하고, 생산성을 높이기 위해 더욱 효율적인 방법을 찾는 것은 매우 중요한 과제다. 특히 이번 코칭은 코치이의 일상적인 스트레스와 부담을 관리하고 에너지를 회복하며, 긍정적인 마인드셋을 유지하기 위해 코치이의 개인적인 성장과 발전, 자아 인식과 스트레스 관리 및 감정 관리 등에 대한 목표를 설정하고 이를 실현하기 위한 방안 및 상황에 맞는 적절한 실천행동을 만드는 것이 중요한 코칭이다. 또한 코치이가 자각을 통해 수립한 실행 계획을 확실히 수행할 수 있도록 자극하고 자신의 멘탈 관리를 잘함으로써 목표에 도달하도록 도울 필요가 있었다.

## 4. 코칭 프로세스

코칭은 개인의 발전과 성장을 촉진시키기 위한 프로세스이다. 이를 위해서 코치는 코치이에게 질문하고 다양한 스킬과 기술을 사용하여 적극적으로 대화를 이끈다. 다음은 코칭이 이루어지는 원리이다.

| | |
|---|---|
| **코치이 중심의 접근** | 코치이를 위한 프로세스이며 이를 위해 코치는 코치이 중심의 접근방식을 사용한다. 코치는 코치이의 목표, 가치, 미래에 대한 비전 등에 맞추어 대화를 이끌어야 한다. 코치이 스스로가 해결책을 찾도록 도와주는 것이 코칭이기 때문이다. |
| **신뢰 구축** | 코치와 코치 사이에 신뢰가 필요하다. 코치이의 비밀과 개인 정보를 안전하게 다루어야 하며 적극적인 경청을 통한 심리적인 안정감을 유지하는 것이 필요하다. |
| **명확하고 구체적인 목표 설정** | 코치이와 함께 명확하고 구체적인 목표를 설정하는 것이 중요하다. 이를 통해 코치는 더 명확한 방향성을 갖게 되고 코치는 코치이가 어떤 결과를 원하는지 구체적으로 파악하여 그에 맞는 목표 달성을 지원할 수 있게 된다. |
| **개인의 전문성 존중** | 코치이의 전문성과 자신의 경험을 존중한다. 이는 코치이가 스스로 해결책을 찾을 수 있는 능력을 키워주고 코치가 더 나은 방향을 제시하는 용도로 활용될 수 있다. |
| **성공 및 실패에 대한 사례 공유** | 성공과 실패에 대한 사례를 공유함으로써 다양한 상황에서 문제를 해결할 수 있는 능력을 키우고 코치의 경험을 통해 코치이를 지원할 수 있다. |
| **지속적인 발전 지향** | 코칭은 지속적인 발전과 성장을 위한 프로세스이다. 코치는 자신의 지식 · 기술 및 방법을 지속적으로 개선하고 업데이트하며 코치이와의 관계도 지속적인 커뮤니케이션을 유지 발전시켜야 한다. |

## 5. 멘탈코칭 모델

존 휘트모어의 GROW 모델을 적용한 모델로 과거의 실수보다는 미래의 가능성에 초점을 맞추는 모델이다. Goal 단계에서는 코칭의 목표를 설정하고, Reality 단계에서는 현상 확인을 통해 현재상태를 점검한다. Options 단계에서는 목표에 도달하기 위한 대안들을 탐색한 후, Will 단계에서는 실행을 지원한다. 이와 관련하여 코치이의 성장을 돕기 위해 목표설정－평가(현상 확인)－계획(대안 탐색)－실행－평가(실행 확인)의 단계로 재설정해보았다.

목표설정: 개인과 코치가 함께 목표를 설정한다. 목표는 구체적이고 측정 가능해야 하며, 달성 가능한 것이어야 한다.
평가: 개인과 코치가 현재 상태를 분석하고, 발전 가능한 영역을 파악한다. 이를 통해 개인의 강점과 약점을 파악할 수 있다.
계획: 코치는 개인과 함께 목표를 달성하기 위한 계획을 수립한다. 계획은 구체적인 행동계획과 세부 일정을 포함해야 한다.
실행: 개인은 계획을 실행하고 목표에 도달하기 위해 노력한다. 코치는 개인이 목표를 달성하도록 지원한다.
평가: 개인과 코치는 주기적으로 결과를 평가하고, 목표에 도달하기 위한 조치를 수정하거나 재조정한다.

이러한 과정은 개인의 성장과 발전을 위한 지속적인 프로세스로서 코치와 코치이가 함께 협력하면서 목표를 달성하는 데 도움을 준다. 이 모델은 일상생활에서 자신의 성장과 발전을 위한 목표를 설정하고 집중적으로 노력하는 데에도 적용할 수 있다.

## 6. 코칭 들어가기

코치이는 현재 1인 3역을 하느라 너무 바빠서 건강을 돌보지 못하면서 체력적인 부분에서 힘겹다는 생각이 들고, 그러다 보니 의욕도 저하되고 앞으로 나아가기가 버거워지는 상태에 놓여 있다. 우리 모두가 경험하듯 몸이 안 좋으면 세상만사가 귀찮은 법이고, 튼튼한 몸에서 건강한 정신이 나오는 것이니, 코치이의 상황이 어떤 상황인지, 그가 무엇을 원할지는 굳이 설명하지 않아도 알 수 있다. 하루하루 주어진 일과 속에서 그냥 한숨만 쉬고 있을 수 없는 코치이의 상황이 이해되었다.

이런 상황을 해결하고자 코치와 코치이가 마음을 합하여 논의하였고, 그 결과 멘탈코칭이 우선시되어야 한다고 합의했다. 먼저 몸과 마음의 이완을 돕는 요청을 했다.

> "코칭하기 전에 긴장을 풀고 깊게 숨을 쉬어 보세요. 즐거웠거나 행복했던 시간을 떠올려보시고 그 순간을 느껴보세요. 그리고 저와 함께 마음을 여는 시간을 가져봅시다."

이 과정을 통해 코치이의 마음은 한결 편안해졌고, 이후 진짜 바라는 목표를 설정할 수 있었다.

"체력이 약해지다 보니 힘겨워지고 의욕도 저하되고 그래서 체력을 키울 수 있는 운동을 하겠다는 생각이고 정신력을 키우는 멘탈을 강화시키고 싶습니다."

자신감을 갖고 자신의 능력을 믿으며, 매 순간 최선을 다하려는 그녀의 모습에서 이 시간의 노력들이 헛되지 않겠구나 생각했다. 그녀의 믿음과 자신감, 그리고 끝없는 열정은 이번 코칭에서도 성공을 경험할 것임을 직감할 수 있었다.

코치이는 가정과 회사에서 여러 가지 일을 병행하는 입장에서 두 마리 토끼를 다 잡고 빈틈없이 하고 싶다는 마음이 있는데, 사실 직장과 가정의 일을 흔들림 없이 수행한다는 건 쉬운 일이 아니다. 그러다 보니 몸도 지치고 마음도 자신을 잃어가는 상황에 직면하게 된다. 게다가 전문코치로서도 활동하면서 코칭도 잘하고 싶다는 마음을 가지고 있었고, '모든 것을 빈틈없이 잘하고 싶다'는 마음은 오히려 육체적으로 지치게 만들었다. 흔들림 없이 모든 것을 수행하고 싶었던 삶은 큰 흔들림으로 돌아왔다. 그녀는 멘탈을 강화하고 싶다는 마음을 운동하고 싶다는 것으로 표현했고, 운동은 그녀에게 생각보다 많은 의미를 주고 있음을 발견했다.

코치이: 바쁜 일상 때문에 지치고 때론 아무것도 하기 싫고 마음이 우울해지고 그럴 때가 많아요. 이것도 해야 되고 저것도 해야 되고 몸이 안 따라 주니까 마음도 흔들린다는 생각입니다. 그래서 생각한 것이 운동으로 체력을 보강하면 좀 나아지지 않을까 생각합니다.

코치: 처음에 운동 말씀하시면서 얼굴에 환하게 미소를 지으셨어요. 운동에 대해서 좋은 기억들을 많이 가지고 계신 것 같아 보입니다. 운동을 통해서 튼튼한 몸과 건강한 생각, 또 흔들리는 마음을 찾으려 한다고 하셨는데, 운동을 한다는 것은 당신에게는 어떤 의미가 있을까요?

코치이: 운동한다는 것은 저한테는 되게 즐겁기도 하고 스트레스 해소도 많이 됐었어요. 만 보 걷기도 좀 했었는데 그럴 때는 꽃도 보고 정말 들풀도 보고 그런 게 정서적으로도 상당히 좋았던 것 같아요. 운동은 건강을 위해서도 굉장히 중요한 요소이기도 한데 저한테는 정서적으로도 되게 좋은 그런 의미 같아요.

그녀는 자신의 생각에 변화가 있어야 할 것 같다고 이야기했다. 그러기 위해 몸을 단련하고, 튼튼한 몸으로 삶에서 긍정적인 생각을 유지하여 스트레스를 줄이는 것이 자신을 바로 세우는 데 도움이 될 거라고 했다. 그녀는 실제로 무엇을 실행할 것인지를 차근차근 생각해 갔다.

"짧은 시간에 가성비가 좋은 운동은 계단 걷는 것 같아요. 예전에 계단 걷기를 꾸준히 했을 때 적당하게 균형이 잡히더라고요. 시간도 딱 40분 정도로 부담스럽지 않고 적당히 숨도 차고 땀도 나고 되게 좋았던 기억이 있어요. 그래서 그 계단 걷기를 예전처럼 회복하고 싶어요. 시간이 좀 걸리겠지만 그래도 한번 해볼 수 있겠다는 생각이 들어요."

우리는 계단 걷기를 조금 더 구체화해보기로 했다.

코치: 잠시 시간 나는 대로 할 수 있고 시간과 장소에 구애받지 않는 계단 걷기부터 해 보겠다고 말씀하셨어요. 언제부터 실행해볼 수 있을까요?

코치이: 다음 주말 정도부터 한번 시작해 보고 싶어요.

코치: 바쁜 일상으로 지친 고객님께서 운동을 열심히 하고 정신적으로도 몸과 마음을 회복한다면 고객님은 어떤 변화가 일어날 것으로 생각하시나요?

코치이: 운동을 통해 체력을 보강하고 그러면 생활 전반에 걸쳐 만족도도 높아질 것으로 생각됩니다. 매사에 자신감으로 적극적으로 일 처리를 할 것 같아요.

우리는 운동을 통한 신체적인 회복과 더불어 정신의 회복에 대한 이야기를 나누었다. 그리고 멘탈을 유지하기 위한 여러 가지 방안들을 정리했다. 멘탈을 유지하기 위한 방법은 아래와 같다.

**멘탈을 유지하기 위한 방법**

| | | |
|---|---|---|
| 1 | 충분한 수면 | 일일 적당한 수면 시간을 확보하여 멘탈을 향상시킨다. |
| 2 | 규칙적인 운동 | 운동은 멘탈 상태를 향상시키는데 매우 중요하다. |
| 3 | 긍정적인 생각 | 긍정적인 생각을 유지하고 부정적인 생각으로부터 벗어나면 멘탈 상태가 개선된다. |
| 4 | 외부 활동 | 밖으로 나가서 쇼핑하거나 자연을 즐기는 것은 멘탈 상태를 개선하는 중요한 요소이다. |

| | | |
|---|---|---|
| 5 | 스트레스 관리 | 스트레스 관리는 멘탈을 유지하는 데 매우 중요하다. 스트레스 관리 방법은 여러 가지가 있지만 명상. 요가. 또는 딥 브레이싱과 같은 방법이 있다. |
| 6 | 마음의 안정 | 다양한 방식으로 마음의 안정을 유지한다. 취미를 가지면 자신감을 갖게 되며 개인적인 성취감은 자신과 타인의 마음 상태에 유익하며 멘탈 상태를 유지하는 데 도움이 된다. |
| 7 | 친구나 가족과 대화 | 친구나 가족과 대화하면서 즐거운 시간을 보내는 것은 멘탈을 유지하는 데 매우 중요하다. 상호작용 및 대화를 통해 건강한 사회적 관계를 유지할 수 있다. |

이와 같이 평상시에 멘탈을 유지하는 데는 충분한 휴식과 스트레스로부터 탈출하고 많은 사람들과의 교류를 통하여 소통하고 마음을 평온한 상태로 유지하는 것이 중요하다.

몸과 마음이 지쳐있는 상태에서 운동을 통해 멘탈을 강화하려면 운동을 시작할 때 천천히, 무리하지 않고 한계를 잘 파악하고 일정한 운동 생활을 유지하는 것을 연습할 필요가 있다. 운동에 재미를 느끼고, 일상에서 자연스럽게 이루어진다면 건강도 지키고 멘탈도 지킬 수 있을 것이다. 일상에서 멘탈을 강하게 하는 것은 결코 쉬운 일은 아니겠지만 자신을 믿고 꾸준하게 자신감을 유지하기 위한 노력이 필요하다. 생활 속에서 지켜야 하는 주요 항목은 아래와 같다.

| | | |
|---|---|---|
| 1 | 긍정적인 마인드셋 유지하기 | 우리의 생각은 우리의 행동과 감정에 직접적인 영향을 미치므로, 긍정적이고 건강한 마인드셋을 유지하는 것이 중요하다. 문제 상황에서도 가능한 긍정적인 관점에서 생각하고, 자신에게 긍정적인 말을 건네며 자존감을 향상시키는 것이 좋다. |
| 2 | 문제 해결 능력 강화하기 | 어려운 상황에서도 문제를 해결할 수 있는 능력을 키우는 것이 중요하다. 여러 가지 대안을 고민하고, 문제를 분석하며 해결 방법을 찾는 능력을 강화해야 한다. |

| | | |
|---|---|---|
| 3 | 스트레스 해소 방법 찾기 | 스트레스는 멘탈의 안정을 해치는 요인 중 하나이므로, 스트레스 해소 방법을 찾는 것이 중요하다. 일상생활에서 스트레스를 줄이는 방식을 찾거나, 스트레스를 덜어줄 수 있는 취미나 운동 등을 즐겨보는 것도 좋은 방법이다. |
| 4 | 타인과의 교류 늘리기 | 다른 사람들과의 교류는 우리의 멘탈에 큰 도움이 될 수 있다. 가족, 친구, 동료 등과 적극적으로 소통하며 서로에게 격려와 지지를 받는 것이 중요하다. |
| 5 | 휴식과 충전 취하기 | 일정한 휴식과 충전을 취하는 것도 멘탈을 강하게 하는 데에 좋은 방법이다. 충분한 수면을 취하고, 여가 시간을 활용하여 몸과 마음을 충전시켜주는 것이 중요하다. |

지속적인 실천을 위해 체크 리스트를 활용하는 것이 도움이 된다. 날마다 일별 과제에 적힌 과제 항목을 실천하고 점검하는 방식이다. 물론 이 과정을 끊임없이 반복하기 위해서는 약간의 고집스러움과 회복력, 끈기가 필요하다. 코칭을 마무리하면서 코치이에게 새롭게 느꼈거나 알아차린 것이 무엇인지를 물었다.

"제가 물에 젖은 솜처럼 되게 무거운 상태에 있었다는 게 좀 보였고요. 물에 젖은 거 꽉 짜서 구름처럼 가볍게, 자유롭게 원하는 것을 하고 싶다는 마음이 들어서 첫걸음은 좀 힘들겠지만 한번 걸음을 떼봐야겠다. 그런 마음이 드는 시간이었습니다."

## 7. 코칭을 마치며

대학원에서 심도 있게 코칭을 배우며 여러 상황별 스킬을 익히려 애썼다. 이번 코칭의 경우를 살펴보자면 아주 잔잔한 호수에 돌을 살짝 던지는 정도의 파장을 준 것 같은 느낌이다. 고객의 행동 변화나 심리적 변화를 기대하는 것이 아닌 평온하게 주어진 일상에 추 하나 달아준 그런 느낌이다. 그러나 그 추 하나가 무력한 일상을 의욕 넘치고 활기찬 생활로 바꿔줄 수 있기를 바라는 마음이다. “모든 것은 마음먹기 달렸다”는 말도 있지 않은가. 또한 자신이 목표한 것이 성공적이었다고 스스로에게 이야기하고 그렇게 믿어 보라고 말하고 싶다.

자기에게 주어진 모든 일을 완벽하게 처리하고 싶었던 그녀가 체력과 시간을 잘 관리하는 것을 통해 틈틈이 체력을 보강하고 쉼을 통해 활력을 되찾는다면 누구보다도 멋진 커리어우먼으로 거듭날 것으로 보인다. 코치이는 코칭을 통해서 도전과 성장을 할 수 있는 동기부여가 되었고 긍정적인 마음가짐과 자기 계발을 하는 데 이 코칭이 꼭 필요했다는 소감을 들려줬다. 코칭을 통해 스스로가 잘 할 수 있다는 자신감을 얻었고 이제부터는 규칙적인 신체 활동 및 건강한 식습관으로 스스로를 관리하고, 멘탈이 중요한 만큼 멘탈을 지키기 위한 노력도 하겠다고 다짐했다.

## 8. 멘탈이 중요한 이유

멘탈은 우리 삶에서 아주 중요한 역할을 한다. 아래와 같은 여러 가지 이유로 설명할 수 있다.

| | | |
|---|---|---|
| 1 | **개인적인 안녕과 복지** | 멘탈이 좋은 상태에서 삶을 살면 우리는 행복하고 만족스러운 삶을 살 수 있다. |
| 2 | **인간관계** | 멘탈이 안정되어 있으면 우리는 더 친밀한 인간관계와 연결을 형성할 가능성이 더 높아진다. |

| | | |
|---|---|---|
| 3 | 일과 학습 | 멘탈이 강하면 우리는 일과 학습에서 더 효과적이고 효율적인 방법을 찾을 수 있다. |
| 4 | 직업과 경력 | 멘탈이 안정되면 우리는 자신감을 높이고 직업에서 더 큰 성과를 얻을 수 있으며 경력 향상에 도움이 된다. |
| 5 | 질병 예방 | 멘탈 상태는 건강에 영향을 미치나. 멘탈이 좋으면 우리는 건강을 유지하고 질병을 예방할 가능성이 더 높아진다. |

좋은 멘탈 상태를 유지하는 것은 우리가 일상적으로 마주치는 어려움과 고충, 스트레스, 불안, 우울증, 질병, 실수 등에 대한 대응 능력을 향상시키고 개인적이고 직업적인 목표를 달성하는 데 큰 차이를 만든다. 우리가 육체적으로 최상의 컨디션을 유지하기 위해서는 자신의 감정과 생각을 잘 조절해야 한다. 또한 자신의 감정을 잘 조절해야 자신감도 얻을 수 있고 다양한 도전에서 성공을 경험할 수 있다. 무엇을 할 수 있다는 자기 효능감을 가짐으로써 성공할 확률이 높아진다.

멘탈관리가 필요한 이유는 우리가 삶 속에서 마주하는 도전과 고난에 대처하기 위해서이다. 멘탈은 우리의 정신적 강도와 안정성을 나타내며, 건강한 멘탈은 어려운 상황에서도 탄력적으로 대처하고 긍정적인 마인드를 유지할 수 있도록 도와준다. 또한 멘탈이 강하면 자신감을 가지고 삶을 즐길 수 있으며, 성취감과 만족감을 얻을 수 있다. 따라서 멘탈을 강화하는 것은 인생에서 성공적으로 나아가기 위한 중요한 요소이다.

이렇듯 멘탈이 강해져야 자신의 의지로 생활할 수 있고 목표를 향해 도전해서 성공할 수 있으며 자신이 무엇을 해야 하는지를 정확히 알고 자신의 일상을 조절할 수 있게 된다. 멘탈이 중요한 이유는 우리 행동이 뇌로부터 출발하기 때문이다. 거대한 변화를 불러오는 목적과 높고 힘든 목표라는 세 가지 등급의 목표를 모두 아우르는 조합이 필요하다.

## 9. 멘탈코칭으로 얻을 수 있는 기대 효과

멘탈코칭은 스트레스 관리, 자아 인식, 개인 성장, 효과성 향상, 삶의 질 향상 등 다양한 면에서 고객의 발전과 성장을 돕는 기대 효과가 있다.

| | | |
|---|---|---|
| 1 | **목표 달성** | 코칭을 받으면 목표를 세우는 데 도움을 받고, 목표를 달성하기 위한 계획을 세울 수 있다. 이를 통해 개인이 갖고 있는 잠재력을 최대한 발휘하고, 더 높은 성취를 이룰 수 있다. |
| 2 | **자신감 향상** | 코치는 개인의 강점을 발견하고 이를 극대화하여 자신감을 키울 수 있도록 도와준다. 코칭을 통해 개인은 자신이 원하는 것을 달성할 수 있다는 것을 더욱 자각하게 되며, 자신에 대한 긍정적인 자세를 보유하게 된다. |
| 3 | **스트레스 관리** | 코칭을 통해 스트레스를 관리할 방법을 습득할 수 있다. 스트레스 관리에 대한 지식과 기술을 익히면, 개인은 스트레스를 더욱 잘 다룰 수 있게 된다. |
| 4 | **의사소통 능력 향상** | 코치와의 대화 과정에서 개인은 자신의 생각과 감정을 더욱 정확하게 표현할 수 있다. 의사소통 능력이 향상되면, 개인은 대인관계 개선을 위한 협상, 커뮤니케이션, 리더십 등의 기술을 향상시킨다. |
| 5 | **자기 인식 향상** | 코치는 개인의 자아개념과 태도에 대한 새로운 인식을 도입시키는 데 도움을 줄 수 있다. 개인은 성숙하게 자기자신을 인식하면서 이전에 보지 못했던 새로운 가능성을 찾아낼 수 있다. |
| 6 | **긍정적인 마인드셋 형성** | 일상적인 스트레스와 압박감으로 인해 멘탈적으로 지친 상태에서 멘탈코칭을 받으면 코치이는 자신의 생각과 감정을 더 명확하게 인식하고, 긍정적인 마인드셋을 유지할 수 있게 된다. |
| 7 | **효과성을 높인다** | 코치이는 멘탈 코칭을 통해 일상에서 발생하는 문제에 더 효과적으로 대처할 수 있으며 더 효율적으로 시간을 사용하고, 생각과 감정을 더 명확하게 인식할 수 있게 된다. |
| 8 | **삶의 질 향상** | 멘탈코칭은 코치이가 자신의 인생을 좀 더 의미있게 살 수 있도록 지원하며 코치이의 자아 인식과 자기 효능감을 촉진하여 삶의 만족도를 높일 수 있다. |

# 경력단절 여성 임원의 감정 다스림 코칭

윤순진

## 1. 문제 발생의 배경과 시작

오랜 경력단절을 딛고 입사하게 된 A팀장, 그러나 그녀는 입사 후 몇 개월 만에 퇴사 문제를 놓고 고민에 빠지게 되었다. A팀장은 결혼 후 시부모를 모시고 아이들을 돌보는 평범한 가정주부의 삶을 살고 있었다. 그러던 어느 날 예전 상사로부터 함께 일해보겠느냐는 제안을 받았다. 아이들도 어느 정도 성장했고 결혼 생활에도 권태로움을 느끼긴 하였지만 정작 출근하려고 생각하니 그동안의 경력단절에 대한 두려움과 자녀들을 돌봐야 한다는 마음이 불편함으로 다가왔다. 그러나 결혼 생활의 권태로움에서 벗어나고 싶었던 마음이 컸기에 출근을 결심했다.

출근하는 곳은 예전에 했던 일과는 전혀 다른 성격의 일들을 해야 하는 곳이었다. 전화 통화량도 많았고 방문하는 손님들을 대응하고 안내하는 일들도 많아졌다. 방문객이 오후 늦게 찾아오는 날은 퇴근 시간도 자연적으로 늦어졌다. 출근 시간은 9시 30분, 퇴근 시간은 6시로 정해져 있었지만 6시에 제대로 퇴근하는 날이 드물었다. 퇴근 시간이 늦어지다 보니 자녀들이 걱정되고, 시어머니에게 자녀들을 부탁하는 날들이 많아짐에 따라 부담감까지 생겼다.

출근을 결정하기 전의 생각과 실제 근무 환경은 차이가 있었다. 특히 출퇴근은 어린 자녀들의 등하교 문제와 맞물려 적응하기가 쉽지만은 않은 상태였다. 처음에 약속했던 출근 시간인 9시 30분은 지키기 힘들었고, 잦은 지각으로 인해 몇 차례 지적받는 일도 있었다. 지인으로 알고 지낼 때는 동생처럼 챙겨주던 상사가 예전과 같이 챙겨주지도, 인정해주지도 않는다는 오해와 서운한 마음이 들면서 계속 다녀야 하는가에 대한 고민이 늘어나기 시작하였다.

## 2. 문제 발생의 본격화와 심층화

내가 코칭을 전공하고 있는 것을 알고 있던 A팀장은 평소에 "저도 코칭 좀 해주세요, 저도 코칭 받아 보고 싶어요"라며 농담 같이 말을 했었다. "기회 되면 코칭 해 드릴게요"라며 웃으며 진담 반 농담 반 같이 지나치던 말이었다. 그러던 어느 날 A팀장은 무단결근을 하게 되었고, 이로 인해 크게 문책받았다. 자신이 잘못한 게 분명한데도 감정이 상했고, 직장을 그만둘 마음으로 3일간 더 무단결근을 했으나 상사의 배려로 출근을 계속할 수 있었다고 한다. 하지만 그 뒤로도 상황은 나아지지 않아 지각은 계속되었고, 무단결근도 한 차례 더 있었다. 상사에게 또 지적을 받자 월말에 그만두겠노라고 이야기했고, 상사는 그렇게 하라며 퇴사를 준비하라고 했다.

막상 퇴사가 결정되고 나니 A팀장은 미련이 남는다고 했다. 그 마음을 알게 된 나는 코칭을 한 번 받아보는 것이 어떠냐고 제안했고, A팀장은 본인도 답답하던 차에 너무 감사하다며 코칭에 몰입하기 시작했다. 오랜 기간 경력 단절을 경험한 그녀가 다시 퇴사 여부를 결정해야 하는 시점에서, 그녀가 가진 감정과 욕구가 무엇인지 알아볼 필요가 있었다. 체계적인 분석을 위해 감정 및 욕구카드를 사용하기로 했다.

**욕구목록(NEED)**

| | |
|---|---|
| **자율성** | 자신의 꿈, 목표, 가치를 선택할 수 있는 자유, 자신의 꿈, 목표, 가치를 이루기 위한 방법을 선택할 자유 |
| **신체적/생존** | 공기, 음식, 물, 주거, 휴식, 수면, 안전, 따뜻함, 신체적 접촉(스킨십), 성적 표현, 부드러움, 편안함, 돌봄을 받음, 보호받음, 애착 형성, 의존(생존과 안전), 자유로운 움직임(이동), 운동 |
| **사회적/정서적/상호의존** | 주는 것, 봉사, 친밀한 관계, 유대, 소통, 연결, 배려, 존중, 상호성, 공감, 이해, 수용, 지지, 협력, 도움, 감사, 인정, 승인, 사랑, 애정, 관심, 호감, 우정, 가까움, 나눔, 소속감, 공동체, 안도, 위안, 신뢰, 확신, 정서적 안 전, 자기 보호, 일관성, 안정성, 정직, 진실, 예측 가능성 |
| **놀이/재미** | 쾌락, 흥분, 즐거움, 재미, 유머 |
| **삶의 의미** | 기여, 능력, 도전, 명료함, 발견, 회복, 깨달음, 자극, 효능감, 인생 예찬(축하, 애도), 기념, 중요성, 참여, 희망, 주관을 가짐(자신만의 견해나 사상) |
| **진실성** | 진실, 성실성, 존재감, 일치, 개성, 자기 존중, 비전, 꿈 |
| **아름다움/평화** | 아름다움, 평탄함, 홀가분함, 여유, 평등, 조화, 질서, 평화, 영적 교감, 영성 |
| **자기 구현** | 성취, 배움, 생산, 성장, 창조성, 치유, 숙달, 전문성, 목표, 가르침, 자각, 자기표현 |

출처: 한국NVC센터 욕구 목록 재구성

**감정목록(FEELING)**

| 욕구가 충족되었을 때 | |
|---|---|
| 감동받은 | 뭉클한, 감격스러운, 벅찬, 환희에 찬, 황홀한, 충만한 |
| 고마운 | 감사한 |
| 즐거운 | 유쾌한, 통쾌한, 흔쾌한, 기쁜, 행복한, 반가운 |
| 따뜻한 | 감미로운, 포근한, 푸근한, 사랑하는, 정을 느끼는, 친근한, 훈훈한, 정겨운 |
| 뿌듯한 | 산뜻한, 만족스러운, 상쾌한, 흡족한, 개운한, 후련한, 든든한, 흐뭇한, 홀가분한 |
| 편안한 | 느긋한, 담담한, 친밀한, 친근한, 긴장이 풀리는, 안심되는, 차분한, 가벼운 |
| 평화로운 | 누그러지는, 고요한, 여유로운, 진정되는, 잠잠해진, 평온한 |
| 흥미로운 | 매혹된, 재미있는, 끌리는 |
| 활기찬 | 짜릿한, 신나는, 용기 나는, 기력이 넘치는, 기운이 나는, 당당한, 살아있는, 생기가 도는, 원기가 왕성한, 자신감 있는, 힘이 솟는 |
| 흥분된 | 두근거리는, 기대에 부푼, 들뜬, 희망에 찬 |
| **욕구가 충족되지 않았을 때** | |
| 걱정되는 | 까마득한, 암담한, 염려되는, 근심하는, 신경 쓰이는, 뒤숭숭한 |
| 무서운 | 섬뜩한, 오싹한, 주눅든, 겁나는, 두려운, 간담이 서늘해지는, 진땀나는 |
| 불안한 | 조바심 나는, 긴장한, 떨리는, 안절부절못한, 조마조마한, 초조한 |
| 불편한 | 거북한, 겸연쩍은, 곤혹스러운, 떨떠름한, 언짢은, 괴로운, 난처한, 멋쩍은, 쑥스러운, 답답한, 갑갑한, 서먹한, 숨 막히는, 어색한, 찝찝한 |
| 슬픈 | 가슴이 찢어지는, 구슬픈, 그리운, 눈물겨운, 목이 메는, 서글픈, 서러운, 쓰라린, 애끓는, 울적한, 참담한, 처참한, 안타까운, 한스러운, 마음이 아픈, 비참한, 처연한 |
| 서운한 | 김빠진, 애석한, 냉담한, 섭섭한, 야속한, 낙담한 |
| 외로운 | 고독한, 공허한, 적적한, 허전한, 허탈한, 막막한, 쓸쓸한, 허한 |
| 우울한 | 무력한, 무기력한, 침울한, 꿀꿀 한 |
| 피곤한 | 고단한, 노곤한, 따분한, 맥 빠진, 맥 풀린, 지긋지긋한, 귀찮은, 무감각한, 지겨운, 지루한, 지친, 절망스러운, 좌절한, 힘든, 무료한, 성가신, 심심한 |
| 혐오스런 | 밥맛 떨어지는, 질린, 정떨어지는 |
| 혼란스러운 | 멍한, 창피한, 놀란, 민망한, 당혹스러운, 무안한, 부끄러운 |
| 화가 나는 | 끓어오르는, 속상한, 약 오르는, 분한, 울화가 치미는, 핏대서는, 격노한, 분개한, 억울한, 치밀어 오르는 |

출처: 한국NVC센터 욕구 목록 재구성

## 4. 감정 욕구 조사 결과

조사 결과, 감정은 욕구가 충족되지 않았을 때 나타나는 단어들이 대부분이었다. 출근 시간이 늦을 때면 “불안하고”, “조바심 나는” 경우가 많았으며, 늦게 사무실에 도착해서는 스스로 “거북하고”, “불편한” 일이 잦았다. 근무 도중 ‘엄마 언제 오냐’며 묻는 아이들의 전화를 받을 때는 아이들이 “신경 쓰이고”, “염려되는” 경우가 많았다. 방문객들과 상사의 즐거운 대화에는 왠지 모르게 “서운함”, “섭섭함”과 함께 “속상하고”, 한편으로는 그런 자신과 상황에 “화가 나고”, “우울한” 일들이 잦아졌다.

욕구에서는 존재와 인정과 관계되는 단어들이 체크 되었다. 자신의 “꿈”과 “목표”, 그리고 “능력”과 “인정”, “존재감” 등에 대한 열망과 자신감들이 상대적으로 강했다. 본인이 기대하던 직장생활의 모습과의 괴리에 대한 갈등과 함께 초심으로 돌아갔으면 좋겠다는 간절함도 병존해 있었다. 한 마디로 그녀는 불편한 마음이라고 했다. 이전의 일경험에서는 느끼지 못했던 불안함과 조급함, 위축감과 화, 서운함이 자주 올라온다고 했다.

그녀에게 이번 회사에는 어떤 마음으로 입사했는지 물어보았다. A 팀장은 지인이었던 상사를 존경하는 마음이 있었고 자신의 커리어도 다시 찾고 싶은 마음이었다고 했다. 상사를 존경하는 마음은 여전하지만 왠지 서운하고 화가 난다고 했다. 기대했던 마음이 충족되지 않아서 그런 것 같다고 했다. 기대했던 부분이 무엇이었는지 물었다.

"예전에는 저를 동생처럼 예뻐하고 챙겨주었는데 같이 근무하다 보니 일을 지시하시는 것 같고, 방문하는 여성회원들과 차별을 두는 것 같아서 수치심도 느껴지고 기분이 나쁠 때가 많았어요. 특별한 계기가 있었던 건 아니지만 그냥 뭔가 모르게 나 자신이 못나 보이고 초라하게 느껴졌어요."

### 생활실태 궤도 탐색

코치이의 현재 감정 상태를 알기 위해서는 코치이가 생각하는 주요 가치와 주변 환경에 대한 점검과 분석이 필요했다. 로라 휘트워스는 〈라이프코칭 가이드〉에서 '생활 궤도 모델'을 제시하면서, 삶과 직업 속에서 여덟 가지 영역 즉 경력, 돈, 건강, 가족과 친구, 물리적 환경, 오락과 휴식, 개인적 성장, 다른 중요한 부분들/로맨스 등 여덟 가지 영역에 우선순위를 명기하도록 하였다.

각 우선순위 항목에 대한 만족도와 관련하여, 궤도의 중심을 0으로 하고 가장자리로 갈수록 10으로 구분하여 점수를 매길 것을 제시한 것이다. 그런 다음, 점수에 해당하는 만큼 직선이나 곡선으로 선을 그릴 경우 새로운 외곽선이 나오게 된다.

이러한 외곽선은 인생 각 생활 분야에 대한 균형을 의미하며, 조사대상자의 실질적인 생활궤도를 상징한다. 각 분야별로 차이가 클수록 외곽선은 원 모양의 바퀴 모양과 달리 굴곡이 심한 생활실태 궤도로 나타나게 된다.

**생활궤도 모델**

출처: 로라 휘트워스 외 지음, 박현준 옮김, 〈라이프코칭 가이드〉 정진우 감수·재구성

A팀장의 입사 후 생활 패턴 및 삶의 중심, 가치에 어떠한 변화가 일어났는지 알아보기 위해 생활실태 궤도를 탐색했다. 조사 결과, A팀장은 가족과 친구가 10, 건강이 9를 나타냈고 경력 5, 돈 4, 개인 성장 4 정도의 생활 궤도가 나타났다. 삶의 중심이 가족이나 건강 등 개인 부문에 많이 치우쳐 있었다. 상대적으로 사회생활에 필요한 개인 성장이나 경력 등은 불균형을 이루는 양상을 나타냈다.

A팀장은 가족이나 건강 등이 중심이었던 생활패턴과 마인드가 새로운 직장생활이라는 새로운 사이클에 직면하면서, 즉 오랜 경력단절에서 새로운 경력과정에 진입하면서 생활의 패턴은 바꾸지 않은 것에 따른 불균형을 경험하게 된 것이었다. 가정생활에서 벗어나 사회생활에 새롭게 자리 잡는 과정에서 마인드(mind)와 라이프 사이클(life cycle) 적응 부분 등에 상대적 불균형을 이룸으로써, 불안정한 생활실태 궤도를 나타내게 된 것이다. 오랜 경력단절에 대한 충분한 인지 없이 직장생활을 새롭게 시작하면서 문제들과 갈등들이 발생한 것으로

보였다. 즉 새로운 사회생활과 직장생활을 대함에 있어 과거와 기존의 마인드와 생활실태에서 벗어나지 못해 발생하는 문제점들을, 자신보다는 타인과 사회에 대한 야속함과 불만, 자존감의 문제로 판단하는 오류를 범하게 된 것이다.

### 생활실태 궤도 결과와 코칭 목표 전환

"가족을 많이 챙기기는 하지만 이 정도로 생각이 치우쳐 있을 줄 미처 몰랐어요."

생활실태 궤도 결과에 대한 A팀장의 첫 번째 일성이었다. 두 딸을 훌륭하게 키우고 있는 것에 대해 칭찬과 인정을 해주면서, 직장생활에서 원하는 것이 무엇이냐고 물었다. A팀장은 상사가 다정하게 이야기하고 화를 내지 않으면 만족할 것 같다고 했다.

코칭 프로세스에서 많은 코치와 코치이가 경험하는 오류 중 놓치기 쉬운 것이 하나 있는데, 바로 세션 목표를 개선하기 위해 코치이가 어떤 노력을 해왔는지를 탐색하는 과정에서 오히려 코치이들의 자기방어를 위한 변명을 유도하는 역효과를 초래할 경우가 많다는 것이다. 자기지각(Self perception) 이론에 의하면, 불만을 호소하면 할수록 불만이 사실이라는 자기확신을 갖게 되는 경우가 많다. 코칭은 코치이의 불만에 공감은 하되 무조건적으로 지지만 하는 것이 아니라 코치이가 스스로 다양한 관점에서 문제를 해석하고 해결 방법을 찾게 함으로써 행복과 성장 추구 욕구를 충족할 수 있도록 도와주어야 한다.

대부분의 코치이들은 코치이 자신의 변화보다는 갈등관계에 있는 제3자의 변화를 코칭 이슈화하려는 경우가 많다. 제3자의 변화는 코치이에게 매우 중요한 대상의 변화라는 이슈일 수 있지만 코칭에 참여하지 않는 사람을 코칭 관계 내에서 변화시킨다는 것은 본질적 문제에 접근한다기보다는 오히려 모든 문제를 제3자 책임으로 전가시키는 오류를 범할 수 있다는 점에서 적절하지 않다. 따라서 제3자의 변화 욕구와 관련한 이슈에 대해 코치는 공감과 존중을 표현하되, 그것을 코칭 목표로 삼아서는 안 된다. 코치이 자신이 노력하여 해결할 수 있는 이슈를 목표로 설정해야 한다. 즉 제3자에 대한 목표를 코치이의 목표로 전환시키기 위한 과정이 필요하다는 것이다. 이번 코칭에서 처음에 제시되었던 코치이의 욕구인 '상사가 다정하게 이야기하면 좋겠다'는 코치이의 바람은 위에서 설명한 이유로 해당 코칭 상황에서는 다룰 수 없는 이슈이다. 상사가 이 코칭에 참여할 수 없기 때문이다. 따라서 제3자인 상사 중심의 이슈를 당사자인 코치이 중심의 이슈로 전환하는 과정이 필요하다. 따라서 나는 A팀장에게 언제부터 상사의 행동에 변화가 있었는지에 대해 질문했다. 그녀는 자기가 잦은 지각과 결근을 하기 시작하면서부터라고 말했다. 나는 다시 질문했다.

"지금의 갈등 상황을 바꿀 수 있다면 팀장님은 우선 무엇부터 어떻게 해야 할까요?"

그녀는 상사가 싫어하는 행동을 하지 않는 것, 즉 제시간에 출근하는 것과 말대꾸를 하지 않는 것을 이야기하면서 뜻밖의 이야기를 들려줬다.

"여성회원들에게는 질투가 났어요. 제가 생각과 행동을 프로답게 해야 할 것 같아요."

자신의 상황에서 자기의 감정에만 집중했던 그녀는 코칭을 통해 자신을 둘러싼 상황에 대해 자신뿐 아니라 상대방의 입장과 관점에서 재해석할 수 있게 되었다. 자신의 욕구와 감정을 체계적으로 분석해보고, 자신의 상황을 객관적으로 탐색하는 과정이 그녀의 관점을 전환할 수 있도록 도와주었다. 물론 이러한 변화와 전환이 결코 쉬운 일은 아니다. 자신에게 어떤 변화가 필요한지 모르거나, 알지만 방법을 모르거나, 변화의 필요성도 알고 방법도 알지만 행동으로 실천하는 데 현실적 어려움에 봉착하는 경우가 많다. 그러나, 코칭은 이러한 변화를 돕는 행위이다. 코치이에게 어떤 변화가 필요하며 그 방법은 무엇인지, 그리고 실천할 수 있는 여건을 만들어 나갈 수 있도록 도와주는 것이다.

## 5. 코칭과 자기효능감(self efficacy)

프로답게 행동해야겠다는 그녀에게 프로다운 생각과 행동을 하기 위해 필요한 것이 무엇인지 물었을 때 그녀는 자신의 마음 자세가 준비될 필요가 있다고 대답했다. 나는 다시 질문했다.

"마음 자세가 준비되어 프로다운 행동을 할 수 있게 된다면 어떤 변화가 일어날까요?"

그녀는 '나다움'을 느낄 수 있을 것 같다고 이야기했다. '나다움'이라는 표현은 A팀장 자신의 강점에 대해 스스로 자부심을 가진다는 것을 의미했다. 미국의 심리학자 반두라(Bandura)는 자기효능감(Self-efficacy)을 극대화하기 위한 방법으로 긍정적인 자아상 구축을 제시한 바 있다. 자아상이란 자신의 존재와 능력 등에 대한 자신의 주관적인 평가이다. 스스로가 어떤 자아상을 가지고 있느냐는 코칭에 많은 영향을 미친다. A팀장이 말하는 '프로답다'는 말의 의미와 '나다움'은 맥락을 같이 하는 말이었다. A팀장의 자신감과 자존감을 다시 이끌어냄으로써 스스로 동기부여 할 수 있도록 코칭을 이어 나갔다.

그녀에게 '나다움'이 어떤 의미인지 물었다. A팀장은 자신이 여러 개의 자격증을 보유하고 있으며 손이 빨라 문서 정리도 잘한다고 했다. 또 성격이 밝고 호탕하여 사람들과의 유대관계도 좋은 편이며 일처리가 똑 부러진다는 소리도 자주 듣는다고 했다. 여러 개의 자격증을 취득한 열정과 원만한 대인관계 등을 고려할 때 현재 근무하는 일과 적성이 맞는 것 같다고 하자 그녀도 그렇다고 했다. 또 일처리가 빠른 것에 대해 상사에게 칭찬도 들었고 그럴 때면 하늘을 날아가는 느낌이었다고 했다.

코칭은 코치이가 원하고 있는 욕구와 감정에 대한 분석을 바탕으로, 스스로 자기효능감을 회복하고 보다 적극적이고 긍정적으로 업무에 임할 수 있도록 도와주어야 한다. A팀장에게 현 갈등 상황에 대한 해결 방법을 물었다. 그녀는 갈등의 시작이 지각과 결근이었기 때문에 당장 내일부터 정시에 출근할 것이라고 답했다. 그렇게 되면 속이 편안해질 것 같다면서 지금까지 행동했던 것들이 옳다고는 생각하지 않는다고 했다. 일련의 일들이 그동안 자신이 기본적인 규칙을 어긴 데서 비롯된 것이기 때문이라고 스스로 평가했다.

생활실태 궤도조사에서 A팀장이 가장 중요한 가치로 생각했던 아이들 문제에 대해 물었다. A팀장은 아이들도 어느 정도 성장했는데 그동안 너무 아기처럼만 생각해온 것 같다면서, 시어머니와 남편, 그리고 아이들의 협조를 얻어 가족 모두의 발전 문제로 승화시켜 나가겠다고 했다. A팀장은 또 여성회원들을 경쟁자로 생각하던 마음을 바꿔서 직장의 팀장으로서 그들을 상대해야겠다고 했다. 그러기 위해서는 팀장으로서의 역량 강화를 위한 프로그램 교육이나 자기 계발을 위한 교육을 찾아봐야겠다고 했다. 평소에 관심이 많았던 국제관계에 대해서도 배워보고 싶었다고 했다. 도움이 될 만한 사람이 있느냐고 묻자, 상사가 알면 적극적으로 도와줄 것으로 기대하면서 당장 다음 주부터 교육 프로그램 찾아보겠다고 했다. 교육 후 더 발전되고 프로다운 모습을 기대해 보겠다는 코치의 말에 그녀는 답했다.

"포기하고 싶었는데 힘을 주셔서 감사합니다."

## 6. 코칭의 결실과 코치이의 비전

어린 아이들에 대한 부모로서 책임감과 그로 인한 스트레스, 잦은 지각에 따른 상사의 문책과 조직 내에서의 불안함, 여성회원들에 대한 상대적 박탈감 등으로 상사에게 서운함과 화를 느끼고 직장을 그만 두고 싶다는 마음에서 코칭을 시작했다. 그러나 코칭이 지속되면서 사실 타인에게 화가 난 것이 아니라 자신에게 화가 나 있었던 것을 발견했다. 지각이나 실수 등으로 인한 문책 때문에 우울함을 느끼게 되는 상황 대신에 상사로부터 칭찬을 듣고 싶은 마음의 욕구가 있다는 것도 발견됐다. 자신은 우울한 상황에서 즐겁게 이야기를 나누는 상사와 여성회원들을 보면서 알 수 없는 서운함이 있었고, 이는 오랜 경력 단절로 인한 자존감 상실이 원인이었다는 것도 알게 되었다. 한편 자신에게 많은 능력이 있음을 확인한 과정이기도 했다.

A팀장은 자신의 잘못된 행동과 생각이 상사의 마음을 오해하게 했고, 이에 따라 직장에서의 갈등을 일으킨 것 같다고 하면서 원인을 찾았으니 노력해보고 싶은 마음이 있다고 했다. 지금 이 마음이 변하지 않고 잘해 낼 수 있도록 본인에게 한마디 해보라고 했다.

> "집에서 살림만 하다가 출근하려니 몸도 힘들고 아이들도 눈에 밟히고 많이 혼란스러웠지? 이젠 괜찮아. 너는 살림이면 살림, 일이면 일, 뭐든 똑 부러지게 하는 사람이잖아. 잘 해낼 수 있어 파이팅!!!"

변화하고 발전된 자아상 확립을 위해서는 변화가 필요한 영역들에 대한 구체적인 목표설정과 단계적 계획이 필요하다. 기존의 관점에서 벗어나 새로운 관점에서의 깨달음과 행동이 이어져야 한다. 변화를 위해 무엇부터 시작해야 하며 무엇부터 고쳐나가고 발전시켜 나가야 하는지에 대한 새로운 통찰력과 노력들이 필요하다. A팀장은 자신이 어떤 마음으로 출근하면서 일했는지 알게 되었고, 앞으로 오랜 경력단절을 딛고 일어선 여성 임원으로서 갖추어야 할 비전을 만들어 가고자 노력하겠다고 웃음을 지으며 약속했다.

## 7. 코칭 후의 성찰: 티칭(Teaching)과 코칭(Coaching)

일방적 티칭보다는 소통과 교감의 쌍방향 커뮤니케이션인 코칭에 대한 보람과 사명감을 느낀 소중한 경험이었다. 티칭이 단순 지식 전달이라면, 코칭은 코치이를 목적지까지 갈 수 있도록 해답을 찾도록 돕는 것이다. 일반 직원이었을 때와 임원이 되었을 때의 차이는 크다. 일반 직원이었을 때와는 달리 아래로는 이전의 자신과 같은 위치에 있는 부하직원을 포용할 수 있어야 하고 옆으로는 같은 임원, 그리고 위로는 상사의 입장까지 신경 써야 한다. '경력단절 여성 임원'이라는 특수성을 가진 코치이에 대한 이번 코칭 과정에서 코치역량의 중요성에 대해 실감할 수 있었다.

바야흐로 티칭이 아니라 코칭의 시대다. 평생 배워야 하는 시대이다. 정보량이 제한적이었던 과거와 달리 정보량이 시시각각 진화하는 시대이다. 제한적 정보량을 티칭하는 시대는 지났다. 스스로 습득하고 터득할 수 있도록 코칭 해야 하는 시대이다. 시대의 변화와 함께 코칭 역시 점진적 변화의 과정이기도 하다. 목표를 향한 실행 노력과 환경적 여건에 따라 변화의 성취도도 달라질 수밖에 없다. 그러나 스스로 동기부여하게 하고 목표 달성을 향한 지속적인 실행 노력을 할 수 있도록 돕는 코칭은 더욱 나노(nano)화 되고 과학화되어야 한다. 이번 '경력단절 여성 임원'의 경우처럼 급속히 변화하는 시대에 따른 상대적 박탈감과 불안 등을 스스로 극복하고, 동기부여 등을 통해 '마음의 근육' 을 단련시켜 워크-라이프 밸런스(Work-Life Balance)에 더욱 성숙된 자아상과 자기효능감을 이끌어낼 수 있는 진화된 코칭이 필요하다.

# 창업 및 리더십 코칭

# 04

- 코칭을 통해 새로운 도약을 이루다!
- 2040 팀원들의 개인리더십 향상 및 팀 성과향상

# 코칭을 통해 새로운 도약을 이루다!

이명진

## 1. 코칭 의뢰를 받다

한 학원에서 강사로 일하고 있던 30대 후반의 후배가 어느 날 창업을 하고 싶다며 코칭을 의뢰했다. 유능한 강사로 인정받으며 잘 다니고 있었기 때문에 굳이 창업까지 할 필요는 없었지만, 그는 강사 및 학생, 학부모들과의 좋은 신뢰를 바탕으로 학생들이 꿈을 이루며 멋진 인생을 펼쳐갈 수 있도록 잘 도와주는 책임 있는 학원, 신뢰를 받는 품격 높은 학원 경영에 대한 비전을 가지고 있었기 때문에 깊은 고민 끝에 학원을 창업하기로 결정했다.

그는 현재 강사로서의 좋은 경력을 가지고 있었고, 학원 시장과 학원 창업에 대해 어느 정도 이해도 하고 있었으나, 더 체계적인 준비 과정이 필요하다고 했다. 자신이 창업할 학원이 경쟁력 있는 학원, 올바른 비전을 가진 학원, 강사들과 탁월한 협업을 이룰 수 있는 학원, 학생 및 학부모들의 만족도가 높은 학원이 되면 좋겠는 마음이 있었기 때문이었다.

코칭의 전체적인 방향과 코칭 일정에 대해 사전에 협의하여 계획했고, 컨설팅과 자문을 포함한 창업코칭을 2주에 1회씩 진행하기로 했다. 첫 코칭에서 그는 코칭에 대해 열려 있고, 호의적이고, 적극적인 마음을 표현했다. 대부분의 코칭에서 시작 전에 진행하는 환영 패키지는 필요하지 않았다. 평소에 좋은 신뢰를 바탕으로 서로에 대한 이해가 잘 형성되어 있었기 때문이었다. 이 코칭은 학원 창업을 목적으로 한 준비코칭을 시작으로 경영전략, 마케팅 및 홍보, 직원과의 갈등 문제, 직원 매니지먼트, 고객 개척 전략, 고객 상담 및 고객 관리 등 전반적인 학원 운영에 대한 이슈와 삶에 대한 이슈까지 이어져 총 8년이 넘는 시간 동안 이어졌다.

## 2. 코칭 여행을 떠나다

2주에 한 번씩 코칭할 때마다 코치로서도 코치이에게 어떤 변화와 성장이 있게 될지 기대할 정도로 코치이는 성장하고자 하는 의욕이 높았고, 열정적으로 코칭에 임했다. 첫 코칭세션에서 '학원창업과 관련해서 어떤 비전을 가져야 할지, 어떤 역량과 자질을 갖춰야 하는가?'를 주제로 정하고 즐거운 코칭 여행을 함께 떠났다. 이 주제가 코치이에게 어떤 점에서 중요하고, 어떤 의미인지 질문했는데, 그는 지금까지 학원을 몇 번 이직하면서 여러 번 면접을 보았는데, 학원 원장이 학원에 대해 비전을 가지고 있느냐 없느냐에 따라 느낌이 달랐다고 했다. 원장이 비전을 가지고 있는 학원인 경우에는 학원 경영과 관련해서 매력적으로 느껴지는 부분도 많고, 합류해서 함께 하고 싶은 마음이 들었다. 하지만, 원장이 비전을 가지고 있지 않은 학원인 경우에는 방향성도 없고, 매력적이지도 않으며, 가고 싶은 마음이 들지 않았다고 했다. 그래서 만약 자신이 학원을 설립할 경우, 원장으로서 명확한 비전을 가져야겠다는 생각을 했다고 한다. 그래야 강사를 채용할 때도 강사들에게 효과적으로 어필할 수 있고, 강사들과 함께 비전을 공유해서 함께 보다 좋은 학원을 만들어 갈 수 있을 것으로 생각했기 때문이다.

그에게 20~30년 후의 성공한 학원 경영인으로 성장한 자신의 모습을 상상해보라고 요청했다. 코치이는 기본적으로 학원 규모에는 크게 관심을 갖고 있지 않았다. 원장, 강사가 좋은 팀워크를 발휘해서 학생들을 소중하게 여기며 기쁨으로 가르치는 학원, 학생들의 실력 향상뿐만 아니라 그들의 미래 비전에도 관심을 갖는 학원, 서로를 격려하며 힘이 되는 학원, 진정성을 가지고 최선을 다해 가르치며 돕는 학원에 대한 비전을 갖고 있었다. 물론 입시 위주의 한국의 현실, 경쟁이 치열한 학원계의 여건, 성적 향상에 예민하게 신경 쓰는 학원 이용자들의 상황 등으로 인해 이런 비전을 실제로 구현하기에 어렵다는 것도 안다고 했다. 그래서 기본적으로는 학생들의 성적을 향상시키는 것에 최선을 다하겠지만, 비단 성적 향상만을 목적으로 두지 않겠다는 것이었다. 즉 학생들과 함께 인생에 대해 진지하게 고민하고, 아이들의 이야기를 들어주며 도움을 주고, 더 나아가 학생들의 인생의 여정을 함께 걸으며 각자의 삶에서 자신의 비전과 삶의 가치를 발견할 수 있도록 도와주고 싶다고 했다.

코치이가 기본적으로 본인이 추구하고 싶은 학원 경영 비전에 대해 언급했기 때문에 앞으로 이와 같은 비전을 효과적으로 잘 구현해 나가려면 어떤 역량과 자질을 바탕으로 어떻게 해 나가면 좋은지 파악할 필요가 있었다. 이를 위해 존경하는 사람들이 누구인지, 무엇이 그들을 존경하게 만들었는지 질문했다.

"저는 마틴 로이드 존스 목사님과 유진 피터슨 목사님을 존경해요. 로이드 존스 목사님은 다른 사람들이 반대하더라도 옳다고 생각되는 것에 대해 소신을 갖고 끝까지 포기하지 않고 나아가는 부분을 닮고 싶고, 유진 피터슨 목사님은 함께 가는 부분을 닮고 싶어요. 유진 피터슨 목사님의 이야기를 듣다 보면 어느 순간 자연스럽게 그분에게 빨려 들어가고 영향을 받게 되는데, 그런 부분을 닮고 싶어요. 학원을 경영하다 보면 힘든 부분들이 있을 것이고, 장애물들이 있겠지만, 상황에 흔들리지 않고 올바른 비전을 향해 나갈 수 있는 힘과 마음이 중요하다고 생각해요. 그리고 학원 경영은 혼자 하는 것이 아니라 강사들과 함께 가야 하기 때문에 함께 비전을 나누고, 소통 및 공유하며 함께 일하면서 강사들이 자연스럽게 저의 비전에 동화되고, 강사들은 저를 통해, 저는 강사들을 통해 함께 성장할 수 있으면 좋겠어요."

나는 코치로서 코치이가 자신의 비전을 지금 바로 실제로 구현되고 있음을 바라보고 온 몸으로 느낄 수 있게 해주고 싶었다. 그래서 NLP 기법을 응용해보기로 했다. NLP 기법은 첫째, 미래, 현재, 과거의 장소를 정하고, 코치이와 함께 미래의 장소로 가서 실제로 미래에 비전이 이루어진 모습을 보고, 미래 비전과 관련해서 타이틀을 정한다. 둘째, 현재의 장소로 와서 현재의 장소에서 미래를 보며 미래의 비전을 위해 현재 무엇을 하고 있는지 인식한다. 셋째, 과거의 장소로 가서 과거의 성공경험, 좋은 경험을 비롯한 협력자(선배, 후배, 동료, 부하직원, 상사, 친구, 교수, 선생님, 기타 힘이 되어준 사람, 실패를 통해 얻은 교훈, 자신감, 혹은 기타 여러 다양한 자원들)들 중 어떤 협력자들이 현재를 보다 활력 넘치게 하고 미래를 향해 힘차게 나가게 하는지, 세 가지 정도를 찾아보게 한다. 넷째, 이를 위해 필요한 역량을 갖춰나가는 데 장애물이 있는지, 만약 장애물이 있다면 어떻게 해야 하는지, 어떤 역량과 자질로 극복해 나갈 수 있는지 생각한다. 다섯째, 다시 미래의 장소로 가서 기분이 어떤지, 미래가 현실에서 어떻게 느껴지는지 질문하며 현재 차원에서 미래 비전을 충분히 느낄 수 있게 한다.

아래는 NLP 기법과 관련하여 실제로 코치이에게 사용했던 질문이다.

| | |
|---|---|
| **미래** | 1. 여기는 미래입니다. 앞에서 말씀하신 것처럼 학원 내에 커뮤니티가 잘 형성되어 있고, 대화가 잘 되고 있고, 팀워크가 잘 이루어져 있어서 강사들이 힘이 나고, 즐겁고 기쁜 마음으로 학생들을 가르치며 성담하고 있는 미래의 장소입니다. 미래의 모습이 보입니까? 몸으로 한 번 표현을 해 보시겠어요? 어떤 모습이 보입니까? 보이는 모습을 말씀해주시겠어요?<br>2. 미래 비전에 타이틀을 정한다면 어떻게 하고 싶은가요?<br>3. 지금 미래에 왔어요. 기분이 어떠세요?<br>4. 미래에 와서 멋진 미래를 살아가고 있는 모습을 보고 있는데, 그 미래가 어떻게 느껴지세요?<br>5. 미래가 현실로 다가온 것 같은가요? 아니면, 어떻게 느껴지세요? |
| **현재** | 1. 잠시 현재의 장소로 이동해볼까요? 이곳은 현재입니다. 현재에서 미래를 보고 있어요. 즐겁게 일하며 성장하는 곳인 미래를 보고 있어요. 미래를 보며 현재 무엇을 하고 있습니까?<br>2. 미래를 향해 달려가고 있으시군요. 어떻게 달려가고 있는 것 같습니까? |
| **과거** | 1. 잠시 과거로 이동해볼까요? 여기는 과거입니다. 과거의 어떤 성공경험, 좋은 경험을 비롯해 어떤 협력자(선배, 후배, 동료, 부하직원, 상사, 친구, 교수, 선생님, 기타 힘이 되어준 사람, 실패를 통해 얻은 어떤 교훈, 자신감, 혹은 기타 여러 다양한 자원들 등)가 현재를 보다 활력 넘치게 하고, 미래를 향해 힘차게 나아가게 하는지, 세 가지만 말씀하신다면 무엇일까요?<br>2. 이 세 가지를 가지고 미래의 비전을 향해 나아가고, 필요한 역량을 갖춰나가 |

| | |
|---|---|
| | 는데 어떤 장애물이 있을까요?<br>3. (장애물이 될 만한 실제적인 물건을 코치이 앞에 갖다 놓는다)<br>이것이 장애물입니다. 어떻게 느껴지세요?<br>4. 어떻게 이 장애물을 치울 수 있을까요? 방금 이야기를 나누었던 협력자들이 장애물을 치우는 데 도움이 될까요? 어떤 것들이 도움이 될까요?<br>5. 현재 원장이 거의 헤어질 관계도 되돌일 수 있는 능력이 있으시다고 했는데, 어떤 특별한 점이 그렇게 할 수 있는 것 같습니까?<br>6. 코치이님만의 노하우가 있다면 어떤 것들일까요?<br>7. 학생들이 떠나지 않게 하면서 동시에 동기부여를 잘 해서 공부도 열심히 하고 성적도 향상되게 할 수 있게 하는 것들이 있다면 무엇일까요?<br>8. 좋은 접근인 것 같습니다. 그런데 학원 내에 그렇게 이야기 할 수 있는 시스템이나 방식이 만들어져야 할 것 같은 생각이 드는데, 어떻게 생각하세요?<br>9. 만약 상담 관련해서 강사들이 노하우를 습득할 수 있도록 전수 및 교육을 시켜주고, 적절한 인센티브도 준다면 어떨까요?<br>10. 이외에 또 다른 장애물이 있을까요?<br>11. 그럼 이제 미래를 향해 나아갈 수 있겠네요? |

이런 질문의 과정 속에서 현재를 보다 활력 넘치게 하며 의미 있는 미래로 나아가게 하는 자원 즉 끈기, 사람들과 대화를 나누며 좋은 영향을 끼치려고 노력하는 것을 발견했다. 그리고 대화를 통해 의견을 좁혀가며 의견을 일치 및 조화를 이루어 나가는 것, 뛰어난 동기부여 능력과 같은 자질도 발견할 수 있었다. 나는 다양한 강점과 자원을 발견한 그에게 질문했다.

"만약 이러한 강점과 자원들을 계속 강화해 나간다면 어떻게 될까요?"

코치이는 창업 이후 명확한 비전을 갖고 성공적이고 멋있게 학원 경영을 해나가고 있는 원장으로서의 자기의 모습이 더욱 선명하게 그려진다고 말했다. 주저 없이 대답하는 그에게서 자신감과 힘이 느껴졌다.

이렇게 미래, 현재, 과거로 넘나드는 코칭을 통해 코치이는 미래의 비전이 상당히 현실로 가깝게 다가왔고, 실질적으로 이루어진 듯한 느낌이 든다고 했다. 예전에는 학원 창업이 막연하게 느껴졌다면, 코칭을 지속하면서는 구체적으로 어떤 것이 필요하고, 현실적인 문제들은 무엇이며 그것들을 어떻게 극복해 나가야 하는지에 대한 궁금증이 해소되고 구체화되었다고 했다. 첫 번째 코칭을 마무리하며 그는 다음과 같은 소감을 들려줬다.

"학원창업 및 경영 관련 비전을 구체적으로 정리할 수 있어서 좋았어요. 뿐만 아니라 학원 창업이나 경영과 관련해서 제가 가지고 있는 역량과 자질이 무엇인지 발견할 수 있어서 자신감이 생겼어요. 동기부여능력, 소통능력, 흔들리지 않고 끝까지 하며 나아가는 것, 비전을 함께 나누고 공유하며 함께 협력하는 능력들은 꼭 기억하고 싶습니다."

## 3. 코칭 여정에서 만난 예상치 못한 어려움

만족스러운 첫 코칭 세션 이후, 이어진 코칭 세션에서도 코칭에 대한 만족도는 높았고, 코치이는 계속 의미 있는 진보와 성장을 이루고 있었다. 코칭을 통해 세웠던 실제적이고 구체적인 실행 계획들이 의미있기도 했지만, 코치이의 실행 능력이 탁월했기 때문에 가능했다.

그럼에도 불구하고 코치이의 발목을 잡고 있는 한 가지가 있었다. 바로 결혼 문제였다. 이것은 그에게 부담이 되어 다른 영역에서도 더

전진하지 못하게 하는 장애물로 작용하고 있었다. 그는 점점 나이를 먹고 있는 상황에서 생각만큼 결혼이 쉽지 않아 마음고생을 하고 있었다. 이것이 코칭하는 내내 강한 걸림돌로 작용하며 자신 있게 미래를 향해 나아가지 못하게 하고 있다는 사실을 발견했다. 코치이는 결혼해서 아름다운 가정을 이루어 나가는 삶을 매우 중요하게 생각하고 있었고, 이를 위해 소개팅을 하는 등 다양한 노력을 하고 있었다. 그러나 평소에는 소통을 잘하는 그가 데이트에서는 소통 능력을 발휘하지 못하고 있는 것 같다고 했다. 코치이의 요청에 의해 코칭 이슈로 결혼과 이를 위한 커뮤니케이션 방법을 다뤄보기로 했다.

평소에는 커뮤니케이션도 잘하고, 성격과 마인드 및 태도도 좋고, 매너도 좋고, 유머감각도 있는 사람인데, 이상하게도 본인이 좋아하면 상대방이 싫어하고, 상대방이 좋아하면 본인이 싫어하는 악순환이 계속되었다. 어떻게 해야 이 악순환의 고리를 끊고 결혼에 성공해서 아름다운 가정을 이룰 수 있을지 고민이라고 했다. 그래서 최근에 했던 여러 데이트를 함께 살펴보면서 어떤 부분을 개선, 변화, 보완할 수 있을지 이야기 나눴다. 향후 마음에 드는 사람을 만났을 때 성공적으로 데이트를 할 수 있는 방법, 상대를 대하는 마음과 태도, 대화를 풀어가는 방식, 적절한 대화의 내용이나 행동 등에 대해 이야기했다.

몇 차례 결혼과 관련한 코칭을 통해 어렵다고 생각했던 결혼이 구체적인 결실로 눈앞에 다가왔다. 다음은 결혼코칭에서 했던 질문들 일부이다.

**결혼코칭 질문 예**

1. 결혼과 배우자에 대해 어떤 생각을 가지고 있는지요?
2. 앞으로 이루게 될 가정에 대해 구체적으로 어떻게 그리고 있는지요?
3. 주변에 많은 분들이 소개를 해 주셔서 만나고 있으시다고 하셨는데, 만나실 때 어떤 마음으로 만나시고, 만나서 주로 어떤 이야기를 나누는지요?
4. 대화를 하실 때 느끼는 어려움이 있다면 무엇인지요?
5. 코치이님의 그 말에 대해 상대방이 어떻게 느낄 것이라 생각하시는지요?
6. 만약 상대방이 그렇게 느낀다면, 그것에 대해 코치이님의 마음이나 생각은 어떠신지요?
7. 상대방의 "~~~"와 같은 말이나 반응에 대해 코치이님의 마음이나 생각은 어떠세요?
8. 그분과의 결혼에 대한 생각 차이를 어떻게 좁힐 수 있을까요?
9. 그분과의 결혼에 대한 확신이 떨어지게 된 이유는 무엇이며, 해결책은 무엇일까요?
10. 그분과 헤어지게 된 근본원인은 무엇이며, 얻은 교훈이 있다면 무엇인지요? 이 교훈을 향후에 있게 될 만남에 어떻게 반영하면 좋을까요?
11. 코치이님이 결혼과 관련해서 진정으로 생각하고 있는 중요한 가치기준은 무엇인지요?
12. 결혼 준비를 어떻게 하면 잘 할 수 있을까요?
13. 행복한 결혼생활을 위해 노력해야 할 부분이 있다면 무엇일까요?

## 4. 뿌리 깊은 큰 장애물을 만나다

산 넘어 산이라고 했던가? 결정적인 장애물이 결혼을 막았다. 결혼뿐만 아니라 학원 창업의 꿈마저도 물거품으로 만들 수 있는 장애물이었다. 바로 아버지로 인한 상처와 갈등이었다. 서로 간에 깊은 불신이 있었기 때문에 이 부분을 해결하지 않으면 창업, 결혼 등 그 어떤 것도 의미 없는 이야기가 될 가능성이 높았다. 아버지로 인한 상처와 어려움은 당시 현재 진행형 상태에 있었기 때문에 이를 어떻게 뛰어넘느냐가 코치이의 가장 우선적인 큰 과제였다. 우리는 학원 창업 및 경영 관련 이슈, 결혼 이슈를 모두 내려놨다. 그리고 가장 어렵고 힘든 주제이자 반드시 해결해야 하는 이슈를 다뤄보기로 했다.

표면적으로는 전혀 문제가 없고 잘 살아가고 있는 것처럼 보였던 코치이였기에 이런 주제로 코칭이 진행될 것이라고는 코치이도, 나도 예상하지 못했다. 어쩌면 누구에게도 말 못할 이슈였을 수도 있다. 아마도 우리의 신뢰 관계가 그에게 어려운 이슈를 이야기할 수 있는 안전한 공간을 만들어줬으리라.

실제로 코칭을 하면 할수록 이 주제가 너무 중요한 이슈였음이 드러났다. 삶의 모든 영역에 있어서 가장 밑바탕을 이루고 있었고, 어떻게 해서든 이 문제를 해결해야만 의미 있는 변화와 성장 및 진보를 만들어 갈 수 있었다. 우리는 이 이슈를 다루면서 코치이의 어린 시절로 되돌아가 살펴보는 과거로의 여행시간을 가지게 되었고, 어린 시절부터 성장하면서 부친과의 관계가 어떠했고, 어떤 문제와 갈등이 있었는지, 당시에 코치이의 마음이 어떠했는지 등을 살펴보았다. 그의 상처는 생각보다 크고 깊었다. 부친에 대한 저항감과 반항으로 인해 지금까지 코치이의 삶이 묘하게 조금씩 뒤틀어졌고, 진로에도 좋지 않은 영향을 끼쳤다. 게다가 그의 아버지는 당시 결혼이나 학원창업에 대해서도 반대하며 직간접적으로 부담과 압박을 많이 주고 있었다.

우리는 부친의 마음에 대해 새로운 차원, 새로운 관점에서 살펴보며 보다 긍정적으로 아버지의 마음을 이해할 수 있게 되었다. 이 관계에 대해 어떻게 접근하고, 이 관계를 어떻게 새로운 형태로 재형성해 나가는 것이 좋을지에 대한 새로운 인식도 갖게 되었다. 놀랍게도 이

것은 아버지와 아들이 새로운 관계를 형성할 수 있도록 돕는 현명한 접근이 되었고, 어느 시점부터는 서로 이해하고 믿어주는 좋은 관계가 되었다.

아버지와의 관계 이슈가 해결되고 나니 결혼의 실타래도 쉽게 풀렸다. 아버지는 아들의 결혼도 심하게 반대했는데, 이와 관련해서 지혜롭게 대처할 수 있는 방법에 대해 이야기하고 실행함으로써 결혼에도 성공할 수 있었다. 당연히 부친과의 관계도 좋은 상태로 바뀌었다. 결혼 및 아버지와의 갈등을 관리하는 코칭에서 주로 사용된 질문과 대화 내용은 다음과 같다.

**결혼코칭, 부친과의 갈등관리 코칭**

1. 그분과의 결혼에 대해 부친의 반대가 심하게 계속되는 상황인데, 어떻게 접근하는 것이 바람직할까요?
2. 코치이님에게 결혼은 무엇을 의미하는지요?
   → "독립, 즉 부친의 영향력에서 벗어나는 것이라 생각하며, 결혼 전에는 결혼에 대해 지나친 개입을 거부하는 것이고, 결혼 후에는 지나친 간섭으로부터 자유로와지고 독립하는 것입니다."
   "또한 무엇보다 결혼 여부와 관계 없이 인격적으로 독립하는 것이라 생각합니다."
3. 코치이님이 부친과의 관계가 많이 좋지 않고, 힘들다고 하셨는데, 원인이 무엇이라고 생각하며, 언제부터 그러셨는지요?
4. 실제로 부친께서 코치이님에 대해 어떤 마음과 생각을 가지고 있을까요? 정말 부친께서 코치이님을 미워하고 싫어하기 때문에 이렇게 하시는 것일까요? 아니면 다른 이유가 있을까요?
   → "관점의 차이가 있을 뿐이지 실제로는 부친이 저를 미워하거나 싫어하는 것은 아니라고 생각합니다."
5. 부친의 입장에서 결혼에 대해 생각해보신다면 어떤 생각이 드시나요?
   → "저에 대한 기대수준이 높은 편이기 때문에 아쉽게 생각할 것이라 생각하고, 그 점에 대해서는 이해를 합니다."
6. 어떻게 하면 부친과의 관계를 회복하고, 부친을 받아들일 수 있을까요?

## 5. 드디어 학원 창업의 꿈을 이루다

코칭을 할 때 첫 번째 꿈은 학원 창업 및 경영이었다. 상기에서 언급한 것처럼 인생에서 가장 중요한 영역인 결혼과 부친과의 관계를 실질적으로 해결하면서 같은 해, 드디어 오랫동안 꿈꿔왔던 학원 창업을 하게 되었다. 그 해는 코치이에게 특별한 해였고, 코치인 나 자신에게도 기쁘고 보람된 시간이었다. 2년 넘게 코칭을 해 오면서 쉽지 않은 여정이었지만, 코치이가 성장하고자 하는 강한 열망과 문제들을 해결하고자 하는 적극적인 의지와 끈기를 가지고 있었기 때문에 실질적이고 의미 있는 결과를 거둘 수 있었다. 학원 창업 이후에도 계속 처리해야 과제들이 발생했고, 그때마다 장애물들과 어려움들이 앞을 가로막으며 힘들게 하기도 했지만 그때마다 그는 더 큰 어려움을 뚫고 창업이라는 꿈을 이룬 자신을 떠올렸다. 그래서 어려움에 아랑곳하기보다는 이를 극복해서 더욱 경쟁력 있고 영향력 있는 학원으로 성장하는 것에 집중했다. 코칭관계도 계속되었다.

## 6. 본격적인 학원 경영 코칭 여행 속으로

학원을 경영하면서 코치이는 늘 누구를 고객으로 할 것인가, 그 고객들을 대상으로 어떻게 마케팅 및 홍보를 할 것인가, 또한 확보된 고객들을 어떻게 효과적으로 잘 관리해서 충성된 고객으로 계속 남아 있게 할 것인가에 관심을 가지고 고민했고, 이와 관련해서 코칭, 컨설팅 및 자문을 받기를 원했다. 그래서 학원 창업 이후에도 PEST 분석, 3C(Customer, Competitor, Company) 분석, SWOT 분석, STP (Segmentation Targeting Positioning) 전략, 비즈니스 모델 캔버스(9블럭) 등의 마케팅 Tool을 활용하여 코칭했다.

먼저 학원업계와 관련해서 PEST 분석을 가볍게 했다. PEST분석은 Political(정치), Economic(경제), Social(사회), Technological(기술) 방면으로 분석하는 것인데, 이와 같은 요소들은 거시환경에 해당하는 것으로 기업이 컨트롤할 수 없는 외적인 흐름이다. 다음으로 3C 분석을 했는데, 3C 분석은 Customer(소비자), Competitor(경쟁자), Company(회사) 방면으로 창업 당시 상황을 분석하는 기법으로서 Customer(소비자)는 고객이 원하는 필요와 욕구 파악, 시장 동향 파악, 고객(표적시장) 파악 및 분석 등을 하고, Competitor(경쟁자)는 경쟁사의 미래 전략 파악, 경쟁 우위/열위 파악, 경쟁사의 기업사명과 목표 파악 및 분석 등을 하고, Company(회사)는 자사의 마케팅 전략, 자사의 강/약점, 자사의 기업사명, 자사의 목표 등을 파악 및 분석 등을 하는 것이다. 다음은 3C 분석 차원에서 코치이에게 한 질문들의 일부이다.

| | |
|---|---|
| **Customer (소비자)** | 1. 요즘 학원업계 시장 동향은 어떠한가요?<br>2. 코치이님이 목표하고 있는 시장의 고객니즈는 무엇인가요?<br>3. 고객의 규모는 어느 정도 되는 것 같나요? |
| **Competitor (경쟁자)** | 1. 코치이님이 목표하고 있는 시장의 주요 경쟁자들은 누구이고, 어느 정도 있는 것 같나요?<br>2. 학원업계의 대형학원들은 어떻게 하고 있고, 중형학원, 소형학원은 각각 어떻게 하고 있는 것 같나요?<br>3. 최근에 생긴 학원들 가운데 잘 하고 있는 학원들은 어떤 요인으로 잘 하고 있는 것 같나요?<br>4. 업계 1위 학원은 어디이며, 그 요인은 무엇이라 생각하나요?<br>5. 3번 항목과 4번 항목에서 우리에게 적용할 만한 요인이 있다면 무엇이고, 어떻게 적용 및 응용하면 좋을까요? |

| | |
|---|---|
| Company<br>(회사) | 1. 현재 시장상황 속에서 고객니즈에 맞추어서 코치이님의 학원이 취해야 할 마케팅 전략은 무엇일까요?<br>2. 코치이님 학원의 집중전략이나 차별화할 수 있는 부분은 무엇일까요?<br>3. 경쟁자에 비해 코치이님의 학원이 가지고 있는 강점 및 경쟁력과 약점은 무엇인가요?<br>4. 강점과 및 경쟁력은 어떻게 더 강화하고, 약점은 어떻게 보완하면 좋을까요?<br>5. 코치이님의 학원의 강의역량, 고객상담, 고객유지 및 관리역량 등은 어느 정도 되며, 이를 어떻게 향상시켜 나갈 예정인가요?<br>6. 잘 가르치는 것이 핵심역량이고, 이를 더 강화시켜 나가고 싶다고 하셨는데, 여기서 잘 가르친다는 것은 무엇이며, 이를 어떻게 판단할 수 있을까요?<br>7. 잘 가르치는 것의 어떤 부분을 더 강화시키면 핵심역량인 잘 가르치는 것이 실질적으로 더 향상될 수 있을까요? |

3C 분석과 연계해서 SWOT 분석을 통해 코치이와 코치이의 학원이 가지고 있는 자원 및 강점, 단점, 회사 외부의 기회요인과 위협요인은 무엇인지, 그리고 강점과 단점을 바탕으로 기회요인과 위협요인에 어떻게 대응할 것인지를 SO전략(강점을 이용하여 기회를 잡는 전략), WO전략(약점을 제거하며 기회를 이용하는 전략), ST전략(강점을 활용하여 위협에 대처하는 전략), WT전략(약점을 제거하며 위협을 회피하는 전략) 등으로 정리해서 종합적인 전략을 세웠다.

그 다음으로 STP 전략으로 학원 시장을 어떻게 세분화할 수 있는지를 검토하였고, 어떤 고객들을 타깃으로 할 것인지, 그 고객들에게 어떤 차별화된 가치를 제공하는 학원으로 포지셔닝을 할 것인지, 즉 고객들에게 어떤 학원으로 인식되기를 원하는지 종합적으로 깊이 고민하며 전략을 정리해 나갈 수 있도록 질문했다. 이를 바탕으로 마케팅 믹스로 전략을 구현하고자 했다. 스타벅스 커피의 4P를 예로 들면서 4가지 마케팅 믹스요인들(Product, Price, Place, Promotion)을 효과적으로

**스타벅스 커피 4P 사례**

| | |
|---|---|
| Product | 제품 표준화(모든 스타벅스 매장에서 동일한 가격에 동일한 제품 판매) |
| Price | 프리미엄 가격(타 브랜드보다 다소 높은 가격) |
| Place | 직영매장(가맹점 유지를 하지 않음) |
| Promotion | 차별화와 개별화(사이렌 오더를 통한 개인 취향에 맞는 피)<br>감성 마케팅(커피가 아닌 문화를 판다는 인식) |

믹스해서 전략을 실행하고자 했다.

코치이가 비즈니스 감각이 있고 열정적이었기 때문에 각각의 전략과 방법에 대해 효과적으로 잘 접근하고 적용하여 시장변화에 기민하게 잘 대응해 나갔다. 이후 비즈니스 모델 캔버스(9블럭: 고객 세그먼트, 가치제안, 채널, 고객관계, 수익원, 핵심자원, 핵심활동, 핵심 파트너십, 비용구조) 툴을 활용해서 올바른 방향으로 학원 비즈니스를 해 나가고 있는지, 타깃 고객군에 포커스를 맞춰 고객에게 필요한 실질적이고 의미 있는 가치를 제안하고 있는지 등 전반적인 비즈니스 관련 요인들을 체크하면서 어떤 점을 보완하고 개선하는 것이 좋은지에 대한 이야기를 나눴다.

참고 차원에서 "비즈니스 모델 캔버스(9블럭)"를 정리하면 다음과 같다.

❶ 고객 세그먼트: 제품이나 서비스를 제공할 타깃 고객군을 정한다.

❷ 가치제안: 고객이 처한 문제를 해결해주고 욕구를 충족시켜주는 특정한 가치를 제공한다.

❸ 채널: 어느 채널을 통해 고객에게 가치를 담은 제품이나 서비스를 제공하는 것이 효과적이고 좋은지 정한다.

❹ 고객관계: 특정한 고객 세그먼트와 어떤 형태의 관계를 맺을 것

인가를 의미한다. 각각의 고객 세그먼트들은 어떤 방식의 고객관계가 만들어지고 유지되기를 원하는지, 어떤 고객관계를 확립하고 있는지 체크한다.

❺ 수익원: 기업이 각 고객 세그먼트로부터 창출하는 현금을 의미하며, 고객들은 어떤 가치를 위해 돈을 지불하기를 원하고, 현재 무엇을 위해 돈을 지불하고 있고, 어떻게 지불하고 있는지, 또한 어떻게 지불하기를 원하는지 살펴본다.

❻ 핵심자원: 비즈니스를 원활히 진행하는 데 가장 필요한 핵심자원을 말하며, 우리의 가치제안은 어떤 핵심자원을 필요로 하고, 공급채널, 고객관계, 수익원 각각을 위해서 어떤 핵심자원이 필요한지 체크한다.

❼ 핵심활동: 기업이 비즈니스를 제대로 해 나가기 위해서 꼭 해야 하는 중요한 일들을 말하며, 우리의 가치제안은 어떤 핵심활동을 필요로 하고, 공급 채널, 고객관계, 수익원 각각을 위해서 어떤 핵심활동이 필요한지 체크한다.

❽ 핵심 파트너십: 비즈니스 모델을 원활히 작동시켜줄 수 있는 '공급자-파트너' 간의 네트워크를 말하며, 누가 핵심 파트너인지, 우리의 핵심 공급자는 누구인지, 파트너로부터 어떤 핵심자원을 획득할 수 있는지, 파트너가 어떤 핵심활동을 수행하는지 등을 살펴본다.

❾ 비용구조: 비즈니스 모델을 운영하는 데서 발생하는 모든 비용을 의미하며, 우리의 비즈니스 모델이 안고 가야 하는 가장 중요한 비용은 무엇인지, 어떤 핵심자원을 확보하는 데 가장 많은 비용이 드는지, 어떤 핵심활동을 수행하는 데 가장 많은 비용이 드는지 등을 살펴본다.

**"비즈니스 모델 캔버스, 9블럭" 코칭 질문 예**

1. 코치이님 학원이 지금까지 타깃으로 해오고 있는 고객들이 적합한 타깃 고객군인지요? 아니면, 변경할 필요가 있거나 확장하거나 축소할 필요가 있을까요?
2. 타깃 고객들에게 주고 있는 가치들이 적합하다고 생각하는지요? 그 가치가 타깃 고객들이 처한 문제점들을 해결해주고, 고객의 니즈를 충족시켜주고 있는지요? 고객들의 만족도는 어느 정도 되는 것 같나요?
3. 고객의 만족도를 높이기 위해 추가적으로 어떤 가치를 제공하면 좋을까요?
4. 고객의 만족도를 높이기 위해 제공하고 있는 가치의 퀄리티를 어느 정도 높이면 적절할까요?
5. 제각기 다른 목표고객에게 어떤 서비스, 가치를 제공하고 있는지요?
6. 어떤 채널들을 활용해서 고객에게 가치를 제공하는 것이 효과적일까요?
7. 각각의 고객 세그먼트들은 어떤 채널을 통해서 자신에게 가치가 전달되기를 원할까요?
8. 각각의 고객 세그먼트들에게 가치가 제대로 전달되고 있다는 사실을 어떻게 체크할 수 있을까요?
9. 어느 채널이 가장 비용 효율적일까요?
10. 채널과 고객을 위한 업무는 제대로 통합되어 있는지요?
11. 핵심고객들 및 그 외 고객들은 어떤 방식의 고객관계가 만들어지고 유지되기를 원하고 있습니까? 또한 코치이님의 학원은 어떤 관계를 맺으려고 하고 있나요?
12. 고객들은 어떤 가치를 위해 기꺼이 돈을 지불하고 있나요?
13. 고객들은 현재 무엇을 위해 돈을 지불하고 있으며, 어떻게 지불하고 있나요? 고객들은 어떻게 지불하고 싶어 하나요?
14. 실제 수익은 어떤 영역들에 발생되고 있나요?
15. 각각의 수익원은 전체 수익에 얼마나 기여하고 있나요?
16. 우리의 밸류 프로포지션(가치제안)은 어떤 핵심자원을 필요로 하나요?
    고객관계를 위해선, 수익원을 위해선, 어떤 자원이 필요할까요?
17. 우리의 밸류 프로포지션은 어떤 핵심활동을 필요로 할까요?
    고객관계를 위해선, 수익원을 위해선 어떤 활동이 필요할까요?
20. 누가 우리의 핵심 파트너라고 할 수 있을까요? 파트너로부터 어떤 핵심자원을 획득할 수 있을까요? 파트너가 어떤 핵심활동을 수행하고 있나요?
21. 우리의 비즈니스 모델이 안고 가야 하는 가장 중요한 비용은 무엇인가요?
    어떤 핵심자원을 확보하는 데 가장 많은 비용이 드나요?
    어떤 핵심활동을 수행하는 데 가장 많은 비용이 드나요?

이외에도 채용한 학원강사들과의 효과적인 관계 구축 및 매니지먼트, 학생들뿐만 아니라 학부모들을 어떻게 응대하고 관리해야 하는지, 또한 학원의 품격도 높이고 이미지도 좋게 강화시키기 위해 강의방식, 상담, 고객관리 등은 어떻게 하면 좋은지 등에 대해 코칭하며 보다 경쟁력 있고, 품격 높은 학원으로 만들어 나갔고, 또한 이미지 변신을 통해 더 높은 단계의 경쟁력 있는 학원으로 나아가기 위한 네이밍 코칭 및 컨설팅도 하게 되었다.

## 7. 코칭 여행을 마무리하며

2011년 초에 코칭을 시작해서 2019년 여름까지 무려 8년 6개월간 코칭을 했는데, 코치와 코치이 둘 다 이렇게 오랫동안 코칭을 할 것으로 생각하지 못했다. 그러나 코치이와 함께 긴 시간 동안 코칭여행을 하면서 코치이의 변화와 성장, 문제해결 및 다양한 결실들을 보게 되어 매우 기쁘고 보람되었다. 2019년 8월 코칭을 마지막으로 코치이의 더 큰 발전을 축복하며 8년 6개월의 코칭을 마무리하였다. 향후 코치이가 펼쳐나갈 더욱 멋진 삶을 기대하며 뜨거운 응원을 보낸다.

# 2040 팀원들의 개인리더십 향상 및 팀 성과향상

박소현

## 1. Intro

모 기업의 인재개발팀 관리자로 일하며 개인과 조직은 일 중심으로 성과를 달성하는 것보다 사람 중심일 때 팀워크를 통한 시너지가 일어나 일 중심의 결과보다 그 이상의 성과와 시너지가 일어난다는 것을 경험했다. 일 중심이었던 나의 업무 패턴 및 패러다임을 전환하기 위해 리더십과 코칭 관련 교육에 관심을 갖기 시작했고, 전문코치로서 성장하고 발전하고 싶어 커리어학습코칭 대학원에 입학한 지 3학기 차가 되었다. 팀원들의 변화와 성장에 도움을 줄 수 있고, 팀 성과향상을 위하여 관리자로서 20~40팀원들을 대상으로 코칭 프로그램을 진행한 사례를 소개하고자 한다.

## 2. 코칭의 시작: 일정 수립하기

한 해의 업무계획과 나의 Road map으로 20~40대 팀원들 대상 코칭을 진행하기로 계획했다. 첫 코칭을 계획하였을 때 개인적인 업무로 진행하려고 하니, 산재된 업무의 우선순위에서 코칭은 밀리기 시작했고, 일정 기간 내에 전체 인원의 코칭을 진행하는 일정을 잡기가 쉽지 않았다. 그래서 개인적인 의도를 가진 소극적인 업무가 아니라, 조직 차원에서 적극적인 업무로 진행해보기로 했다. 팀원들에게 이메일 공지를 통하여 정기 코칭에 대한 취지와 배경을 설명하고 일정 기간을 표기하여 2주 안에 전체 팀원(2개 팀 총 10명 수준) 대상의 1:1 개인코칭을 완료하기 위해 기간과 시간을 선정한 후 팀원들 간 스케줄을 조율하여 일정을 확정하였다.

※ 오후 2타임으로, 코칭시간은 약 1시간씩의 일정을 수립하여 개인별 코칭일정 확정

## 3. 첫 1:1 코칭세션이 시작되다

첫 번째 팀원과 코칭을 시작했고 GROW모델을 활용했다. 평소 커뮤니케이션을 잘하고 있는 팀원임에도 불구하고 주제를 선정하는 것부터 어려움이 있었다. 주제탐색 질문에 대해서도 평소에 잘 생각해보지 않았던 내용으로 코칭을 이어가니, 프로세스대로 코칭이 이루어지

지 않고 있다는 것을 느끼게 되었다. 코칭 전 코치도 준비가 필요하지만 코치이도 어느 정도 주제나 내용에 대하여 생각할 시간이 필요하다는 것을 느끼고 어떤 방법이 좋을지 고민하게 되었다. 한 명의 코칭을 진행한 후, 사전 질문의 필요성을 느꼈고, 두 번째 팀원과의 코칭부터는 코칭 시작 전에 질문지를 작성해보았다. 팀원들에게는 코칭 전 사전 질문지를 미리 나눠주고, 질문에 대한 답을 생각해본 후 코칭에 참여할 것을 권유했다. 코칭 사전 질문지 양식은 다음과 같다.

**1차 코칭 시 사전 질문지 양식**

**PREWORK 코칭 사전 질문 내용**

| 성명 | 2022 |
|---|---|
| 최근 의미 있거나 감사한 일,<br>행복한 일이 있었다면? | |
| **코칭주제선정[Real Issue & 고민]**<br>회사생활 · 일을 수행하는 데 있어<br>어떤 것을 주제로 이야기 하고 싶은가? | |
| **기타**<br>자유롭게 이야기 하고 싶은 것 | |

사전질문지를 미리 배포하고 코칭을 시작하니, 첫 질문을 통해 자연스럽게 개인 상황을 들으며 라포를 형성할 수 있었다. 이 시간을 통해 구성원 개인의 관심사나 흥미 사항을 자연스럽게 알게 되면서 업무 중에도 팀원과의 공감대를 형성할 수 있었고, 팀원들의 개인 특성을 이해하는 데 도움이 되었다. 1:1 코칭에서는 '회사생활에서의 어려움'이나 '업무를 수행하는 것'과 관련한 주제를 다뤘다. 해당 주제에 대해 사전에 고민하고 생각하고 왔기 때문에 팀원들이 진정으로 원하는 것을 찾아 수월하게 이해할 수 있었다. 각 개인의 코칭 주제를 한 문장으로 요약하게 하며 명료화했고, GROW모델에 따라 코칭이 진행되었고, 1회차에는 별도의 코칭도구는 활용하지 않았다. 계획한 일정에 맞춰 모든 팀원을 대상으로 코칭이 진행되었다.

## 4. 첫 1:1 코칭 결과

1차 1:1코칭은 11명의 팀원들을 총 7일에 걸쳐서 진행했고, 시간은 1인당 1시간~1시간 30분 정도 소요되었다. 코칭 내용은 엑셀 시트에 기록하여 정리했고, 정리한 내용은 다음과 같다.

| 코치이 | 주제 | 목표 및 실행방안 |
| --- | --- | --- |
| A 과장 | • 자격증 취득 목표 설정하기 | 1. 코칭관련 또는 CS매니저 시험준비<br>2. 교육프로그램의 확대 및 다양화 |
| B 과장 | • 팀원과의 관계관리<br>• 운동 및 건강관리하기 | 1. 팀원과의 관계 공적 · 사적 분리해 보기<br>2. 목표운동에 대한 작은 성취감갖기(일 30분) |
| C 과장 | • 팀 리더역할 잘 해내기 | 1. 팀원들과 좋았던, 힘들었던 경험나누기 |
| D 과장 | • 업무효율성 있게 진행하기<br>• 팀 · 파트 내 선배역할 잘 해내기 | 1. 계획을 세우고 실행해보기<br>2. 문제사항 공론화하여 개선하기(휴가인수인계) |

| 코치이 | 주제 | 목표 및 실행방안 |
|---|---|---|
| E 과장 | • 퇴근하며 하루를 잘 정리하기 | 1. 퇴근하며 O, △, X표기: 현재 O, 1주 2개 → 4개 목표<br>2. 점심 먹고 산책: 주3회 이상 목표<br>3. 밝게 인사하고 눈 마주치기 |
| F 대리 | • 에너지를 올릴 수 있는 방법찾기 | 1. 기분 좋은 동료와 인사 및 메시지를 나눔<br>2. 회식시간 등 회사내 좋은 시간 보내기<br>3. 나의 텐션을 높일 수 있는 사람들과 만남 갖기 |
| G 대리 | • 보고서 잘쓰기<br>• 시간효율적으로 일하기 | 1. 현황을 잘 정리하는 연습하기<br>2. 세부계획세우고 작은 성취이루기 |
| H 대리 | • 명확한 커뮤니케이션 방법찾기 (거절하는 방법 익히기) | 1. 흐지부지 말하지 않기<br>2. 기간을 정해두고 가능한 빨리 의사전달하기<br>3. 시뮬레이션 해보기 |
| I 사원 | • 팀 내 좋은 선배되기 | 1. 함께 식사 주 2~3회 하기<br>2. 일상의 인사 등 메신저 및 먼저 다가가기<br>3. 거절당함을 두려워하지 않고 시도하기 |
| J 사원 | • 공부 결실맺기(학위)<br>• 영어공부하기 | 1. 업무병행하며 학위 잘 마치기<br>2. 전화영어 시작하여 목표관리 하기 |
| K 사원 | • 선임과 거리감에 대한 적응필요 | 1. 개인적부분과 업무적 부분 구분짓기<br>2. 팀 또는 개인적 이슈 주말 일상 공유하기<br>3. 업무대화 시 친근감 있게 대화 및 관계개선 하기 |

팀원별로 개인 리더십 및 업무와 관련해서 어떤 부분을 고민하고 있는지 알게 되었고, 개인이 개선하고 싶은 분야와 강화 및 성장하고 싶은 부분이 정확히 어떤 것인지에 대해서도 탐색해볼 수 있었다. 목표 달성을 위한 실행 계획을 좀 더 충실하게 세우는 것으로 코칭을 마무리하였다. 개별적으로 실행계획이 잘 나오지 않는 경우에는 코치인 나도 빨리 끌어내려고 하는 조급한 마음이 들었으나 유연하게 코칭과 대화에 계속 집중하는 것이 더 중요함을 느낄 수 있었다.

코칭에 익숙하지 않았던 팀원들로부터 매우 유익하고 좋은 경험이었다는 소감을 들을 수 있었고 팀장으로서 보람을 느꼈다. 또한 개별 코칭 이후 업무를 지시할 때나 팀원들과 커뮤니케이션할 때, 코칭에서 다뤘던 내용이나 팀원들의 실천사항을 이해하고 있는 것이 도움이 되었다. 팀장으로서도 팀원의 성장을 돕는 것이 더 수월해졌다. 정기적인 코칭이 반드시 필요함을 느끼게 되는 순간이었다. 최소 연 2회는 진행해야겠다는 생각을 했고, 그 해가 다 지나기 전에 2차 개별 코칭을 진행하게 되었다.

## 5. 2회차 1:1 코칭 결과

1차 코칭이 끝난 후 바쁘게 업무를 진행하였고, 이후 1명의 신입사원이 충원되었다. 코칭 이후에도 또 다른 지점에서 변화가 필요하다고 스스로 코칭을 요청하는 팀원들도 있었고, 팀장의 입장에서 볼 때에도 문제점이 보이는 팀원이 있기도 했다. 긴급하게 개선이 필요하다고 판단될 때에는 코칭 프로세스와는 별도로 업무 개선사항에 해당되는 건만을 단순명료하게 지시했다. 그렇다 보니 코칭과 업무개선 지시에 대하여 혼란이 생겼다. 방법에 대하여 고민을 하기도 했지만, 업무지시는 코칭과는 별개로 진행하는 것이 효과적이라는 결론을 내리게 되었다. 1차 코칭 이후 실행 계획에 대한 진행도도 궁금했고, 실행과 관련된 부분에 대해서는 이렇다 할 결과물을 도출하지 못한 팀원들의 코칭도 다시 한 번 진행할 필요가 있다는 생각에 2차 1:1코칭을 진행하기로 했다.

2차 코칭에서는 1차와 동일하게 사전 질문지를 배포하였고, 질문지에는 1차 코칭 이후의 실행 계획에 대한 점검 항목이 추가되었다.

또한 VIA 강점 설문지를 통해 각자의 강점을 탐색한 결과를 토대로 느낀 점, 강점을 활용하여 해보고 싶은 것 등에 대한 내용을 추가해보았다. 2차 코칭 사전 질문지 양식은 다음과 같다.

**2차 코칭시 사전 질문지 양식**

**PREWORK 코칭 사전 질문 내용**

| 성명 | 2022 |
|---|---|
| 최근 의미 있거나 감사한 일<br>행복한 일이 있었다면? | |
| 1) 1차 코칭진행팀원: '22년 7월 코칭 시 설정한 주제(목표)에 대한 진행사항 & 현재 필요한 주제<br><br>2) 첫 코칭진행 팀원<br>회사생활 · 일을 수행하는 데 있어 어떤 것을 주제로 이야기하고 싶은가?<br>(어려운 점이나 고민스러운 점) | |
| 기타<br>자유롭게 이야기 하고 싶은 것,<br>본인의 VIA 강점조사결과를<br>보고 느낀 점 | |

2차 1:1코칭은 1차와 연계한 주제로 이야기를 시작하면서 훨씬 자연스러운 분위기로 진행되었고, 만족도와 성취도 역시 향상되었다고 판단된다. 1시간가량의 코칭 시간도 짧게 느껴졌고, 주제와 관련한 목표설정과 실행 계획도 더 빨리 도출해낼 수 있었다. 2차 코칭은 하루 두 타임씩 일주일간 진행되었고, 총 12명의 팀원을 코칭하였다.

| 이름 | 1차 주제상황 & 주제선정 | 목표 및 실행방안 |
|---|---|---|
| A 과장 | 1. 코칭 or CS자격증 고민<br>2. 교육기획의 시야확대 | 1. 코칭전문가수료자대상 사내코치활동 도입하기<br>2. 센터장 핵심 워크숍 2023년 계획하고 실행하기 |
| B 과장 | 회사 내 관계관리의 어려움 | 현재상황 30점 → 60~70점 기대, 업무별 구분필요<br>1. 협업 시 일정, 업무범위, 우선순위 명확히 하기<br>2. 역량부분: 개선 및 요구사항 F/B 정확하기 하기<br>3. 적극적 커뮤니케이션 하기(지레짐작 회피 않기) |
| C 과장 | 팀업무의 부담감<br>(기존 90 → 80 정도)<br>팀원(신입) F/B 방법찾기 | 1. 상황이 발생할 시에 즉시 F/B하기<br>2. 기준에 못미칠 때 F/B 공유하기(강점: 사랑, 긍정) |
| D 과장 | 팀원의 역량 향상시키기 | 1. 현재 상황파악 사원의 장점찾기(끈기, 성실, 신중)<br>2. 해당사원과 1:1 tea time 통해 업무F/B 및 관계관리하기(중간관리자로서의 역량향상과제) |
| E 과장 | 퇴근시 하루 잘 정리하기<br>: 이전 2~3점→ 현재 5~6점<br>문서작업 감성지수 높일 수 있는 방법 | 1. 공감 사회성능력, 열정, 유머 친밀감 높일 수 있는 연습하기 → 구체적 방안을 이야기하지 못함. |
| F 대리 | 업무정확성향상 비용손실 ZERO목표 | 1. 업무의 정확도 관리<br>2. 담당자 또는 팀내 모니터링 강화로 오류감소목표 |
| G 대리 | 보고서 잘쓰기<br>시간효율적으로 일하기 | 1. 타보고서 학습(공고분석, 부진센터 관리 월2회)<br>2. 세부계획세우고 작은 성취이루기(체크리스트 안심) |
| H 대리 | 명확한 커뮤니케이션<br>방법찾기: 거절하는 방법 등<br>60수준 → 80수준목표<br>좋은 멘토되기 | 1. 후배들을 위해 Q목록 등 정리하여 공유하기<br>2. Tea time 및 마음터놓고 얘기할 수 있는 선배되기<br>3. 팀내 분위기 메이커되기 |
| I 사원 | 일에 대한 판단<br>처리능력향상 | 1. 현재 2~3수준 → 5 이상 목표<br>2. 동일 질문 안 하기(메모체크)<br>3. 담당센터에 대하여 파악하기 |

| 이름 | 1차 주제상황 & 주제선정 | 목표 및 실행방안 |
|---|---|---|
| J 사원 | 팀내 좋은 선배되기<br>1. 업무정확성 있게 하고 자신감갖기<br>2. 단호하고 논리적으로 응대하기 | 1. 집중시간을 갖고 하루라도 목표달성 성취이루기<br>2. 11월 마감 시 지적받지 않도록 하기<br>3. 선배와 대화시 좋은 점을 실행해가기, 센터현황파악하기 |
| K 사원 | 근무시간 중 시간관리하기<br>감정조절하기 | 1. 대학공부졸업 + 대학원계획<br>2. 영어공부 주2회 진행<br>3. 감정일기를 통해 긍정방향 생각하기 |
| L 사원 | 이전5수준목표달성<br>→향후 7~8목표<br>선임과 관계관리 잘하기 | 1. 완성도 있게 일하기(내가 책임지기)<br>2. 일을 지시받으면 대화하고 사전확인<br>3. 우선순위 체크하며 일하기(적극적 커뮤니케이션) |

2차 코칭을 통한 각 팀원들의 실행 계획은 1차보다 더 구체적으로 도출되었고, 코칭 분위기도 매끄러웠으며, 코치이자 팀장인 나의 리더십과 업무역량도 향상되고 있다고 느껴졌다. 다음 해 코칭 계획은 횟수의 증가가 필요하겠다는 생각을 했고, VIA 강점 검사 등의 코칭 도구를 활용하여 흥미를 높일 수 있다면 코치와 코치이 간, 팀장과 팀원 간 더 좋은 성장 경험이 일어날 거라는 확신이 들었다.

## 6. 3회차 1:1 코칭 결과

3회차 코칭은 다음 해 1분기, 6일 동안 두 타임으로 총 12명의 팀원을 코칭하였다. 해당 연도 팀의 목표를 수립하고, 개인별 성과관리 계획서를 작성한 시점 이후였기 때문에 기존의 주제에 대한 진행 사항에 추가적으로 새해 목표 및 팀 운영 계획에 대한 개인의 의견 등 이야기할 내용의 폭을 조금 더 확대하여 사전 질문지를 배포하였다.

### 3차 코칭시 사전 질문지 양식

PREWORK 코칭 사전 질문 내용

| 성명 | 2023 |
|---|---|
| 1. 최근 의미 있거나 감사한 일, 행복한 일이 있었다면? | |
| 2. 2023 운영계획 목표에 어떤 생각인가? 동의되지 않는 의견이나 개선할 점은 있나?<br>3. 코칭주제선정[Real Issue & 고민]<br>1) '22년 코칭 시 설정한 주제(목표)에 대한 진행사항 & 현재 필요한 주제<br>2) 첫 코칭진행 팀원<br>회사생활 · 일을 수정하는 데 있어 어떤 것을 주제로 이야기하고 싶은가?<br>(어려운 점이나 고민스러운 점) | |

기타 생각해볼 것 중 의미 있는 것은

1. 요즘 제일 큰 고민은 무엇인가?
2. 이번주 가장 시간을 많이 쓰고 있는 일 3가지는 무엇인가?
3. 요즘 협업을 많이 하는 사람 3명은 누구인가? 같이 일하면서 만족스러운 점, 그리고 아쉬운 점을 이야기해본다면?
4. 일을 더 잘하기 위해서, 조직차원에서, 개인차원에서 어떤 것이 지원되면 좋을까?
5. 개인이 더 강화해야 하는 강점/개선해야 하는 취약점이 있다면 자유롭게 이야기

3차 코칭은 각 팀원들의 코칭 이슈와 목표가 명확해짐과 더불어 실행방안의 설정도 구체화되었다. 또한 코치보다 코치이가 더 열린 마음으로 코칭 시간에 참여하여 스스로에 대한 깊이 있는 성찰을 하고

| 이름 | 이전 코칭시 주제상황 & 주제선정 | 목표 및 실행방안 |
|---|---|---|
| A 과장 | 향후 어떤 일을 할지에 대한 고민<br>- 현 업무에 만족하나<br>- 향후 어떤 일을 하고 싶은가 | 1. 다양한 커뮤니티 참석<br>2. 사내역할에 대한 역량<br>3. 취미, 여행, 적극적 목표, 실천계획 수립 |
| B 과장 | 이전주제에 대한 개선사항 향상<br>- 건강관리에 대한 걱정 해소하기 | 1. 규칙적인 생활<br>2. 꾸준한 주2~3회 이상 운동하기 |
| C 과장 | 관리자로서 잘할 수 있는 방법고민<br>- 조리 있고 설득력 있게 말할 수 있는 방법찾기<br>- 빠르게 업무처리 할 수 있는 방법찾기 | 1. 책을 많이 읽는다.<br>2. 경험(회의, 미팅 등)을 통해 조리 있게 말할 수 있는 실력을 쌓는다(요점정리)<br>3. 팀운영에 고민하고 생각, 실천해본다. |
| D 과장 | 기대수준 및 상대의 관점에서 보기<br>건강관리 하기 | 1. 팀원들과 커뮤니케이션: 채팅줄이고 대화하기<br>2. 주간업무공유(주1회 tea time활성화하기)<br>3. 독서토론 등 팀 내 커뮤니케이션 강화하기 |
| E 과장 | 좀 더 긍정적이고 밝게 생활하기<br>현재4 → 목표 6 이상 | 1. 운동을 주2~3회 한다<br>2. 이미지개선 및 변화를 가져본다<br>3. 체력을 키운다(식이요법) 몸에 좋은 음식먹기 |
| F 대리 | 팀소통 활발하게 하기 | 1. 팀내 선배로서 적극적으로 참여한다.<br>2. 개인적 외에 회사 내에서 소통을 활성화할 수 있는 활동을 해본다. |
| G 대리 | 말을 조리있게 하고 싶고 말실수를 줄이고 싶다 | 1. 조리있게 말할 수 있도록 연습해보기<br>2. 상처주는 말, 뼈있는 말 하지 않기<br>3. 호칭 잘쓰기 |
| H 대리 | 장황하지 않고 조리있게 정리하기<br>(회의, 외부미팅, 행사주관시) | 1. 스토리를 미리 생각하고 스크립트를 작성해본다.<br>2. 독서토론 등 진행시 주어진 시간에 잘 발표하기<br>3. 유튜브 등을 통해 스피치 강의 듣기 |
| I 사원 | 팀내 적극적으로 소통하고<br>관계관리 향상<br>현재 5 → 7~8 이상 목표 | 1. 점심 주1회 같이 먹기<br>2. 대화하기, 대화이어가기<br>3. 커피, 면담 등 먼저 적극적으로 다가가기 |
| J 사원 | 오래 일을 잘 할 수 있는 방법 찾기 | 1. 업무가이드는 받되 실행은 내가 직접해본다.<br>2. 한번 물은 질문은 기록하여 자료정리한다.<br>3. 정확한 가이드를 가지고 소통하여 지원부서로서의 역할을 잘 해낸다. |
| K 사원 | 특정부서 관리자와의 업무진행시 배제되는 느낌을 개선하고 커뮤니케이션을 잘하고 싶다. | 1. 전화상 취지 및 배경사항을 적극적 소통<br>2. 대면기회가 있을시 얼굴보고 소통해봄<br>3. 변화를 가져보고 도움 필요시 요청<br>4. 커리어개발을 위한 중장기 고민에 대해 추후 지속적으로 코칭할 계획 |

| 이름 | 이전 코칭시 주제상황 & 주제선정 | 목표 및 실행방안 |
|---|---|---|
| L 사원 | 이전 11월 5수준<br>→ 7~8수준 개선됨<br>넓은 시야를 갖고 일하고 싶다. | 1. 관련 공부와 책을 읽는다.<br>2. 내/외부 커뮤니티 등에 가입 후 활동한다.<br>3. 내가 공부하고 기획한 것에 대해 확대하고 성과를 낸다. |

있다는 것을 확연하게 느낄 수 있었다.

코치와 코치이 모두 코칭이 진행되는 1시간이 언제 어떻게 지났는지 모르겠을 정도로 집중했다는 이야기를 했고, 이 시간이 서로에게 유익하고 의미 있는 시간이라는 소감을 들려줬다. 무엇보다 코칭 시간 내내 팀원들의 표정과 목소리가 유쾌하고 밝았다. 코칭의 효과와 영향력을 다시 한 번 깨닫게 되는 순간이었다.

그동안의 코칭 성과와 활동을 바탕으로 지속적이고 정기적인 1:1 코칭과 더불어 그룹 코칭을 계획해보려 한다. 코칭 주제를 선정하고 목표 달성을 위한 코칭 프로그램을 운영하여 그 성과를 측정해본다면 조직 차원에서도 더욱 의미 있을 것이라 확신한다.

**팀원 그룹코칭 주제별 프로그램 계획案**

| 세션주제 | 주요 프로그램 및 코칭질문 가이드 | 주요 도구 |
|---|---|---|
| 1. [긍정심리]<br>나의 가치찾기 | 1. 스트렝스5 : 성격강점 분류체계<br>2. 검사결과 3단계에 따른 나의 가치 찾기<br>1) 개인이 고유한 성격강점(자기발견)<br>2) 강점 발현유형(자기이해)<br>3) 행복하고 가치 있는 삶(자기실현)의 길 찾기 | 감정카드<br>스트렝스5 |
| 2. 강점 찾기 | 1. VIA결과 본인의 강점결과를 보고 의견나누기<br>2. 내가 더 강화해야 하는 강점/ 개선해야 하는 취약점이 있다면 자유롭게 의견나누기<br>3. 그룹원간 서로의 의견 공유하고 응원하기 | VIA<br>강점설문결과 |

| 세션주제 | 주요 프로그램 및 코칭질문 가이드 | 주요 도구 |
|---|---|---|
| 3. 목표달성하기 | 1. 구체적 나의 목표설정 & 이루어진 것을 상상하기<br>(그림, 글로 표현해보기)<br>2. 목표를 달성하기 위한 구체적 실천계획 수립<br>3. 실천계획 check-list작성하기<br>4. 정기적 F/B을 통한 공유 및 응원하기 | 이미지 카드 |
| 4.문제해결코칭 | 1. 현재의 해결하고 싶은 문제에 대한 GROW코칭<br>2. 1:1 또는 소그룹 코칭을 진행 | |
| 5. 경력개발계획 | 1. 경력개발을 위한 프로세스 작업<br>- 나는 어떤 길을 걷고 싶은가요?<br>- 그것을 통해서 이루고자 하는 것은 무엇인가요?<br>2. 나의 자원(seed) - 나의 토양(soil)<br>– 나의 싹(sprout) – 나의 줄기(stem) 작성<br>3. 나의 경력 계획서, 사명선언문 작성해보기 | 경력의<br>순례길<br>사명선언문<br>작성 |

팀원별 원하는 주제의 그룹 코칭에 참여하도록 하여 각 세션 참여자의 구성에 적절한 그룹 코칭을 진행한다면 각 그룹 팀원 간의 이해도가 높아지고, 팀워크 향상에도 효과가 클 것으로 예상된다.

## 7. 전체 리뷰 및 평가

3차에 걸쳐 1:1로 전체 팀원을 대상으로 코칭을 진행한 것은 처음인 것 같다. 팀원들에게 의미 있고 유익한 시간이었고, 체계적으로 목표를 세우고 실천함으로써 결실을 맺는 경험을 하는 시간이었다는 소감을 들을 수 있어 좋았다. 또한 올해 본사 팀장코칭 베이직과정에 해당 사례를 소개하며 다른 팀장들에게도 도움이 될 수 있는 Tip과 양식 등을 공유할 수 있는 기회가 주어졌던 것도 의미가 있었다.

이번 기회로 코칭에 대한 긍정적 인식이 형성되었음을 알 수 있었고, 향후 부서장급 이상은 개별 리더십 코칭을, 중간관리자급은 그룹 코칭이나 팀 코칭을 적용하거나 교육에 반영하는 것을 제안할 수 있었다. 특별히 조직문화의 긍정적 변화와 성장을 위해서는 사내코치 양성이나 코칭 활동이 필수라는 점도 인식하게 되었다.

## 8. 맺는말

본 사례에서는 실제 팀장의 1:1 팀원 코칭 진행 상황을 실무차원에서 살펴볼 수 있도록 소개했다. 실제로 코칭 초기에는 필자도 결과에 대한 기대감보다는 두려움과 의심이 더 컸다. 그러나, 코칭을 통해 팀원들이 변화되는 모습, 자신의 선택과 책임을 스스로 경험하는 과정, 팀원들의 F/B에서도 코칭의 효과를 실감하게 되었다.

앞으로 더욱 다듬어지고 정착화된 코칭 프로그램을 통하여 개인의 리더십과 팀 성과 커뮤니케이션 향상을 위해 코칭은 필수적인 요소라고 생각한다. 팀 레벨에서의 1:1 코칭 외에 팀장 코칭 프로젝트, 센터 코칭과정 수료자들을 대상으로 한 센터별 코칭 활동, 사내코치 프로그램 운영도 첫 발걸음을 내딛는 해가 되도록 준비 중이다. 또한 나의 코칭 역량 향상을 위하여 다양한 학습을 지속적으로 수행하려고 한다. 이 모든 과정이 코칭 및 실무 업무 성과의 영역에서도 결실을 맺을 수 있기를 소망한다.

# 라이프코칭

# 05

- 사춘기 자녀와의 부모-자녀 관계 개선 및 회복을 위한 코칭
- ‘CAL’을 통한 라이프스타일 그룹 코칭

# 사춘기 자녀와의 부모-자녀 관계 개선 및 회복을 위한 코칭

고사랑

세상의 거의 모든 부모는 좋은 부모가 되기를 간절히 원한다. 사실 우리 대부분은 자녀들이 존경하고 싶은 모습의 부모가 되기를 원한다. 그러나 현실 속 부모는 모두 어떤 부분에서든지 부모로서 어려움을 겪고 있음을 인정할 수밖에 없다. 그래서 많은 부모는 어떻게 하면 자녀에게 좋은 부모가 될 수 있을지 늘 고민하고 자녀 교육 전문가가 집필한 도서, 텔레비전 육아 프로그램, 유튜브 영상, 주변 선배들의 조언들 등 다양한 방법을 통해 자녀 양육 방법에 대해 도움을 얻으려고 노력한다.

몇 년째 비슷한 또래의 자녀를 양육하고 있는 엄마들과 함께 자조 모임을 운영하고 있다. 모임 구성원은 보통 자녀 나이가 비슷하고 엄마들의 나이도 비슷한 5~6명으로 구성되어 있어서 자녀 양육에 있어 많은 공통적인 문제들을 함께 나눌 수 있다. 때로는 각자의 배우자와 자녀들을 위해 서로 정보를 공유하고 조언하기도 하며 모임 구성원들과 마음을 나누며 편안함을 느끼게 되기도 한다.

자조 모임을 진행하던 어느 날, 모임 후 마무리를 하고 있는데 모임 구성원 한 명이 조심스럽게 상담을 요청했다. 모임 구성원 모두가 모인 자리에선 미처 이야기하지 못했던 자녀와의 관계 문제에 대해 조언을 구하고 싶다고 하였다. 자신의 첫째 아이가 매사에 행동이 느리고 답답하고 성격에 문제가 있는 것 같은 생각이 드는데, 그래서 자꾸 아이를 질책하고 힐난하게 된다고 한다. 아이가 어릴 땐 그나마 엄마가 재촉하고 채근하면 대화를 할 수 있었는데, 이제 아이가 사춘기가 되니 이제는 아이가 뭔가 벽을 쌓고 있는 것 같고 공부도 하지 않고 온종일 핸드폰만 붙잡고 있고, 부모와 대화를 거의 하지 않으려고 해서 어떻게 해야 좋을지 조언을 구하고 싶다고 했다.

## 1. 사춘기 아이와의 갈등

부모와 자녀는 각자 독립적인 개체이므로 당연히 갈등이 발생하기 마련이고, 이러한 갈등을 막을 수는 없다. 또한, 부모와 자녀의 욕구와 바라는 것들의 차이로 인해 갈등이 발생할 가능성은 더욱 크다. 이렇게 부모-자녀 사이에 발생하는 갈등은 필연적이기에, 이를 문제로 인식하기보다는 부모-자녀 간 서로의 입장을 충분히 이해하고 타협하며, 갈등을 잘 해결할 수 있도록 모색하는 것이 중요하다.

부모-자녀 사이의 일상적인 갈등은 부모의 자기조절 또는 자녀의 자기조절이 잘 일어나지 않는 영역에서 일어나기 쉽다. 따라서 코치가 부모의 생각과 가치관을 검토할 수 있는 질문을 통해 자녀와의 갈등 영역에서 작용하고 있는 부모의 생각이나 가치관을 점검하는 것은 매우 중요한 의미가 있다. 코치는 자녀와의 갈등 상황에서 부모의 생각이 자녀와의 갈등에 어떤 영향을 미치고 있는지, 그리고 그 생각이나 가치관이 변할 수 있는 부분인지, 융통성을 발휘한다면 어떻게 변화할 수 있는지에 대해 이렇게 질문할 수 있다.

"자녀와의 갈등이 주로 언제 일어나나요?"
"지금보다 무엇이 조금 달라지면 원하는 방향으로 갈 수 있을까요?"
"어떤 방법을 사용하면 좋을까요?"

가치관 자체는 어떤 것이 정답이라고 명확하게 정의하기 어렵다. 하지만 부모들이 가진 가치관을 구체화, 명료화하고, 그것이 자녀와의 갈등에 어떤 영향을 미치는지 점검하는 것은 매우 중요하다. 이러한 점검을 통해 부모의 고정된 가치관이 조금이나마 유연해진다거나 자녀가 받아들일 수 있는 수준으로 가치관을 조정하는 등 부모 자신의 노력과 타협이 이어질 수 있기 때문이다.

## 2. 코칭 대화를 시작하며

민준(가명) 엄마는 요즘 민준이의 모든 행동이 못마땅하다. 시험기간에도 시험공부는커녕 종일 핸드폰만 붙잡고 유튜브를 보거나 게임만 하고 있고, 민준이의 굼뜬 행동들이 못마땅해서 매번 아이에게 큰 소리를 내게 된다. 평소에도 민준이의 느린 행동이나 답답한 성격 때문에 갈등이 있었는데, 민준이가 사춘기가 되면서부터는 아예 부모와 대화를 단절하는 것 같아 너무 걱정된다. 엄마에게 민준이가 어떤 존재인지 물었다.

> "결혼하고 오랫동안 임신이 되지 않았어요. 그래서 새벽기도도 나가고 정말 간절하게 아이를 바랐었죠. 민준이는 그렇게 해서 얻은 귀한 아이예요. 세상에서 가장 소중한 보물이죠. 힘들게 생긴 아이인데다 아기 때부터 몸도 약하고 아토피도 심해서 정말 정성껏 키웠어요. (중략) 아기일 땐 건강하게만 자라면 바랄 게 없었는데, 잘 자라길 바라는 욕심이 생기면서 자꾸 아이를 다그치게 되는 것 같아요. 공부도 잘하고, 운동도 잘하고, 성격도 좋고, 인사성도 바르고…. 남들이 보기에도 번듯하고, 어디 하나 흠잡을 데 없는 엄친아처럼요. 말하고 보니 제가 정말 욕심이 많았네요. (웃음)"

자기 자녀에 대해 민준 엄마와 같은 바람을 갖는 건 어쩌면 모든 부모가 비슷할지도 모르겠다. 이 글을 쓰는 나도 비슷한 바람을 가지고 있으니 말이다. 그러나 민준 엄마는 아이가 엄친아처럼 자라지 못할까봐 한숨이 나온다고 했다. 민준이가 일부러 그러나 싶을 정도로 행동도 느리고 답답하고, 자기 생각도 제대로 표현하지 못하고 질문에 대답도 곧바로 하지 않거나 우물쭈물하는 모습들에 화가 난다고 한다. 그러다 보니 아이에게 소리를 지르게 되고, 아이를 비난하고 화를 내는 경우가 많이 생긴다고 한다.

> "아이가 좀 변했으면 좋겠어요. 아이가 대답도 좀 빨리하고, 행동도 빨리빨리 하면 좋겠어요. 뭐 하나 물어보면 대답도 안 하고 대

답하는 소리도 작고. 대답 기다리다 속이 터지는 것 같아요."

아이의 느린 대답과 행동에 대해 답답하다는 엄마에게 조금 다른 관점의 이야기를 들려줬다. 느리다는 것은 신중하다는 것을 의미할 수도 있다는 이야기를 들려주며 이 의견에 대해 어떻게 생각하느냐고 물었다.

"그건 그래요. 둘째 아이는 활달하고 적극적인데 변덕이 심하거든요. 그런데 첫째는 신중한 편이긴 해요. 둘째랑 저는 대화가 잘 맞는 편이에요. 성격도 비슷하고요. 그래서 그런지 상대적으로 민준이 행동들을 자꾸 동생이랑 비교하게 되니까 제가 너무 민준이를 답답하게 생각하고 있었던 것 같아요"

코칭 대화 초반에는 어떻게 하면 아이가 변할 수 있을까, 아이가 말도 행동도 빨리빨리 했으면 좋겠다는 생각과 바람이었는데, 코치와의 대화를 통해 생각을 달리해보기로 마음먹게 되었다. 또 그동안 엄마가 아이에게 했던 말과 행동에 대해서도 돌아보게 되었다. 코칭 대화를 이어가며 아이가 변하길 바라기보다는 관점을 바꿔서 아이의 장점들을 먼저 생각해보기로 하였다.

### 목표를 설정하기

아이를 바라보는 관점을 바꾸기 위해서는 먼저 아이의 모습을 있는 그대로 받아들일 필요가 있다. 이것은 자녀의 성향을 살펴보는 것으로 해결할 수 있다. 자녀의 성향 이해를 통해 자녀의 강점을 다시 한

번 생각해 볼 수 있게 된다. 그렇게 되면 자녀와 부모의 부딪치는 문제 상황이 발생할 때보다 유연하게 대처할 수 있게 된다. 또한, 부모로서 자신의 모습을 객관적으로 살펴보는 것도 좋다. 아이가 문제가 아니라 내가 문제가 아닐까 하고 뒤집어서 생각해보는 것도 좋은 방법이 될 수 있다. MBTI 검사 도구를 활용하여 아이와 엄마 본인의 성격 유형을 탐색하여 자기 자신의 이해뿐 아니라 자녀를 이해하고 두 사람의 관계를 개선할 방법을 찾아보기로 했다.

### 부모 자신 이해하기

이번 회기에는 부모 자신에 대한 이해를 주된 내용으로 다뤘다. '자녀의 문제를 어떻게 고칠 수 있을까'라는 마음으로 코칭을 시작한 부모에게, 부모 자신에 대한 이해를 위한 질문들은 상당한 도전이 될 수 있다. 하지만 이 시간을 통해 부모들은 부모-자녀 관계를 가족의 틀 안에서 다시 돌아보게 되며, 자신이 자녀에게 진정으로 바라는 것이 무엇인지에 대해 생각해보게 된다. 이러한 과정을 통해 부모들이 자녀와 관련한 문제 중 "관계"의 문제가 거의 대부분을 차지하고 있다는 것과, 거기에는 부모의 가치관과 부모 자신이 자라왔던 환경도 영향을 미치고 있음을 깨닫게 되었다.

회기 초반에는 '나의 가족 이야기'와 같은 워크시트를 활용하여, 어린 시절로 돌아가 자신의 성격유형과 가족 구성원의 성격유형과의 관계 역동에 대해 되돌아보고 작업을 하였다. 그리고 MBTI Form M 프로파일과 부모 자신의 성격유형 지표별 양육 태도를 정리한 보고서를 가지고, 선호 유형에 따른 강점과 약점, 강점의 활용과 약점의 극복 방안에 대해 부모 스스로 충분히 생각해 볼 수 있도록 하였다. 해당 회

## 나의 가족 이야기 워크시트

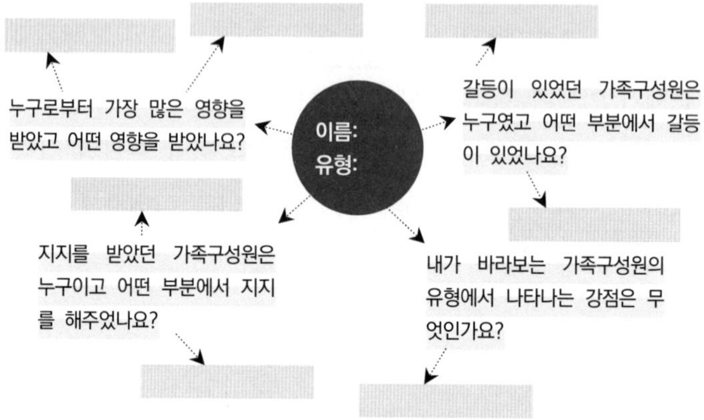


출처: (주)한국MBTI연구소(www.mbti.co.kr)

기를 마치고 소감을 묻자 민준이 엄마는 이렇게 답했다.

> "많은 생각을 하게 되는 시간이었어요. 아이가 문제가 많고 그 문제를 어떻게 고쳐야 하나 하는 마음으로 코칭을 시작했잖아요. 그런데 이번 시간 작업을 통해 제가 자라왔던 환경을 되돌아 생각해보면서, 부모님이 저한테 가졌던 기대들을 제가 고스란히 민준이한테 하고 있었다는 걸 알았어요. 또 제가 아이의 어떤 특정 말투나 행동에서 정말 감당이 되지 않을 정도로 화가 나는 경우가 있는데 이게 제가 어릴 때 부모님과의 갈등에서 해결되지 않은 과제 때문이라는 걸 알게 된 거, 그리고 내 감정을 알지 못하면 아이의 감정을 있는 그대로 볼 수 없다는 코치님 말씀이 큰 울림이 되었어요."

## 내 아이 제대로 알기

자녀와의 관계 개선을 위해서 가장 기본이 되는 것은 바로 '자녀를 이해하는 것'이다. 이를 위해서는 가장 먼저 자녀에게 관심을 갖고 자녀의 이야기에 귀 기울이며 부모와 자녀의 생각과 마음을 나누는 과정이 필요하다. 먼저 MBTI 성격유형 지표를 활용하여 부모 자신과 자녀의 성격유형에 대해 탐색했다. 부모는 MBTI Form M 검사를 시행하였고, 자녀의 성격유형은 '자녀 성격유형 추측을 위해 제시된 문장'을 토대로 부모가 바라보는 아이의 성격유형 지표별 행동 특징과 언어 표현의 특징을 적어보게 했다. 그런 다음에는 자녀의 성격유형 지표별 강점과 약점에 대해 적고 강점을 키우는 방법과 약점을 보완하는 방법에 대해 적어보았다.

**외향형(E)의 아이들**

· 처음 보는 아이들과도 쉽게 이야기하거나 친해지는 편이다.
· 모르는 사람들이 많은 곳에서도 비교적 활발하게 행동하는 편이다.
· 여기저기 친구나 아는 사람이 많다(학교, 학원, 교회 친구 등).
· 슬프거나 기쁜 일이 생기면 즉시 부모님에게 표현하는 편이다.
· 기분을 잘 드러내기 때문에 남들이 잘 알게 된다.
· 혼자 조용히 있기보다는 바깥 활동이나 어울려 지내기를 좋아한다.
· 활달하고 적극적이라는 말을 많이 듣는 편이다.

**내향형(I)의 아이들**

· 낯선 곳이나 아는 친구가 없는 모임에 가면 매우 불편해한다.
· 평소 침착하고 조용하다는 말을 자주 듣는다.
· 혼자 놀거나 조용히 책을 읽는 모습이 자주 눈에 띈다.
· 생각이 많고, 신중히 생각한 다음 행동하는 편이다.
· 자신의 의견이나 감정을 표현하는데 재빠르지 않은 편이다.
· 부끄럼을 타며, 누가 물어보았을 때에야 대답하는 편이다.
· 친구를 쉽게 사귀는 편이 아니며, 소수와만 친하게 지낸다.

**감각형(S)의 아이들**

· 비유적, 상징적 표현보다 구체적, 정확한 표현을 잘 이해한다.
· 주변 사람들의 외모나 특징을 잘 기억한다.
· 근거(구체적 데이터)를 잘 찾는다.
· 세부내용을 잘 암기하고, 손으로 직접 조작하는 것을 좋아한다.
· 실제적이고 현실적이며, '그게 정말이야?'라는 질문이 많다.
· 새로운 일과 활동보다는 늘 하는 일과 활동이 편안하다.
· 새로운 방법의 시도보다 하던 대로 따라서 하는 것이 편하다.

**직관형(N)의 아이들**

· 창의력과 상상력이 풍부하다는 말을 자주 듣는다.
· 이야기(상상)를 잘 만들어내고, 공상 속의 친구가 있을 수도 있다.
· 남들은 생각지도 않는 엉뚱한 행동과 상상을 할 때가 있다.
· 신기한 것에 호기심이 많아, 의외의 질문을 하는 편이다.
· 상식적, 현실적 표현보다 비유와 상징적 표현에 끌린다.
· 세부적인 것은 잘 기억하지 못하나 흐름과 윤곽은 잘 파악한다.
· "하고 싶다, 되고 싶다."라는 꿈이 많다.

**사고형(T)의 아이들**

· '왜?'라는 질문을 자주 하고, 논리적 답을 얻고자 한다.
· 궁금한 점이 있으면 따져서 풀고 싶어라 한다.
· 야단을 맞거나 벌을 받아도 눈물을 잘 보이지 않는 편이다.
· 차별이나 편견, 부당함, 불공정한 대우에 민감하고, 억울해한다.
· 정당한 경쟁을 통한 성취를 좋아하며, 이런 성취를 인정받기 원한다.
· 논리적인 설명으로 부모나 친구들을 설득하는 편이다.
· 정의와 공정성, 권선징악을 주장한다.

**감정형(F)의 아이들**

· 부모나 교사의 말을 잘 듣고 순응하는 편이다.
· 감정이 풍부하고 인정이 많다는 말을 듣는다.
· 주위의 불쌍한 사람, 힘든 친구들에 마음 아파하고 도와주고 싶어 한다.
· 야단맞거나, 벌을 받으면 쉽게 눈물을 보이고 잘못했다고 한다.
· 타인의 반응에 민감하고, 정서 흐름 파악과 감정적 눈치가 빠르다.
· 논리나 객관성보다는, 정서적이고 개인적인 가치에 끌린다.
· 때로 선택이나 결정이 어렵고 쉽게 양보하는 편이다.

| 판단형(J)의 아이들 |
| --- |
| · 계획에 따라, 정해진 대로의 규칙적인 생활을 좋아한다.<br>· 대체로 먼저 공부나 할 일을 해 놓고 노는 편이다.<br>· 마지막 순간이 임박해서 일하는 것을 싫어한다.<br>· 목표가 뚜렷하고 자신의 의견을 분명히 표현하는 편이다.<br>· 예정에 없던 일로 계획을 변경할 때 짜증을 내거나 힘들어한다.<br>· 역할을 주면 그 맡은 분야의 책임을 기꺼이 진다.<br>· 깨끗이 정돈된 상태를 좋아한다. |
| **인식형(P)의 아이들** |
| · 여유롭고 느긋하다.<br>· 일이 생기면 계획에 얽매이기보다 그때그때 처리하는 편이다.<br>· 마지막 순간에 몰아서 한꺼번에 처리하는 경향이 있다.<br>· 주변이 어수선하게 흐트러져 있어도 개의치 않는다.<br>· 지시나 계획보다 자신만의 속도에 따라 행동하기를 원한다.<br>· 일을 조직하거나 시간 계획을 하는 데 융통성이 많다.<br>· 자기주장이나 고집이 세지 않다. |

출처: 「㈜한국MBTI연구소」 www.mbti.co.kr

엄마가 추측한 아이의 유형은 INFP 유형이었다(나중에 아이가 MBTI 검사를 했을 때도 INFP 유형으로 엄마가 추측한 유형과 일치했다). 엄마가 발견한 아이의 강점을 이야기해보라고 했다.

> "신중하고 사려 깊어요. 음… 지금은 그것밖에 생각이 나지 않네요. 근데 아이가 고치면 좋겠는 행동들은 너무 많이 쓸 수 있겠어요. 아이를 좋게 봐야 하는데, 자꾸 지적하고 싶은 것들만 생각이 나요."

민준이 엄마는 아이의 강점에 대해 잘 생각이 나지 않는다며 멋쩍은 웃음을 지었고, 계속해서 아이를 관찰하고 한 주에 한 개 이상 아이의 강점이 어떤 것들이 있는지 발견하기로 했다.

### 부모-자녀 관계 개선하기

엄마는 ESFJ 유형이고, 엄마가 추측한 아이의 유형은 INFP 유형이었다. 각 유형의 특성에 대해 살펴보고, 자녀와의 관계에 있어서 어떤 지표들이 충돌하고 있는지 짚어보았다. 엄마가 생각하기에는 E(외향형)－I(내향형) 지표가 제일 많이 부딪치는 것 같다고 했다. 아이의 행동이 느리고 대답도 늦게 하는 모습이 너무 답답해서 자꾸 아이에게 대답을 재촉하게 되는 것 같다고 한다. 그리고 아이가 뭔가 딴생각만 하는 것 같고 아이와 대화를 할 때 '얘는 다른 세상에 있나?' 싶을 때가 많고, 대화의 흐름이 자주 막히게 되는데, S(감각형)－N(직관형) 차이 때문에 그런 것 같다는 생각이 든다고 했다.

### 실행 계획을 세우기

민준 엄마가 민준이와의 관계 개선과 회복을 위해 가장 먼저 어떤 것들을 할 수 있을지 대화를 통해 아래 세 가지로 정리해보았다.

#### ❶ 경청하고 공감하기

아이의 대답을 재촉하지 않고, 아이가 머릿속에서 생각을 다 정리해서 말을 할 때까지 기다려준다. 화가 나고 목소리가 커지게 되면, 진정하고 차분한 상태로 돌아올 때까지 대화를 멈추고 시간을 갖는다. 그리고 아이가 말을 할 때는 아이에게 관심을 기울이고 아이와 눈을 맞추고 아이가 하는 말에 집중해서 듣는다.

### ❷ 아이의 관점에서 생각해보기

엄마 관점에서 판단하려 하지 않고 아이의 입장이 되어 상황을 생각해보도록 노력한다. 있는 그대로의 아이의 말과 행동을 인정한다.

### ❸ 일관성 유지하기

아이를 대할 때 엄마의 기분이 좋고 컨디션이 좋을 때는 그냥 넘어갈 일도 기분이 안 좋거나 화가 날 때는 사소한 것에도 혼을 낼 때가 많은데, 되도록 평정심을 유지하고 화를 내지 않도록 한다.

"과연 잘 지킬 수 있을지 모르겠네요."라는 민준이 엄마의 말에 분명히 잘 할 수 있을 거라는 격려를 보냈다. 시간이 지나 엄마의 실행들을 통해 아이와 관계가 많이 좋아진 모습을 상상했을 때 아이의 얼굴이 어떤지 한번 표현해보라고 했더니 잠시 생각하고는 "아이가 저에게 환하게 웃어줬어요."라고 말하며 감격스러운 표정을 지었다. 코치로서 응원과 격려를 보내는 건 당연했다.

## 3. 정리하며

코칭을 마치고 다음번 모임에서 밝은 얼굴로 인사를 건네는 민준이 엄마를 다시 만났다. 요즘 어떤지를 묻는 질문에 민준 엄마는 이런 대답을 들려준다.

"아이가 변화되기를 원했는데 제가 변했네요. 아이의 있는 그대로의 모습을 이해하려고 노력하는 모습을 보이니까 아이도 마음을 열더라고요. 요즘에는 먼저 저한테 말도 잘 하고요. 요즘처럼 좋은 날이 없는 것 같아요."

어떤 부모도 처음부터 아이를 완벽하게 기르는 방법을 알 수는 없다. 다만 아이를 키워가며 한계에 부딪칠 때 좌절하지 않고 성장하려고 노력하며 삶에 최선을 다하는 것, 이런 부모의 모습은 자녀의 삶에도 배우고 싶고 따라 하고 싶은 모델이 될 것이다. 있는 그대로의 자녀를 바라보고 이해하고 인정한다면 좋은 부모가 될 수 있다는 것을 우리 모두 알고 있지만 실천하기는 여전히 어렵다. 하지만 노력하지 않으면 자녀와의 관계회복은 시작조차 할 수 없을 것이다. 부모의 역할에 관한 관심과 강점은 각 사람에 따라 다르다. 따라서 우리 모두 자신만의 양육 태도와 장점이 있다는 것을 기억할 필요가 있다. 자신을 믿고 자신의 선택과 결정에 대한 책임을 기꺼이 받아들일 때, 비로소 훌륭한 부모가 되어 있지 않을까?

# 'CAL'을 통한 라이프스타일 그룹 코칭

고현순

## 1. In a quandary: '감동' 이후 마주하는 '습관'이라는 현실의 벽

코칭 강의가 끝나고 나면 자주 듣던 피드백이 있었다.

"코치님, 저 오늘 너무 감동받았어요. 이제는 정말 다른 인생을 살 수 있을 것 같아요!"
"그동안 정말 엉뚱하게 살았네요. 이제는 진짜 좋은 부모(리더)가 될 수 있을 것 같아요!"

그러던 사람들이 시간이 지난 후 다시 만나면 다른 이야기를 했다.

"차라리 몰랐을 때가 마음은 더 편했던 것 같습니다. 목표는 있지만 바뀌지 않는 저의 모습 때문에 정말 괴롭습니다."
"열심히 노력했지만 결국은 망치게 되는 것 같아요. 저는 정말 안

되나 봐요."

"그건 단지 이상적인 것 아닌가요? 사람은 쉽게 바뀌지 않습니다. 그리고 나만 노력하면 뭐 하나요? 상대방은 그대로인데…"

배운 내용과 현실의 갭으로 낙심하는 사람들의 모습을 마주할 때면, 나는 마치 손안에 가득 쥐고 있던 모래가 손가락 사이로 모조리 빠져나가는 것 같은 허탈감에 당황했고 무엇을 어떻게 해야 할지 모호한 안개 속에 있을 때가 종종 있었다.

'잘 가르치고 잘 배웠는데 왜 변화가 일어나지 않는 걸까?'

'내가 무엇을 놓치고 있는 걸까?'

'부정적 습관에서 벗어나기 위해 어떻게 도와줘야 할까?'

## 2. 자전거를 타고 안개 밖으로 나온 날

한 번씩 다가오는 허탈감과 모호함의 안개 속에 있던 어느 날, 나는 놀이터 벤치에 앉아서 아이들이 자전거를 타는 모습을 보고 있었다. 비틀거리면서 넘어지지 않으려고 애쓰는 아이와 그 뒤에서 자전거를 잡아주는 할아버지의 모습을 보다가 나는 순간 무릎을 탁~ 치고 일어났다. 할아버지와 어린 손자가 자전거를 타는 모습 속에 성장과 변화의 핵심이 담겨있었다. 한두 번의 강의나 코칭으로 우리의 삶이 쉽게 변한다면 아마도 우리는 사람이 아니라 로봇이지 않겠는가? 학습은 단순히 지식을 받아들이는 것에서 멈추지 않는다. 삶의 여러 경우와 맥락 속에서 대면 지식으로 완성되어야 진정한 학습이라 할 수 있을 것이다. 사람들의 삶에서 '성장과 변화'가 일어나도록 돕기 위해 '변화를 위한 효율적인 접근', 그리고 기존의 방식에서 한 걸음 더 나아간 '성장 환경 시스템'이 필요했다.

## 3. 자전거 타기에서 발견한 성장과 변화의 3가지 Agenda

### ❶ 멘토링 Mentoring: 자신의 이슈에 맞는 양질의 정보를 만남 (효율성)

우리는 보통 자전거 타기를 시작할 때 이미 익숙하게 잘 타고 있는 사람(멘토)에게 도움을 받는다. 자신의 취향과 라이딩 스타일에 맞는 자전거 선택하기, 관절과 근육에 무리가 되지 않는 적절한 안장의 높이와 동력을 효율적으로 올리는 방법, 중심을 잘 잡고 넘어질 때 다치지 않는 방법, 연습하기 좋은 라이딩 장소 및 위험한 상황에 대처하는 방법 등 멘토링은 마음이 앞서 성급하게 앞으로 나가다가 이리저리 넘어지고 다치는 경우의 수를 줄이는 데 도움이 된다. 아울러 효율적인 방법을 습득해 능숙한 라이더가 될 수 있도록 돕는 데 중요한 역할을 한다. 생활 자전거 경력이 60년이신 할아버지는 어린 손주에게 짧은 시간 동안 효과적으로 자전거 타기에 대한 양질의 기술을 전수해 주셨다.

❷ 코칭 Coaching: 취하고 버릴 정보의 선택, 자신에게 맞는 목표 설정과 실행 계획 수립(개인화)

자전거 타기 전반에 대한 여러 정보(멘토링 내용) 중 자신에게 필요한 정보를 선택하고 적합한 방식으로 적용하는 과정 또한 중요하다. 재정, 환경, 신체 등을 고려해 취향과 목표에 맞는 자전거를 구입하고 적용하는 것이 그것이다. '왜 자전거를 타고 싶은가?'의 의미 질문과 함께, 스스로 선택한 목표와 실행 결과를 점검하고 피드백하는 것 또한 놓쳐서는 안 될 중요한 요소이다(목표–실행–성찰의 순환과정). 아이는 할아버지의 멘토링을 성실하게 받아 며칠 동안은 그대로 타더니, 어느 순간 정말 다이내믹하고 기상천외한 자기만의 방식으로 자전거를 타며 할아버지의 심장을 수도 없이 땅바닥에 떨어트려 주었다. 할아버지는 조마조마하며 쫓아다니고, 손주는 신나게 신세계를 맛보는 즐거운 자전거 타기의 현장이었다.

❸ 트레이닝 Training: 포기하지 않고 반복, 실패를 통한 배움으로 대면 지식에 도달(지속성)

아무리 효과적인 방법을 전수 받고(멘토링) 자기에게 맞는 목표와 방식을 찾아 적용하기(코칭)를 해보았다고 한들, 단기간의 체험적 경험에 그치게 된다면 손에 꽉 잡고 있던 모래가 손가락 사이로 순식간에 빠져나가 버리는 현상을 다시 직면하게 된다. 습득하여 적용한 정보가 능숙하고, 자연스러우며, 편안해지기까지 반복하는 과정이 반드시 필요하다. 자전거가 내 생각대로 움직이고 속도를 내기까지 수없이 넘어지고, 다치고, 망가진 자전거를 고쳐야 하는 등 여러모로 속상한 과정들을 직면하는 과정 말이다. 녹슬지 않게 기름칠하고, 놓친 부분은 없는지 다시 복기하고, 반복적으로 넘어지게 하는 오류와 습관을 찾아내서 다르게 적용해보고, 미숙한 부분이 자연스러워질 때까지 다시 반복하는 과정, 이 모든 과정은 때로는 성장이 멈춘 듯 끊임없이 평지를 걷는 느낌을 주기도 하고, 가면 갈수록 막다른 벽에 가까워지듯 점점 더 깜깜한 느낌을 주기도 한다. 그러나 멘토링(효율성)과 코칭(개인화)이 온전히 삶에 뿌리내리기 위해서는 반복적인 실천(트레이닝)의 도움이 필요하다. 아이들은 반복의 달인 할아버지 덕분에 쉬고 싶을 때 다시 핸들을 잡았고, 그만하고 싶을 때 한 번 더 자전거를 타며 제법 일찍 자전거 타기의 달인이 되어 작은 손과 까치발로 할아버지의 큰 자전거를 타는 수준에까지 이르렀다.

## 4. 새로운 도전
## : 멘토링 그룹 코칭 'MOIM(Meeting Of Ideal Members)' 그리고 'CAL'

안개 속에서 걸어 나온 나는 '자전거 타기'에서 발견한 ① 이슈에 맞는 정보 제공하기(멘토링), ② 발견과 성찰을 통한 목표 설정 및 실행 계획 세우기(코칭), ③ 삶의 현장에서 반복 적용하기(트레이닝)의 3가지 아젠다를 통합한 〈그룹 코칭 과정－모임(MOIM)〉을 시작했다. 이상적인 부모, 교사, 리더의 모습을 꿈꾸는 사람들이 모여 MOIM에서 함께 성장과 변화의 시간을 가질 수 있었다. 그러나 대학원에서의 학습 과정은 나를 '생활세계 속에서 분절의 순간에 있는 인간(Jarvis, 1987)'의 자리에 서게 했고, '세상과 사람을 보는 방식에 있어서 극적이고 근본적인 변화(Mezirow, 1978)'를 경험하게 했다. 그 시간은 '성장을 통한 이상적인 한 사람(MOIM)'이 되는 것을 바라보던 내가 '매일의 삶에서 코칭 라이프스타일을 살아가는 성숙한 한 사람(CAL)'의 삶에 더욱 마음을 두게 했다.

## 5. CAL(Coaching As Lifestyle)
## : 코칭과 라이프스타일의 양방향 역동

❶ 코칭으로서의 '라이프스타일': 매 순간 만나게 되는 '모든 사람, 모든 상황, 모든 환경'을 대하는 삶의 태도에서 고객을 대하듯 코칭의 철학과 스킬이 적용되는 삶
❷ 라이프스타일로서의 '코칭': 삶에서 익숙한 코칭의 철학과 스킬이 전문 코칭 장면에서도 자연스럽게 표출되어 라이프스타일 자체가 코칭이 되는 것

이 만남에서 코치는 한발 앞에서 CAL을 살아가는 '코칭 라이프스타일 모델'이다. 또한 목표지점에 다다르도록 옆에서 보조를 맞추며 지지하고 격려하는 '성장 마라톤의 페이스메이커'이다. 이를 위해 단순한 지식과 이론의 전달이 아닌 직접 경험하는 워크숍 방식의 진행과, 삶에 적용하고 반복적으로 실행할 수 있도록 개인과 그룹의 환경을 구성하는 것은 당연하지만 매우 중요한 요소이다. CAL 그룹 코칭에서 멘토링과 트레이닝은 일반적인 정의와 지식보다는 〈코칭형 멘토링, 코칭형

트레이닝〉으로 접근한다.

**CAL 프로그램 모듈**

| 1주차 | 2주차 | 3주차 | 4주차 | 5주차 |
|---|---|---|---|---|
| • Welcome<br>• Lifestyle | • 최고의 작품<br>• Leadership | GI Lifestyle<br>코칭 철학 | • 경청<br>• 질문 | • 인정 & 격려<br>• CAL 수료 |
| • CAL 프로그램 소개<br>• 멤버 소개 및 기대사항<br>• 4가지 관점<br>• GI Lifestyle | • Review<br>• 〈최고의 작품〉 소개<br>• Coaching Leadership<br>• Wrap Up | • Review<br>• GI 코칭 철학<br>• Wrap Up | • Review<br>• 〈I am〉 & 〈I say〉<br>• 경청의 본질 & 질문<br>• Wrap Up | • Review<br>• 인정의 정의 & 효과<br>• 격려와 인정 샤워<br>• 수료 |

## 6. CAL 그룹 코칭 사례

충분한 나눔과 활동을 위해 참여자를 6명으로 제한해서 모집했다. 삶과 일터에서 '선한 영향력과 선한 상호작용'의 〈코칭 라이프스타일〉로 살아가고 싶은 6명의 참가자가 모였다. 우리는 5주 동안, 주 1회, 3시간씩, 온라인(Zoom)으로 만났다.

### #1. 여행의 시작을 위한 코치의 한 걸음
### : "여행 포스터 붙이기= 실행 환경 엑셀 장치"

홍보를 통해 참가자를 모집하는 경우는 마치 외나무다리를 건너는 조마조마한 느낌을 준다. 미래의 성과나 성취에 대한 두려움은 코치에게도 동일하게 불편하고 피하고 싶은 감정이다. 그러나 참여하고 싶은 단 한 사람이 있으면 그 사람을 기준으로 반드시 강의 일정을 세팅하고, 홍보 포스터를 만들었다. 그 실행 환경 조성은 한 번씩 밀려오는 두려움 앞에서 포기하지 않고 끝까지 버티게 하는 나만의 자기 제어 장치다. 지금껏 참가인원 부족으로 시작하지 못한 그룹이 없었으니 놀랍고 감사할 뿐이다. 결과를 알 수 없는 상황 중에 주어지는 도전적 환경 조성은 코치를 '프로그램 진행자'에 머무르지 않고 'CAL 실행자'로 존재하게 한다.

**#2. 안전지대 만들기**
**: "신청서와 계약사항 = 서로의 안전장치"**

프로그램 시작 전 구글 설문지를 통해 신청서를 받았다. 설문 내용에는 프로그램에 대한 간단한 소개와 일정 및 코칭 참가 계약서를 대신할 동의 사항(비밀 유지, 성실한 참여와 실행, 복습을 위한 영상 녹화, 그룹채팅방 개설 등), 프로그램 콘텐츠 보호, 후속 과정 참여 의사 체크 등을 포함했다. 더불어 참여 경로와 동기, 기대하는 부분, 도움이 필요한 부분 등의 열린 질문도 포함했다. 코칭의 중요 요소인 질문과 사고, 경청과 인정, 선택과 책임을 미리 경험하며 장착하는 시간이다.

**#3. 여행의 준비 A**
**: "한 장, 또 한 장 정성을 담아 = 코치의 준비운동"**

참가자의 이름이 들어간 표지와 주차별 워크시트를 출력해 파일에 끼웠다. 현장 워크숍 느낌을 조금이라도 전하고 싶어 볼펜 세트, 포스트잇, 형광펜, 챌린지 카드, 인정 메시지 보드 등을 매뉴얼과 함께 택배로 보냈다. 코치로서 이 만남을 정말 기대하며 진정성을 가지고 준비하고 있다는 마음을 전달하는 나만의 즐거운 루틴이다. 택배 선물은 그룹 코칭에 대한 기대, 코치와의 긍정적인 라포 형성에 좋은 촉진

제가 된다. 참가자들은 도착한 택배에 울컥하며 언박싱 감동 영상을 SNS에 올리기도 했고, 장문의 문자를 보내주기도 했다.

"세상에 태어나 처음 본 러블리 핑크 택배 봉투에 정말 설렜습니다. 세심하게 하나하나 담아주신 선물과 제 이름으로 한 장씩 인쇄된 워크시트에 담겨있는 사랑. 감동받은 제 표정, 상상이 되실까요? 선물을 하나씩 채워가며 이미 충분히 행복하셨을 코치님의 표정도 상상해 봅니다. 이 감동의 도가니가 단지 이 몇 자로 전달이 될까 싶지만 그래도 꼭 감사한 마음을 전달하고 싶었어요. 이 만남은 듣지 않고 보지 않아도 이미 퍼팩트할 것 같습니다."

CAL 과정 전반에 흐르는 "당신은 참 소중한 존재"라는 메시지가 담긴 매뉴얼. 마치 실물 NFT 같은, 세상에서 딱 하나뿐인 매뉴얼에 정성과 지지를 담는 코치의 준비운동 타임이다.

### #4. 여행의 준비 B
### : "안전감 하나, 기대감 둘, 호기심 셋 = 참가자의 준비운동"

온라인 만남의 환경 조성 및 효율적인 진행을 위해 모임 시작 3일 전부터 그룹채팅방을 열었다. 환영의 인사와 공지 사항 및 주의 사항을 동시에 올리지 않고 조금씩 나누어 공유했다. 오프라인 만남에서 공간과 프로그램 환경을 세팅하는 것과 같은 맥락이다. 아직 Zoom이 익숙하지 않은 참가자를 배려해 쉽고 간단한 줌 사용법 안내 및 만남과 성장에 대한 기대감도 공유했다. 성장을 위해 무언가를 시작할 때 변화에 대한 기대감이 생긴다. 반대로 잘 해내지 못할 것 같다는 두려움 또한 혼재하며 이는 '낯섦'에서 오는 경우가 대부분이다. 이로부터 발생할 수 있는 부정적 분위기의 조성, 성장의 기회 회피, 중도 포기 등 돌발 상황이나 걸림돌에 대비하기 위한 참가자의 준비운동 타임이다.

이제 자전거 여행의 출발을 알리는 안내 문자와 함께 첫 만남의 문이 열렸다. 다섯 번의 만남을 통한 여행코스는 모두 동일하게 3가지 구조로 진행했다.

❶ Share: 지난주 적용과 실천에 대한 리뷰 및 나눔
❷ Mentoring & Activity: 주차별 주요 이슈 멘토링 및 활동
❸ Wrap Up: AHA & Define을 통한 성찰과 실행 계획 및 공유

**#5. CAL 자전거 여행 1코스 〈웰컴 & 라이프스타일〉**
**"만나서 반갑습니다. 잠시 장비 점검하고 가실게요~!"**

1코스에서는 CAL 자전거 여행의 안내, 멤버 소개 및 참여 동기와 기대사항을 공유한다. '4가지 관점'과 '6가지 GI 리더십 라이프스타일' 장비도 점검한다. 이것은 코칭적 라이프스타일의 실제적인 내용이며 CAL 5주 과정을 통해 참가자들이 획득하게 될 태도와 스킬이다. 참가자들의 이름과 지역을 공유했다. 그 외에 자신을 오픈하고 싶은 정도를 참가자 스스로 선택하게 하며, 호칭은 '***선생님'으로 통일했다. 직업이나 지위가 아닌 '이름'이 나를 대표하면 포지션, 외면, 환경보다 서로의 존재 자체를 더 바라보게 된다. 이는 참가자들이 서로 내면의 본질과 가치, 관계와 삶의 이야기에 더 집중하며 소중한 동행자로 존재하게 한다. 오늘의 만남을 통해 기대하는 바를 〈Today… 5가지 키워

드〉에 담아 전달했다.

"오늘 여러분 안에 그동안 경험해 보지 못했던 색다른 '즐거움'이 일어나고, 저를 포함한 참가자 모두에게 상호학습을 통한 '배움'이 일어나며, 오랫동안 숨겨져 있었던 각 사람 안의 '열정'이 샘솟고, 누구보다 제일 먼저 여러분이 스스로를 '격려'하고 더불어 우리가 서로 '격려'받게 될 것을, 나아가 우리 안에 '선한 영향력(Good Interaction)'과 '선한 상호작용(Good Influence)'이 풍성하게 일어날 것을 기대합니다."

5가지 키워드는 매주 시작 타임마다 코치의 기대감과 소원이 그 날의 주제와 연결되어 소개된다. 'Today…'는 코치의 '프레즌스 스위치'이며 동시에 동일한 프레즌스로 참가자들을 초대하는 퍼포먼스가 된다. 코치의 프레즌스(presence)는 코칭 장면에서 코치가 고객의 파트너로 온전히 존재하며 상호작용하는 것이다. 이 5가지 키워드는 코치 안에 존재하는 CAL(코칭적 라이프스타일)로부터 시작되어 참가자들을 향한 믿음이 된다. 그 단단한 믿음 위에 세워진 코치의 기대감은 자신감, 유연함, 호기심, 열린 태도의 프레즌스(존재)로 발현되어 참가자들을 초대한다. 그 초대에 응한 참가자들은 코치가 펼친 믿음의 안전한 그라운드 위에서 코치와 함께 프레즌스(상호작용)하며 즐거운 춤을 추게 된다.

**Share: 'CAL 과정에 참여하며…'**

"CAL 과정을 선택하게 된 동기(계기)는 무엇인가요?"

"CAL 과정을 통해 삶에 어떤 변화가 일어나길 기대하십니까?"

"5주 동안 동행하는 참가자들에게 하고 싶은 말은?"(격려와 응원 또는 당부)

참가자들은 '참가 동기와 기대' 질문에 즐거운 소통과 행복한 관계에 대한 기대, 코칭 프로세스에 갇히지 않는 폭넓은 코칭 역량의 확장, 배우자(선행 참가자)의 변화처럼 자신도 변화되고 싶은 욕구, 정체되지 않고 코치형 리더로 성장하는 것 등을 공유했다. '응원과 당부' 질문에서 낯을 가리는 자신의 성격에 대한 이해를 구하는 한 참가자에게 나는 '솔직함과 용기 있는 모습'이라며 인정해주었고 참가자들도 함께 지지와 인정을 표현했다.

### Mentoring

① 4가지 관점 점검 및 질문

– 자기관(나는 누구인가?), 인생관(나는 어떤 인생을 살아야 하는가?), 인간관(나와 타인과의 관계는 어떠한가?), 학습관(나는 언제, 어떻게, 무엇을, 왜, 누구에게 배우고 있는가?)

② 6가지 'GI 리더십 라이프스타일' 점검 및 질문

– 나는 GI Lifestyle 모델(나는 어떤 리더인가?), 있는 모습 그대로 진실한 나(진정한 겸손과 교만은 무엇인가?), 카이로스(나는 어떤 선택을 하고 있는가?), 실패는 성장과 성숙을 위한 자원과 동력(실패는 나에게 어떤 의미인가?), 신뢰의 5가지(나는 어떤 신뢰를 주고 있는가?), 대면지식(나는 어떤 지식에 머무르고 있는가?)

"6가지 중 나에게 이미 존재하고 있는 것과 앞으로 채워가야 할 것은 무엇인가요?"

### Wrap Up

CAL 1주차 여행을 마무리하며 AHA 셀프코칭 시트를 기록한 후 공유했다.

❶ Awakening: "새롭게 알게 된 것, 가장 기억에 남는 것은 무엇인가요?"

❷ Honesty: "지금까지 나의 모습을 돌아볼 때 변화와 성장이 필요한 영역은 무엇일까요?"

❸ Action: "오늘부터 한 가지만 적용한다면 무엇이 가능할까요?" (Just try 1)

* 쉽고 즐거운 방법, 나만의 강점을 활용한 챌린지 카드 쓰기(날짜, 실행 계획, 목표 횟수)

❹ Define: 새롭게 인식한 것을 나만의 언어로 정의하기

〈~는 나에게 ~이다. ~이(하)기 때문이다. 그러므로 ~이다.〉

❺ 기억해야 할 키워드(문장)

❻ 스스로에게 응원(격려) 한마디

위의 'AHA 셀프코칭 워크시트'를 10분 이내로 기록한 후, 한 명씩 내용을 공유했다. 해당 내용은 다음과 같다.

[삶으로 살아내는 대면지식 / 인관관계 능력은 문제 상황에서 함께 win win하는 소통이다. / 도와주려는 의도를 잘 전달해서 신

뢰 관계를 잘 유지하자 / 실패는 나에게 새로운 시작과 같다. 현재의 나를 돌아보고 생각할 수 있기 때문이다. 그러므로 멈추어서 잘 들어보자.]

### #6. CAL 자전거 여행 2코스 〈'셀프 도슨트'와 함께 작품 관람하기〉
### "최고의 작품을 소개합니다~!"

어느 식당에서 김치찌개를 주문했는데 사장님이 "5번 테이블에 작품 3개요." 하는 모습에 잠시 멍해졌던 기억이 있다. 흔한 김치찌개도 사장님에게는 자부심이 되는 작품이었다. 2코스는 익숙하고 사소했던 내 모습, 그리고 다른 사람들의 다양한 모습을 특별하게 바라보며 최고의 작품으로 인정하게 되는 작품 관람 코스다.

"자신을 소개할 때는 작품의 가치와 배경, 특징을 이해하도록 돕는 셀프 도슨트가 되셔서 스토리텔링과 함께 소개해 주세요. 작품을 소개받을 때는 최고의 걸작품 앞에서 관람하듯 호기심을 가지고 적극적으로 경청한 후 질문과 피드백을 해주세요."

우리는 8가지 칸으로 나눠진 '최고의 작품을 소개합니다~!'에 ① 좋아하는 색깔 ② 좋아하는 음식 ③ 나를 표현하는 말(형용사) 3가지 ④ 기억에 남는(가고 싶은) 여행지 ⑤ 요즘 나의 바램(기도) ⑥ 닮고 싶은 사람(멘토) ⑦ 나에게 중요한 한마디(문장) ⑧ 나의 강점 또는 사람들이 말하는 나의 장점을 작품을 그리듯 기록한 후 서로 소개하며 감상했다. 한 참가자의 이야기가 우리 모두에게 큰 울림을 주었다.

"힘들었던 하루의 일을 마치고 지친 몸으로 퇴근할 때, 무심코 하늘을 봤는데 정말 멋진 노을이 하늘에 있었어요. 그때 제 마음에 '오늘 수고한 너에게 주는 선물이다.'라는 울림이 있었어요. 노을을 볼 때마다 그 순간이 생각나고 가슴이 따뜻해져요. 그래서 제가 좋아하는 색깔은 노을색입니다."

사소한 자신의 취향과 습관, 생각, 경험을 작품으로 바라보지 못했던 참가자들은 작품 소개와 관람을 통해 함께 웃고 감동하며 존중과 인정, 지지를 주고받는 과정을 통해 '우리는 모두 최고의 작품'이라는 관점을 장착하게 됐다. 일주일 동안 일상에서 좋아하는 색깔을 찾아 채팅방에 공유하는 미션을 주었는데, 참가자들은 좋아하는 색이 자신의 주변에 참 많이 있었다는 사실을 새삼 인식하며, 색깔을 통한 지지와 격려를 경험하기도 했다. 더불어 '노을색' 이야기에 감동받은 해외 참가자들의 적극적인 미션 실행 덕분에 우리는 라오스와 말레이시아의 노을을 실시간으로 감상할 수 있었다.

### Wrap Up

CAL 2주차 여행을 마무리하며 AHA 셀프코칭 시트를 기록한 후 공유했다.

❶ Awakening: 내가 소중하게 여기지 않았던 것들도 모두 작품이었다.

❷ Honesty: 나를 작품으로 보지 않았으니 다른 사람도 작품으로 볼 수 없었구나.

❸ Action: 실수는 너그럽게 바라보고 좋은 점을 칭찬하기 / 나와

다른 사람들의 장점 하나씩 찾아내기 / 센터 학생들과 나의 자녀를 작품으로 바라보고 칭찬하기

❹ Define: 인내는 나에게 마라톤 골인 지점 같다. 반드시 다다라야 하기 때문이다. 하지만 참 멀고 고된 길이다 / 하나님은 나에게 좋은 작가와 같다. 나는 모든 면에서 유니크하고 훌륭하게 창조됐기 때문이다. 그러므로 가슴 펴고 당당하게 나를 최고의 작품이라고 말하자.

❺ 키워드 & 격려: 모든 작품은 다르고 귀하다 / 나는 존귀한 사람이야 / 통통한 걸작품

### #7. CAL 자전거 여행 3코스 <CAL 라이딩 패션 'GI 코칭 철학'>
### "딱~ 그 옷이에요! 한층 더 멋있으세요~!"

3코스는 CAL에 어울리는 'GI Lifestyle 코칭 철학' 옷을 입는 시간이다. 지금 입고 있는 옷이 1코스의 '4가지 관점'과 '6가지 라이프스타일'에 어울리는지 거울을 보며 점검한다. 일주일 동안 가족과 일터에서 자신과 다른 사람들을 작품으로 바라보는 새로운 관점으로 좋은 관계를 경험하고 온 참가자들 안에 긍정 에너지가 가득 채워져 있었다. 2주 동안 조금씩 예고했던 4가지 'GI(선한 영향력과 선한 상호작용) 코칭 철학'을 사례와 함께 설명했다.

① 우리에게는 무한한 가능성이 있다.

② 해답은 모두 각 사람 안에 있다.

③ 틀린 것이 아니라 다른 것이고, 잘못된 것이 아니라 아직 잘 모르는 것이다(틀다잘잘).

④ 1+1=1

코칭 철학은 사람, 상황, 환경을 바라보는 관점이며 믿음이고 반응을 일으키는 태도가 된다. 코칭 철학은 자신에게 먼저 적용하며 바라볼 때 타인에게도 온전한 태도가 될 수 있다. 참가자들은 지난주 최고의 작품 활동이 'GI 코칭 철학'의 선행적 대면 지식이었음을 깨달았다.

"4가지 철학 중 이미 잘 작동되고 있는 철학과 앞으로 성장 또는 성숙이 필요한 철학은 무엇인가요?"라고 질문하고 각자의 옷을 거울에 비춰보게 했다. 일주일 동안 삶에서 만나는 사람, 주어진 환경, 문제 상황 속에서 4가지 철학을 담아보기를 도전하고 응원했다.

### Wrap Up

CAL 3주차 여행을 마무리하며 AHA 셀프코칭 시트를 기록한 후 공유했다.

❶ Awakening: 약점도 내 모습이므로 당당하게 인정하고 도움을 요청하자.

❷ Honesty: 그동안 내가 티칭과 트레이닝에 많이 집중했었구나.

❸ Action: "당신 덕분에 생각나고 ~하게 되었어요."라고 받은 선한 영향 꼭 말해주기

❹ Define: CAL은 나에게 사색하는 도구와 같다. 감사, 인정, 배움이 일어나기 때문이다.

❺ 키워드 & 격려: 해답은 각 사람 안에 / 틀다잘잘

### #8. CAL 자전거 여행 4코스 〈'경청 & 질문' 아이템 장착하기〉

### "코칭 자전거에 날개를 달아주는 경청과 질문 아이템"

4코스는 GI Lifestyle 코칭 철학 패션에 어울리는 경청과 질문을 덧입는 시간이다.

**Share**

매주 동일한 질문으로 나눔을 시작한다.

① 지난주 실행 계획, 실천 횟수, 스스로에게 주는 점수

② 실행을 통해 깨달은 점

③ 한 걸음 더 성장한 내 모습

④ 오늘 4주차 과정에서 기대되는 것

'한 걸음 더 성장한 내 모습' 질문에 답하는 것은 매우 중요하다. 우리는 계획이 실천으로 잘 연결되지 않아서 변화가 없다며 부정적으로 자신을 바라보는 스위치에 더 빨리 반응하기 때문이다. 성장한 게 하나도 없고 오히려 더 퇴보한 느낌이 든다는 상심한 참가자의 감정 상태에 그럴 수 있다고 공감하며 대화했다.

"그런데 반드시 있거든요. 다시 잘 살펴보면 일주일 전보다 성장한 부분이 조금이라도 있을 거예요. 큰 걸음이 아니어도, 눈에 보이는 실행이 아니어도 반드시 있을 거예요. 아주 작은 한 걸음이라도 성장한 것이 있다면 무엇일까요?"

"아, 맞다. 그러고 보니 저는 일주일 전에는 무한한 가능성이라는 단어 자체도 생각해 본 적이 없었어요. 전에는 회사 동료의 냉소적인 말투가 불편해서 말도 섞고 싶지 않았는데, 어제는 속으로 '틀다잘잘', '이 친구에게도 무한한 가능성이 있을 거야.' 했더니 금세 나빴던 기분에서 벗어날 수 있었어요."

"와우~ 제가 보기에는 작은 한 걸음이 아니라 열 걸음 앞으로 나아가신 것 같아요. 마음과 행동에 영향을 주는 중요한 부분이 바로 우리의 생각이니까요. 관점의 성장을 이루셨네요!"

참가자들은 모두 인정의 박수로 그의 성장의 한 걸음을 기뻐하며 격려했다. 고객의 가능성과 해답에 끝까지 집중하며 포기하지 않고, 작은 시도까지 찾아 인정과 지지로 연결하는 코치의 태도는 고객이 상심과 두려움에 머무르지 않고 다시 한 걸음 앞으로 나아가게 하는 힘이 된다. 더불어 참가자들이 지난 일주일 동안의 실패와 성공의 경험을 나눌 때, 실행 경험에 철학을 연결하도록 질문했다.

① "남편과 싸우지 않고 성공적인 대화를 할 수 있게 도움을 준 철학은 무엇이었나요?"
"1+1=1을 떠올리니 판단과 지적을 멈추고 저의 강점으로 남편의 약점을 돕고 싶어졌어요."

② "비슷한 상황이 다시 올 때 좀 더 나은 결과를 위해 어떤 철학을 적용하면 좋을까요?"
"아직 잘 모르는 것을 인정하고, 무한한 가능성을 인정하고 친절하게 설명해야겠어요."

## Mirroring: 관점과 습관을 다시 거울에 비춰보기

경청과 질문 멘토링에 들어가기 전, "여러분은 스스로를 어떻게 바라보고 어떻게 표현하나요?", "여러분은 평소 어떤 말을 자주 하나요?"라고 질문하며 현재 자신을 바라보는 관점(철학)과 언어 습관을 발견하고 점검하는 시간을 가졌다.

① 'I am…' : '나에 대해 표현할 수 있는 모든 키워드나 문장,
② 'I say…' : '내가 평소에 자주 사용하는 말'을 기록한 후 느낀 점을 공유했다.

['I am…'이 쉽게 써지지 않아서 당황했어요 / 몇 단어 쓰고 나서 보니 너무 뻔한 역할 위주로 기록하는 저의 모습에 조금 씁쓸했어요 / 'I am…'은 저의 삶을 돌아보는 시간이었어요. 최고의 작품을 썼을 때처럼 좀 더 저 자신에게 관심을 가져야겠어요 / 'I say…'를 쓰면서 내가 이렇게나 부정적이고 딱딱한 말을 많이 쓰고 있다는 사실에 조금 당황했어요.]

2주차 최고의 작품에서 받은 감동이 계속해서 지속되면 좋겠지만, 부정적인 관점과 언어 습관은 생각보다 쉽게 버려지지 않는다는 사실에 우리는 적잖이 놀라게 된다. 그러나 코치와 동행자들의 공감과 격려는 참가자가 직면과 당황함의 자리에서 스스로 다시 툭툭 털고 일어날 수 있도록 지지대가 되어준다. 그룹 코칭의 매력이다. 나는 추가로 내용이 생각나거나, 주변 지인들에게 내가 '어떤 사람'이고 '어떤 말'을 많이 하는지 정보를 받아서 'I am'과 'I say' 기록 활동을 당분간 지속

해 보도록 권유했다.

### Mentoring: 경청 & 질문

경청을 어떻게 정의하고 있는지 참가자들의 사전 지식을 들은 후, 내 중심적 경청과 질문이 아닌 선한 영향력과 선한 상호작용을 일으키는 경청과 질문에 대한 정의와 방법을 설명했다. 경청과 질문은 철학과 따로 분리되지 않고, 연습과 노력으로 얻는 스킬보다는 철학의 관점과 태도에서 시작된 자연스러운 반응이라고 설명했다. 더불어 우리가 자주 사용하는 판단과 비난의 말을 호기심 질문으로 바꾸는 '같은 상황 다른 질문' 사례를 공유했다.

> 그렇게 말하게 된 이유는 뭘까? / 저렇게 행동하게 된 계기는 뭘까? / 이 일을 통해 나는 무엇을 배울 수 있을까? / 내가 무엇을 하면 이 상황이 바뀔 수 있을까? / 내가 어떻게 저 사람에게 선물 같은 존재가 될 수 있을까? / 우리 조직의 변화를 위해 내가 할 수 있는 일은 무엇일까? / 이 상황에서 내가 나를 위해 할 수 있는 좋은 선택은 무엇일까?

### Wrap Up

CAL 4주차 여행을 마무리하며 AHA 셀프코칭 시트를 기록한 후 공유했다.

"그동안 저는 제대로 경청을 안 했었네요. 귀만 열어 놓고 눈과 표정으로는 전혀 듣지 않았던 것 같아요. 왜 아내가 저에게 화를 냈는지 이제야 깨달았어요."

"제가 부하직원에게 습관적으로 했던 질문이 사실은 비난이 담긴 힐문이었네요. 좀 더 긍정적이고 생산적인 질문을 시도해 보겠습니다."

"경청의 목적이 상대방이 얼마나 소중한 존재인지 알려주는 것이라는 것이 가장 기억에 남아요. 엄마로서 제 딸이 얼마나 소중한 존재인지 경청으로 꼭 알려주고 싶어요."

"문제 상황을 지날 때 내가 어떻게 선물 같은 존재가 될 수 있을지 질문하겠습니다."

"제가 CAL에 참여하면서 느꼈던 몽글몽글했던 감정이 소중함이었네요. 오늘 새롭게 알게 된 경청의 정의가 이 만남 안에 있었다는 것을 발견하고 정말 놀랐어요. 모두 고마워요"

"매일 1명과 진심으로 경청하며 상대방이 얼마나 소중한 존재인지 꼭 알려주고 싶어요."

### #9. CAL 자전거 여행 5코스 <GI 인정 샤워 부스 체험>
### "코칭의 화룡점정, 향기 나는 감동의 인정 타임~!"

5코스는 GI Lifestyle 철학의 향기가 가득 담긴 '인정'의 물로 샤워하는 코스다. 모두가 함께 인정과 지지의 말을 주고받으며 인정의 파워를 대면 지식으로 경험하는 시간이다. 더불어 5주 동안의 여행을 잘 마친 자신과 다른 참가자들을 함께 축하하는 시간을 갖는다.

### Share

지난주 경청과 질문을 삶에서 적용했던 무용담이 많이 쌓여있었다. 경청의 시도 덕분에 자녀와 좋은 시간을 갖게 된 경험, 문제 상황에서 비난과 부정적 힐문이 아닌 호기심 질문을 통해 조직에 긍정적인 에너지를 선사하고 선한 영향력의 주인공이 된 성공담, 질문할 때 여전히 자연스럽지 않고 어색한 자신을 발견, 경청과 질문하는 엄마에게 무슨 일이 생긴 건지 혹시 어디가 크게 아픈 거냐고 오히려 걱정하는 자녀의 반응에 그동안 식구들도 자신의 판단과 비난에 얼마나 익숙해져 있었는지 깨닫게 됐다는 솔직한 나눔이 이어졌다.

그룹 코칭 과정에서 참가자들은 서로를 통해 또는 코치를 통해 학습하고 성장한다. 다른 사람의 이야기 속에서 자신을 직면하거나 다양한 아이디어에서 힌트를 얻어 스스로 해답을 찾아간다. 참가자의 이야기에 대한 코치의 반응과 태도 또한 선한 영향력과 상호작용의 모델이 된다. 코치의 경청 태도, 인정의 표현, 답을 주거나 판단하지 않고 스스로 답을 찾아가도록 질문하고, 한 걸음 앞으로 더 나아가게 질문하는 모습이 그것이다. 참가자는 코치의 CAL을 모델링하고, 그에 비추어 자신을 점검하고, 더 나은 방향을 선택하며 스스로 해답을 찾아간다. 그렇게 코치와 참가자가 함께 성장의 하모니(GI)를 이루는 프레즌스가 실현된다.

### Mentoring & Activity: 인정

참가자들이 선행지식으로 알고 있는 인정의 정의와 CAL에서 정의하고 있는 인정의 정의를 비교하고, 인정의 파워와 구체적인 방법들을 설명했다. 서로의 강점과 인정 포인트를 찾아서 서로 메시지를 전하는 인정 샤워 활동을 진행했다. 진정성을 담은 인정의 이야기를 들은 참가자들은 이전에 경험해 보지 못했던 즐거움과 감동을 받았다며 벅차오름에 눈물을 흘리기도 했다. 우리는 '다른 사람을 인정할 때', '모두에게 인정받을 때' 느낀 점과 발견한 것을 기록하고 공유했다.

인정할 때: 인정할 내용을 찾으려고 하니 그 대상에게 관심을 가지고 더 집중하게 되었다. / 스쳐 지나갔던 사소한 행동과 상황을 다시 소환해서 바라보게 되었고, 그 사람의 가치와 강점을 찾고 발견하게 되는 효과가 있었다 / 가족들에게도 그렇게 사소한 행동 속에 있는 강점과 그 사람의 추구하는 가치를 바라봐 주고 싶어졌다 / 인정의 언어가 어색해서 입이 잘 안 떨어졌는데 계속 반복하다 보니 익숙해지고, 멋진 말이 내 입에 담기니 뿌듯하다.

인정받을 때: 오글거리고 어색했다. 그러나 기분이 점점 좋아졌다 / 나는 별거 아니라고 생각했던 사소한 행동을 의미 있게 바라봐 주니 내가 정말 괜찮은 사람처럼 여겨졌다 / 의식하지 않았던 나의 사소한 행동이 사람들에게 감동과 선한 영향을 줄 수 있다는 사실에 놀랐다 / 선한 영향력은 생각보다 먼 데 있지 않고 어렵지도 않은 것 같다 / 돈도 안 드는데 사람을 이렇게나 기분 좋게 할

수 있다니 정말 경제적이면서도 좋은 일이다. 왜 그렇게 아꼈나 모르겠다. 팡팡 써야겠다. / 사람들을 도울 수 있는 가장 좋은 방법이 인정의 언어 같다.

### Wrap Up: CAL 5주차 과정을 마무리하는 소감 나누기

"그룹 코칭을 통해 다양한 사람들을 거울삼아 나를 바라보게 되었고, 도전받았고, 또 배운 내용들을 즉시로 실습할 수 있어서 좋았습니다. 매주 마지막에 AHA를 통해 자신만의 이야기로 정리할 수 있도록 도와주셔서 감사합니다."

"여러 사람의 이야기를 듣고 다름을 인정하는 시간을 가질 수 있어서 유익했어요. 상대방의 필요에 맞는 격려와 도움을 줄 수 있게 되었습니다. 솔루션에 국한되지 않고 가치, 관점, 방법들에 대한 전달이 함께 되어 공감과 이해의 측면에서 더 성장할 수 있었습니다."

"저는 사람들에게 해답을 줘야 한다는 부담감으로 해답을 주지 못하면 미안하고 안타까운 마음이 컸습니다. 해답을 찾도록 도와주는 역할을 하면 된다는 것을 배워 한결 가벼워졌습니다. 그룹 코칭을 통하여 그룹원들의 상황과 해결해 나가는 이야기를 듣고 공감하며 위로와 격려를 받을 수 있었고, 저도 용기를 얻어 문제를 해결해 나갈 수 있게 됐습니다."

"다름을 인정하는 것에 대해 분명히 배워 다른 사람을 이해하는 폭이 더 커진 저를 발견했습니다. 자기 자신을 사랑하지 않고 자존감이 낮은 엄마들과 함께 진솔한 얘기를 나누며 엄마들이 먼저 자신의 무한한 가능성을 바라보도록 도움을 주고 싶습니다."

"바쁘게만 살면서 진정한 나를 마주하지 못하고 밖으로만 시선이 쏠려 있었는데, 시선을 나에게로 돌려 집중하면서 삶이 정리되었습니다. 인정하기 활동을 통해 상대방을 긍정적으로 바라보게 되었고, 내 안에 있는 강점들을 새롭게 발견하게 되었습니다."

"그룹 코칭을 통해 다양성을 서로 인정하고, 고객과 코치의 경계를 넘어서 모두가 코칭 장면에 주목하게 되는 시간이 좋았습니다. 다양한 피드백 질문들을 통해 질문 스킬이 성장되어 셀프 코칭의 습관을 가지게 되었습니다."

### #10. CAL 자전거 여행 마무리 코스 _ 수료를 위한 최종 미션
### "코칭 자전거 여행을 추억하며 인정 메시지 보드로 파도타기"

#### 인정 메시지 보드 만들기

인정의 메시지를 말풍선에 적어서 보드에 붙여 나에게 1장, 소중한 사람들에게 3장 이상 인정 보드를 만들어 직접 주거나 사진으로 찍어 보내도록 했다. 인정 샤워를 통해 받았던 감동을 다른 사람들에게도 선물하겠다고 결심하지만 아직 습관으로 정착되지 않은 인정하기를 일상에서 좀 더 익숙해지도록 돕는 미션이다. 이 미션은 과정을 마친 후 “끝났다~”하며 쉽게 예전으로 돌아가려는 습관의 고무줄을 살짝 다시 당겨주는 역할을 한다. 인정 메시지를 좀 더 쉽게 만들 수 있도록 도움을 주기 위해 “－는 ~할 때 멋지더라. －가 ~라고 했던 말이 위로가 되었어. －는 ~를 참 잘하는 것 같아. －는 ~을 잘 ~하는 사람이야.” 등의 참고할 샘플 문장을 제공했다. 한 참가자는 가족들과 함께 미션을 마무리했는데, 어색하게 이런 걸 왜 하냐고 투덜대던 가족들이 2시간 동안 서로 질문하면서 재미있게 인정의 말풍선을 선물하는 뜻깊은 시간을 보냈다고 했다.

**Wrap Up: 5주간의 CAL 자전거 여행을 최종 정리하는 셀프코칭 질문지**

① 가장 좋았던 것과 기억에 남는 장면 ② 첫 시간 참여하며 기대했던 것 중 성취된 것 ③ 앞으로 더 성장하길 기대하는 모습 ④ 그것을 위해 필요한 노력(목표/도전) ⑤ 성장의 과정에 필요한 도움(내적/외적) ⑥ 삶의 현장에서 꼭 기억해야 할 가장 중요한 것 ⑦ 함께 동행했던 코치와 멤버들에게 하고 싶은 말 ⑧ CAL은 나에게…이다 ⑨ CAL 과정을 잘 마친 자신에게 인정과 격려의 한마디 등의 질문을 작성하고 그룹 채팅방에 공유했다.

### 공유내용

[인정을 통해 모두가 회복되는 모습이 참 보기 좋았다. CAL을 통해 정답보다 상대방의 해답에 귀를 기울일 수 있게 되었다. / 바쁘게 살면서 진정한 나를 마주하지 못하고 밖으로만 쏠려 있던 시선을 나에게로 돌리면서 정돈되고 정리되었다. / 모두가 진솔하게 자신의 삶을 나누던 장면이 가장 기억에 남는다. / 있는 그대

로 나와 타인을 볼 수 있는 기회가 되었고, 작품으로 만난 한 분 한 분이 참 특별하고 소중하다는 것을 경험했다. / 선한 영향력과 선한 상호작용이 나의 일상 속에서 자연스럽게 뿌리내리게 되길 기대한다. / 성과에 대한 두려움 속에 혼란스럽고 때로는 회피하기도 했던 마음이 편안해졌고, 나와 타인을 인정하며 강점을 활용해 작은 것부터 한 걸음씩 나아갈 수 있게 되어 감사하다.]

## 7. 코칭 사례를 정리한다는 것은…

대학원 지도교수님께서 강의 중 하셨던 말씀이 기억난다.

"저는 이 책을 읽고 나서 제가 교육학에서 모르는 게 아직도 많다는 것을 알게 됐습니다."
"연구는 대단한 업적이 아닌 한 분야에 작은 벽돌 하나를 올리는 것과 같습니다."

교수님의 이야기는 나에게 큰 울림이 되어 코칭을 그래도 좀 아는 사람이라고 말하며 하늘로 올라가고 있던 나를 스스로 내려오게 했고, 내가 있는 자리에서 평생 학습자가 되어 작은 벽돌을 하나씩 쌓아가는 삶으로 인도했다. 대학원 과정과 코칭 사례 정리는 오랜 시간 실행가로 살아왔던 나의 경험적 지식에 대한 격려의 시간, 학습과 성장에 대한 기존의 관점이 새롭게 되는 시간이었다. 이론들이 나에게 질문을 하며 다가와 나의 지나온 삶과 현재의 고민을 경청해 주었고, 딜

레마를 겪으며 치열하게 살아온 나를 위로하며 격려했다.

나는 언제나 알게 된 좋은 정보를 삶에 적용하고 다른 사람들에게도 나누고 싶다. 사람들이 '어렵다' 하며 지레 포기하기보다는 '한 번 해볼까?' 하면서 한 발을 내딛게 돕고 싶다. 위에 소개된 사례 속 참가자들은 어디서 어떻게 적용해야 할지 고민되고, 실행 이후 생길 수 있는 부정적인 결과와 낮은 성과가 두려워 도전을 망설이던 사람들이었다. 그들은 5주의 코칭 여행에서 자신 안에 이미 내재 되어 있던 강점을 수면 위로 끌어올리며, 나도 한 번 해볼 수 있겠다는 마음의 스위치를 켜고, 코치와 동행자들의 인정과 지지 속에서 작은 한 걸음을 떼며, 선한 영향력과 선한 상호작용의 모델로 성장했다. 성장과 성숙, 변화의 주인공이었던 참가자들에게 진심으로 인정과 지지의 박수를 보낸다. "짝짝 짝짝짝~ 인정!!"

CAL 그룹 코칭에서 코치는 멘토링, 코칭, 트레이닝의 동일 대상자, 즉 동일한 자전거 여행자로 존재한다. 참가자들과 상호학습하는 성장 환경은 코칭의 태도와 역량이 코치의 삶에 더욱 자연스럽게 스며들게 하며 코치 또한 동일하게 한 걸음 더 성장하게 한다.

> "CAL 그룹 코칭은 나에게 소중한 선물이다. 나의 말과 행동에 집중하며 경청하는 참가자들이 내가 얼마나 소중한 존재인지 알려주기 때문이다. 그러므로 나 또한 그들이 얼마나 귀하고 소중한 존재인지 느낄 수 있도록 온전한 Coaching As Lifestyle로 함께할 것이다."

## 감수자 소개

남상은
봄, 길 대표 / 숭실대학교 교육대학원 겸임교수

## 저자 소개

고사랑
전북 익산 즐거운지역아동센터장

고현순
GI Lifestyle Coaching Lab 대표

김수민
공공기관 5급 행정

김정민
대치학원 / 더쎈중고등학원 원장

김정은
이미지먼트 대표

문현심
심학중학교 진로진학상담 교사

박보원
광명 광일초 교사

박소현
효성 ITX 기획인사부문 HRD팀장

유임균
노인 복지관 전문 강사

윤순진
예스제이랩 대표

이명진
WithUs Consulting Korea 대표

정우석
골든에이지 서치컨설턴트 이사

정혜영
돋움교육컨설팅 대표

변화와 성장을 위한
# 코칭이야기


초판발행 2024년 1월 10일

지은이 고사랑 · 고현순 · 김수민 · 김정민 · 김정은 · 문현심
박보원 · 박소현 · 유임균 · 윤순진 · 이명진 · 정우석 · 정혜영

펴낸이 노 현

편 집 전채린
표지디자인 BenStory
제 작 고철민 · 조영환

펴낸곳 ㈜ 피와이메이트
서울특별시 금천구 가산디지털2로 53 한라시그마밸리 210호(가산동)
등록 2014. 2. 12. 제2018-000080호
전 화 02)733-6771
f a x 02)736-4818
e-mail pys@pybook.co.kr
homepage www.pybook.co.kr
ISBN 979-11-6519-475-8 93180





정 가 18,000원